中国名城掌故丛书 □ 本书编委会／编

深圳掌故

ShenZhen Zhanggu

◎ 王卫宾／著

海天出版社（中国·深圳）

图书在版编目（CIP）数据

深圳掌故 / 王卫宾著. — 深圳：海天出版社，
2013.10
（中国名城掌故丛书·第一辑）
ISBN 978-7-5507-0752-8

Ⅰ.①深⋯ Ⅱ.①王⋯ Ⅲ.①深圳市—地方史—掌故
Ⅳ.①K296.53

中国版本图书馆CIP数据核字（2013）第140588号

深 圳 掌 故
SHENZHEN ZHANGGU

出 品 人　尹昌龙
责任编辑　林星海
责任技编　蔡梅琴
装帧设计　斯迈德设计　Smart　0755-83144228

出版发行　海天出版社
地　　址　深圳市彩田南路海天大厦（518033）
网　　址　www.htph.com.cn
订购电话　0755-83460293（批发）0755-83460397（邮购）
印　　刷　深圳市希望印务有限公司
开　　本　787mm×1092mm　1/16
印　　张　15
字　　数　220千
版　　次　2013年10月第1版
印　　次　2013年10月第1次
印　　数　1-3000册
定　　价　28.00元

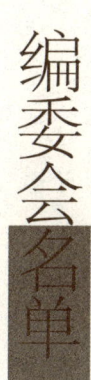

编委会名单

中国名城掌故丛书
（第一辑）

□ **编委会委员**　（以姓氏笔画为序）

马玉娟　王淑铭　尹昌龙　田雪峰　刘明辉
朱同芳　张军孝　陈春林　杨　斌　杨德宏
罗小卫　孟鸣飞　段后雷　徐海荣　笪林华
彭小华

□ **选题策划**

彭小华

掌故浓缩了城市难忘的记忆，也映射出城市多姿多彩的历史影像。

悠悠中华，上下五千载，华夏先民在为我们创造了恢弘而大气、灿烂而辉煌文明的同时，也为后人留下了一座座具有悠久历史文化的中国名城。中国的名城，特别是历史文化名城，往往深受政治、经济、军事、文化等诸多因素的影响，或为历史上大一统国家或地方政权的中心，或为某一区域的"大都会"，或为某一历史上的边陲、海防重镇，或为某一时段璀璨而繁荣的文化圣地。它们的兴建与存废，见证着王朝的兴衰更迭，见证着历史的沧桑变迁，也折射出历史的辉煌与辛酸。据统计，截至目前我国已有百余座历史文化名城，遍及全国30多个省、市、自治区。这些中华名城，有如粒粒珍珠，遍布于祖国的山山水水，共同勾勒出伟大祖国的锦绣画卷。

花开自有花落时。无论是汉唐盛世的万邦来朝、歌舞升平，还是分裂割据时代的金戈铁马，繁华过后，总有刀剑入库、马放南山之时，一切都成为过去，一切都成为故事。而能够流传于后世的，更多的是那些在长期的社会变迁中沉积下来的典故与传说，其中，掌故便是一种延续城市历史记忆的重要载体。"掌故"一词，在汉代本是掌管礼乐制度的官名，隶属于太史，后逐渐演变为一种介绍历史上的典章制度、人物事迹等故事和传说的文体形式。掌故能流传久远，也因其中兼具思想性、故事性、知识性和记录性等多重功能。

近些年，随着城市现代化进程加快，或因人为因素，或受恶劣自然环境侵蚀，许多

前言

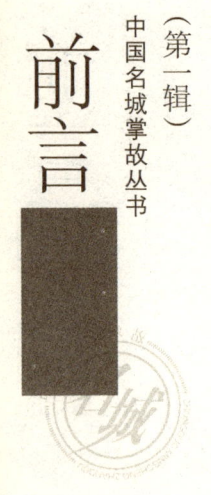

前言

（第一辑）

中国名城掌故丛书

曾经为人们所熟知的历史文化遗迹、民俗古貌，渐次淡出了人们的视线，或变作一幅幅永久定格的珍贵图片，或化作一段根植于人们内心深处挥之不去的记忆。或许若干年以后，当人们回首过往，点点滴滴的记忆浮现于心头时，才发现刚刚经历过的真切的历史片段，在不经意间就已经消失得无影无踪。只有留住了这些记忆，才能在充满浮躁气息的现代社会中守候心灵的最后一方净土，城市才不会沦为一座没有灵魂的空壳之都；而有记忆的城市，才是一座充满活力、独具特色和有深厚底蕴的城市。

城市的故事值得永远流传。为此，中国版协城市出版社工作委员会组织全国十六家城市出版单位联手启动了《中国名城掌故》这套书的编写，希冀以丰富而翔实的内容，精当的叙述和全方位、多角度的梳理，将中华名城的山水名胜、历史风貌、发展轨迹、逸闻趣事等展现于广大读者面前，为我们，也为子孙后代留住历史的记忆。

本书编委会

2012 年 3 月 28 日

目录 ①

◉ 历史沿革

目录 ②

◉ 名人轶事

◉ 民俗文化

序 言

今天的深圳，是一个有着上千万人口的新兴移民城市，外来人口是原住民的 30 余倍。30 年改革开放，在深圳这片古老的土地上，创造了世界工业化、城市化和现代化发展史上的奇迹。2010 年，深圳市生产总值9510.91 亿元，继续位列全国大中城市第四位。这样的奇迹与成绩，往往让人有意无意地把深圳特区和深圳市混为一谈，从"小渔村"而变为"一夜城"的印象，在很多人心中根深蒂固。

然而，这种印象却是一个天大的误会。

自古以来，深圳所在的岭南地区就有自己独特的文化发展道路。岭南人较少机会与中原人士接触，往往少受或不受每个时期流行风气的影响，形成了独特的文化艺术风格和鲜明的地方特色。正如王士祯《池北偶谈》中论述岭南诗歌时所指出的："东粤人才最盛，正以僻处岭海，不为中原江左习气熏染，故尚存古风耳。"

据明末清初学者屈大均的《广东新语》记载，宝安曾有从宋代、元代至明代初年的诗集："宝安诗录，明兴，东莞（其时深圳属东莞，笔者注）有凤台、南园二诗社，其诗颇得源流之正。琴轩陈公琏尝为《宝安诗录》，自宋元以至国初。其后祁方伯（万历十一年任南头守御所总兵，笔者注）顺增损为《前集》。自琴轩至方伯时得数十人，为《后集》。外郡士大夫有为宝安作者，亦因其旧增附焉。"

然而，清代的迁海浩劫，打断了深圳的前身新安县的发展历程。包括屈大均所说的诗集在内，记录深圳历史的官方典籍与民间笔记诗文等大多散佚。在已知 16 种古代方志中，仅有清康熙年间靳文谟的《新安县志》及清嘉庆年间舒懋官的《新安县志》保存较完整，此外还有明天顺年间卢祥所纂《东莞志》残本。即使是今人所著的岭南历史图书，提及深圳历史者也寥寥无几。笔者曾翻遍一本《岭南掌故》，竟无一篇提及深圳。

但文字记载的缺失，并不说明深圳没有历史。

考古发现和至今仍然矗立的百年围屋，以及百年凉帽、石岩山歌、龙岗皆歌、大鹏千音山歌、观澜和黎围麒麟舞、南澳草龙舞、福永醒狮、龙岗龙舞、沙头角鱼灯舞等等，无不表明深圳地区也有自己悠久的民俗历史文化。勤劳智慧勇敢的深圳先民，不仅用自己的双手改变了这片土地，更用自己的思想和行动，丰富了岭南和中国的历史。南头古城、大鹏所城、一片片遗址和一座座古围屋，历数百年风雨而耸立，都在无声地诉说着。

在深圳的历史上，曾经发生过六次大移民，所以绝大部分原住民也都是移民。目前深圳广府和客家两大族群的分布，是在清代迁海复界的过程中形成的。其中一支是宋、元、明、清从珠江三角洲地区移入的广府人，以及被广府人所同化了的更早的原住民。因他们是从深圳西边进入的，所以主要分布在深圳西部、西北部和南部。而客家人，主要是清朝康熙年间"迁海复界"时，大量从嘉应、惠州、潮州（少部分来自江西、福建）方向移入的，主要聚居在深圳的东部与东北部。西部的客家人只是一少部分，而且因为与广府人长期交往，生活习俗已经广府化了。

另外，深圳还有一个不能忽视的族群，那就是生活在海边的疍民（俗作"蛋民"，即水上人家）。他们有自己独特的海洋文化习俗，现今仍然居住在深圳西部的福永、沙井一带，但人数远不能与广府、客家人相比。

广府、客家人和疍民，共同构筑了深圳的乡土文化。不论是生于斯、长于斯的他们，还是天南地北的新移民外来客，都需要了解它，因为它与我们的衣食住行、交游处事都息息相关。而乡土文化的最佳载体，就是地方掌故。

地方掌故，经常被人视为茶余饭后的消遣材料。但这种理解是片面的，对一个地区的历史文化遗产，既需要历史学家系统的梳理研究，用巨著鸿篇来记载，也需要有人从具有历史价值的断章片简中发掘。

实际上，在中国的文化史上，地方掌故有悠久的历史，许多脍炙人口的掌故作品一直流传至今。如晋代葛洪的《西京杂记》、唐代陈鸿的《长恨歌传》、五代王仁裕的《开元天宝遗事》、宋代乐史的《杨太真外传》、明代谈迁的《北游录》、清代屈大均的《广东新语》、钮琇的《觚剩》以及仇池石的《羊城古钞》等。

今天，深圳人的图书购买量连续16年位居全国第一，每年举办的"读书月"活动已经成为深圳的文化名片。读书，已成为深圳人的一种生活常态，"深圳没有文化"的说法不攻自破。

然而，爱读书的深圳人，却很少读关于这个城市的书。这不能不说是一个缺憾。他们不知道，自己朝夕相处的这个围村，自己脚下所踩的这条道路，曾经飞落过多少唐矢宋镞，曾经承载过多少悲欢离合。

本着学习先贤、宣传地方文化的宗旨，笔者不揣浅陋，翻捡旧章，编撰了这本深圳掌故，其内容包括历代沿革、历史人物、风物名胜等。

由于作者水平有限，加上深圳历史的文字资料罕缺，错漏在所难免，敬请各界人士不吝批评指正。

中国名城掌故丛书

◉深圳掌故
Shenzhen Zhanggu

历史沿革

▶ 咸头岭新石器文化 ◀

深圳，位于广东省中南部珠江入海口处，东临大鹏湾，西连珠江口。广东罗浮山之余脉梧桐山、羊台山、七娘山自东北而来，蛇口与香港大屿山形成了一个艮山坤向。这样，北山南水的格局再加上海湾套叠、岛屿分布，使深圳的地形犹如灵龟下海，金盘养鱼，蕴含着无限的生机。

深圳的历史可追溯到新石器中晚期。从大约7000年前开始，这片绵延迂曲的山冈与海滨之间，已经回荡着刍荛稼穑、鱼盐蚌蛤的古老乡歌。深圳的先民们，从那时开始就已经打造出属于自己的文化，并逐渐融入华夏文明之中。

在古代，人们把五岭以南的地方，称为"岭南"，又由于它是少数民族越人聚居的地方，所以又叫"南越"。而因为这块土地比中原开发要迟，故又被称为"南蛮"。据文献说，岭南"火耕水溽，土地卑湿、无有蓄积之资"。

居住在这个地区的越人，其实就是今天的壮族同胞的祖先。由于经常地迁徙，以致有些外国历史学家认为他们是从马来半岛迁来的。据考证，两广与福建、浙江、江苏等地，同属印纹陶文化。这一带出土的文物中，有不少仿中原青铜兵器制造的石戈、石矛、石剑。因此，越人应是岭南土著居民，包括深圳在内的广大区域都是他们的活动范围。

这样的结论，还来自于深圳咸头岭遗址出土的一件件彩陶。

咸头岭遗址距市中心62公里，在龙岗大鹏湾畔叠福山的山脚，它面朝大海，坐落于背倚泻湖平原的海湾第三级沙丘上，东南曾有几条东西流向的淡水小溪，以前曾是船只停泊之处。西南至东北长120米，西北至东南长110米，遗址面积约13000平方米。现在，咸头岭村已更名为叠福村，提及"咸头岭"，很多当地居民都不是很清楚。然而，对于文化遗址

3

的发现，一些老人却记忆深刻。

1981 年，广东省博物馆考古队到咸头岭进行考古普查，发现了这个遗址。可因当时深圳还不具备发掘能力，一直到 1985 年才开始第一次发掘。由于人手不够，就请当地居民参加了发掘工作，因此许多老人都还记得当年的发掘情况。当时，他们和考古队员们挖出来一些"瓦片"一样的东西，队员们将它们整齐地摆在坑旁边。虽然居民们看不出这些瓦片有什么好，可是队员们却把它们当成无价之宝，小心翼翼地全都运走。

发掘之后，队员们又把挖出的土回填到发掘的坑里。原来，咸头岭遗址是典型的沙丘遗址，它的特殊性在于文物部门发掘后，大风、大雨很快会使得砂土回到坑中。所以文物部门采取了"回填"方式进行保护。这样就不会改变遗址的土层结构，原村民在地面种庄稼、行走等普通活动都不会对遗址造成破坏。

此后，咸头岭遗址经过了五次发掘，考古跨度 20 多年，是深圳历时最长的考古行动。咸头岭遗址和葵涌大黄沙新石器时期遗址一起，和盐田大、小梅沙，珠海后沙湾，香港春坎湾、大湾、蟹地湾、东湾等二三十处遗址，共同构成了咸头岭文化的框架。

2004 年 9 月，对咸头岭遗址进行的第四次考古发掘，出土了可以展现新石器时代变迁的彩陶。据悉，当时发掘地原是个谷场，遗址土层显示有 8 个文化层：第一层是谷场夯实的土，第二层堆满了年代沉积的各种物质，第三层到第八层是古代的文化层，陶器和石器就是从这里发掘出来的。

"碳 14"是考古界用于测定考古年代的一个重要物质元素。这次考古队员终于在 04XTLT3 墓坑发现了"碳 14"重要物质元素，经大量反复科学测定证明：这些器物是 6000 年至 7000 年前新石器时代中期岭南人的杰作。据专家鉴定，这次出土的彩陶大致分为三个阶段，反映了当时的制陶技术由简单到复杂的演变过程，展现了新石器时代的变迁。

这也成为历次发掘中最重要的发现，因为它充分说明，珠江文明的产生时间及历程，并不亚于黄河文明和长江文明。这不仅改变了人们对深圳历史的跨度的认识，更重要的是它还改变了深圳在整个中国文明史中的地位。

咸头岭遗址作为原始人类生活的基地，考古人员先后共发掘出了大批距今 6000 年至 7000 年的文物，包括房子、土坑及大量的红烧土、陶质生活用具，锛、斧、凿、铲、刀等磨制石器 74 件以及 16 件打制石器和 98 件天然工具。

考古专家在现场判断这些器物有着厚重岭南文化的内涵，个别器物甚至是目前中国考古界中的"异类"，诸如，为何在陶器中出现了众多的波浪形条纹，这是否与海洋文化有密切联系？小梅沙遗址出土了一件完整的泥质红陶镂孔彩绘圈足盘，叫人讶异：有着 6000 年历史的它，只能出在仰韶文化、马家窑文化、齐家文化之中，怎么会出在南海之滨的大鹏湾？还有待中国考古界进一步破解这一"千古之谜"。

考古界一致认为，珠江三角洲虽然也是古文化的发源地，但其文化面貌如何一直不很清楚也无法证实，只是推测珠三角的文化历史不会超过 6000 年。而这些推测都随着发掘深圳咸头岭遗址而发生改变。

2007 年 4 月 8 日，由中国文物报社、中国考古学会共同主办的"2006 年度十大考古新发现"终选揭晓，深圳的咸头岭新石器时代遗址位列其中，被中国考古界命名为"咸头岭文化"。

5

此外，考古学家在香港也发现了超过 200 个考古遗址，并挖掘出土了不少史前及历史时期的文物。常见的史前文物有石器、陶器、骨器、蚌器及青铜器；而历史时期的文物则有陶瓷器及碎片、青铜器、铁器、铜钱等。

这些考古发现相互联系起来，就足以证实，深圳的本土居民在先秦之前就栖居江海之滨，搭盖粗陋的干栏居住，既在山林中猎兽，将其养在干栏下成为家畜，也在江中捕鱼和养殖，将鱼与畜和近邻进行交换，形成了原始的亲水商贸文化，与中原的农耕文化有所差异。

戊戌变法主将、广东新会人梁启超在《饮冰室文集》中曾经说过："拿一个北极投影的世界地图来看，全球被清清楚楚地划分成内中外三部分。我们可以看出，世界发达国家和地区几乎都集中在内圈。更值得注意的是，内圈的西北角，处于东西交接地位的是北美；内圈西南与北美对应的，正是东北到东南亚海岸线，其中心点就在珠江。"

100 多年前的这段话，预见到了当中国龙腾飞时珠江的地位。从 1979 年起的 30 年里，在中国版图的东南呈新月状拱起的陆地边缘上，崛起了一片真正的黄金海岸，这就是深圳所在的环太平洋的中国东南海岸。

然而，梁任公没有想到的是，珠江在历史的开端也曾经如此辉煌与灿烂。这一点，深圳用咸头岭文化的发现同样告慰了梁任公。

▶ 屋背岭商代墓葬群 ◀

大沙河，这条深港两大都会的"母亲河"，发源于羊台山，汇入深圳湾和伶仃洋，涛走云飞间哺育了百代深圳人。而被后世惊为"无法想象的奇迹"的"屋背岭商代遗址"、"叠石山青铜时代山岗遗址"，以及千年南头古城等古文明遗迹，更让大沙河像一位挂满文化勋章的耄耋战士。

30 年来，文物工作者在深圳进行了数百次的考古发掘，重要的有数十次之多，而其中在全国独树一帜的，当属"屋背岭商时期墓葬群"。

屋背岭位于南山区桃源街道办事处的福光村村北，本是一无名小山。1999 年搞文物普查，有文物工作者询问当地老乡："这山叫什么名？"老乡用粤语回答："哪有什么名，就是屋背的岭嘛。"文物工作者一听，哦，原来没名，房屋背后的山岭。他们就顺着老乡的习惯，叫它"屋背岭"。

这一年 10 月，进行文物普查时，考古队员刘均雄等人依照山冈遗址调查的传统模式，在山脚、半山腰转，没发现什么有价值的东西，就爬上了山顶想拍拍风景照。

也是机缘巧合，就在刘均雄拍照之际，居然被一把新石器时期的石斧硌了脚，同时还采集到了战国时期的青铜剑！由此，屋背岭商时期遗址引来了专家们的勘察。

因为长年雨水冲刷，土石风化，不用深挖，地下的浅层就可能有很多文物。2000 年在屋背岭走访调查时，一个文物工作者问一个干活的果农："你挖到过什么东西没有啊？"果农说："倒是有啊，前几天掘到一个黑乎乎的家伙，锈得厉害，让我甩到山下去了。"

　　文物工作者大吃一惊，连忙顺着果农甩的方向往山下寻去，找了很久才"凑齐"：一把东周时期的青铜剑，已被摔成了三截。

　　随着94座墓葬群被发现和大批随葬文物的出土，考古界被震动了。此前，考古界一直有一个定论："商不过长江"，也就是说商朝的势力所及，还没有越过长江。然而商时期94座墓葬在屋背岭的出现，开始让人们朝着另外一个方向思考下去：就在商王朝的那个时代，岭南有着与中原迥异的文化？

　　中国殷商文化学会副会长、中国考古学会常务理事、北京大学考古学系教授邹衡来到了屋背岭。面对一大批陶罐、陶豆、石锛、玉矛，他十分肯定地说："屋背岭是商时期偏早的墓葬群，这在南方、在广东实为可喜的发现。"

　　专家评价说，屋背岭墓葬群，是岭南地区目前发现及发掘的规模最大的商时期墓葬群，其出土文物，与同年代比较确定的其他遗址器物进行对比，就可以判明屋背岭墓葬的商文化分期，第一期大体在夏商之际，第二期应该为历史上的商代盘庚王朝前后，第三期大体为晚商。

　　屋背岭墓葬群这样科学的分期，就为岭南商时期遗址的分期树立了一个重要的标尺，标尺系联着周边相关商文化的遗址，可以让我们对整个珠三角地区商时期的分期，梳理出一个比较清晰的线索。已经可以推断，早在夏商朝代，深圳地区就居住着百越部族的分支——捕鱼为生的"南越部族"。

　　这次发现，震惊了学界，被评为"2001年度中国十大考古新发现"之一，随后又被评为"'十五'期间全国夏商周考古的重大发现"之一。

▶ 青铜时代叠石山 ◀

　　叠石山位于西丽茶光村南面，东临大沙河，海拔高约50米，在连绵的五岭群山中无异于一个小泥丸。然而，1987年在这里出土的一批文物，却震动了全世界。

1987 年 4 月，深圳市博物馆考古工作者配合广深高速公路基建施工在此进行考古调查，发现了这个遗址。当年 10 月开始发掘，共挖出探方（沟）14 个（条），揭露面积 330 平方米。

当时，人员吃饭都在工地解决。有一天，工人们煮了一锅粥端来工地，打开盖子，许多苍蝇蜂拥而至，他们赶紧把锅盖盖上，只见噼噼啪啪一阵响，锅盖上密密麻麻全是苍蝇，宛如罩上一层"黑皮"。

然而也就是在这里，他们发现建筑遗址 1 处，包括柱洞 49 个，灰坑一个，发掘出大量的文化遗物，包括有陶器、石器、铜器和铁器。工具类有铁斧、青铜锸、石锛等；日用器皿有陶制的罐、豆、盒、碗、簋、支座、器座、器盖、鼎足等，大部分为残片。依据从地层出土木炭标本所作的碳 −14 年代测定，时间距今 2250±110 年，年代属战国时期。

特别是发掘出土的 4 件铁斧，更具有非同一般的意义。

由于潮湿和高温，岭南地区发掘到的先秦时期铁器不多。在叠石山遗址发掘之前，只有粤东始兴县的白石坪发现过一斧一锄两件铁器。叠石山出土的这 4 把铁斧，在形制上与现代的斧不同，与始兴县白石坪出土的铁斧则大同小异，下部为双面刃，中空，上部为方形銎，很像明清大木作所用的锛，不同之处是后面单刃。

此外，在邻近深圳的香港大屿山白芒遗址西汉地层，出土了铁锸、铁斧、铁铤等铁器，这说明广东在先秦时期使用铁器并非偶然。同时，李郑屋汉墓出土的铜器多制作草率、质地单薄、纹饰粗糙，多见于随葬。这说明，深圳地区至汉代已经普遍使用铁器，而铜生产工具则退出历史舞台。

铁器的使用，促进了农耕生产的发展，汉墓随葬明器如陶屋、陶仓中有持杵舂米和用箕簸米的俑、后院有家禽等，都说明当时农耕发展的情形。

这些铁斧，究竟是古时江浙一带流传过来的，还是本地铸造的？虽然暂时还无法确定，但铁制工具与青铜工具共同使用，必然对社会发展产生巨大的积极影响。

在叠石山遗址一块大约 106 平方米的土地范围内，专家发现了 49 个柱洞、1 个灰坑。柱洞洞口距地表深 70～100 厘米，洞口直径 13～35 厘米、深 20 ～ 80 厘米不等，第 42 号柱洞底部垫 2 块石头作为柱础石，柱洞范围内没有居住及踩踏的硬地面。

这成为推想当年建筑形制的依据。由主要柱洞之间距离测得，房屋进深约为 7 米，根据同一列承重木桩的间距可知，房屋内是分间的，房间宽 2.5 ～ 5 米，中间最宽的一间为 5 米见方，估计是公共活动场所。由于这些柱洞都处于同一地层同一平面上，其排列组合而成的房间又具有连续性，由此专家们推测，这些房屋里居住的可能是一个很大的家庭或氏族。

灰坑位于西部高地，平面略呈长方形，口大底小，坑壁较整齐，坑深 1.15 米，口长 2.6 米、宽 0.9 米，坑底长 1.95 米、宽 0.34 米。灰坑中填土呈灰黑色，黏性较大，有炭粒混杂。专家们推断，此灰坑为当时的厕所，用以积存有机肥料，为防雨水冲入，故设置于地势较高处。

结合建筑基址所处地势东北低、西南高以及在发掘过程中未见踩踏土及居住硬面等情况，推测这是一处西南背山、面朝东北的木结构高架房屋的建筑基址，这种房屋一般称之为干栏式建筑。

"干栏"式建筑与几何印纹陶一样，同属南方古越族人文化遗存特征之一。以往在几何印纹陶兴盛时期的遗址中，发现此种建筑遗迹甚少，叠石山遗址中存在"干栏"式建筑基址的现象，就为研究深圳先民的居住风俗提供了新的材料。

可以说，在深圳远古文明中，叠石山是非常重要的一笔。我们可以想象，在战国时期的风雨中，越人就已经形成部落，建造了一座座干栏，开始了比较安定和固定的居住生活。而他们带来的夔纹陶文化，使这座小山至今还涵养着数千年的文化底蕴。

9

▶ 秦风汉雨南越国 ◀

史前时期，活动在深圳地区的是南越族。他们与中原文明的大规模碰撞融合，是从秦始皇时开始。

公元前 219 年，统一了中原地区的秦始皇，派屠睢为主将，赵佗为副将，率 50 万大军平定岭南。但是这片土地并不是那么容易征服，秦军遭到激烈的反抗。越人采用游击战术，坚壁清野，不给秦军一颗粮食。然后，他们退入深山老林，开展持久战，"入丛莽与禽兽处，不肯为秦"。

秦始皇不得不开凿运河灵渠，以解决粮草运输问题。相持了 3 年，秦军杀了越人的部落酋长——"西瓯君译吁宋"，古越族的大将桀骏在丛林的掩护下夜袭秦军，击毙了秦军主帅屠睢，大获全胜。《淮南子》对这场战争的描写是："伏尸流血数十万"。

一连串的挫败给了秦军很大的教训，使他们认识到，单纯依靠武力是不能完成统一大业的。秦始皇又任命任嚣为主将，和赵佗一起统率大军第二次进军岭南。这一次，他们改换战术，才在前 214 年完成平定岭南的大业。

秦始皇接着在岭南设立了南海郡、桂林郡、象郡三郡。管辖广东地区的南海郡下设博罗、龙川、番禺、揭阳四县，郡治在番禺（即今天的广州），由任嚣任郡尉。这是岭南历史上第一次划分行政区。

赵佗被委任为南海郡龙川县令，这是个战略位置相当重要的地方。赵佗上任后，上书朝廷，要求从中原迁 50 万居民至南越郡，一来促进民族融合，二来引进内地先进生产力，促进当地经济发展。此后秦朝派遣由中原南下戍守五岭的达 50 多万人，这是中原人大量移粤的开始。

公元前 208 年，任嚣病重。病亡前不久，他特意把赵佗召到床前，向赵佗颁发委任状，指派他接替南海郡尉职务。任嚣死后，赵佗立刻集合军队，兼并了桂林郡和象郡，并大量安插自己的亲信，掌控了全局。这时他手下的地盘已经囊括今天的广东、广西两省区大部分地区，福建、湖南、贵州、云南的一部分，远及老挝和越南部分地区。

秦朝灭亡，中原陷入混战。手握重兵又控制广大地盘的赵佗，在岭南地区建立了南越国。他自称"蛮夷大长"，把国都定在番禺，也就是今天的广州。

当时的南越，虽然划入秦的版图已有好几年了，但基本上还是以部落为单位行事。这些部落经常互相攻击、抢掠。《史记》和《汉书》都有"越人好相攻击"的记载。赵佗在这纷争混乱的地区成立南越王国，实施对岭南的行政统治，有效地制止了部落之间的互相残杀，从而稳定了南越的政局。

赵佗实行"和辑汉越"的政策，十分注重民族团结，使移居岭南的各族人民和当地居民和睦相处，安居乐业，发挥所长，致力于南疆的开发。因此在秦末汉初这一特定的历史条件下，南越王国的建立，是有一定积极意义的。

西汉刘邦登基，对南越采取和平政策，派陆贾出使，说服赵佗归汉，条件是承认南越为诸侯国，并保留南越王的称号。赵佗归属汉朝后，与中原通关市，输入先进的农具和农业技术，以改变当时岭南的落后面貌。在他的苦心经营下，到了西汉初年，广州已成为全国 19 个大城市之一，并成为珠玑、犀角、象牙、玳瑁等物的集散地。

后来吕后临朝，禁止铁器和牲畜输入南越，赵佗三次上书请求取消禁令，都未有结果。他一怒之下，便宣布脱离汉朝独立，自称南越武皇帝，以对抗吕后的"别异蛮夷"政策。他发兵夺取了汉朝的几座县城，以示对抗。

汉文帝继位后，恢复了刘邦的和平方针。他主动向南越王修复旧好，还在真定为赵佗父母的坟墓设置守墓人家，每年按时举行祭祀。又召来他的堂兄弟，赏赐官职和财物。他再次派陆贾出使，又一次说服了赵佗归汉。越佗决定去除帝号归复汉朝，仍称南越王。他在答汉文帝书中表示："愿奉明诏，长为藩臣。"

赵佗死于汉武帝建元四年（前 137 年），享年百岁。由于他活得太久，其所有儿子都已死去，所以只能由他的孙子赵眜继位，为南越第二代王。

11

赵眜即位后，对汉廷十分尊重。建元六年（前135年），闽越王兴兵侵犯南越边境，赵眜坚守汉廷关于各藩国不得自相攻击的告诫，一面严守疆土，一面派人报告朝廷，请中央政府出面调停。这一举动得到当时在位的汉武帝赞扬，他出兵制止了闽越的军事行动。

赵眜为了表示对汉朝廷的信任，派太子婴齐到长安为人质，加强对汉朝廷的依附，进一步密切了中央与地方之间的关系。赵眜在位十多年，于汉武帝元狩初年病逝。其子赵婴齐立，是为第三代南越王。婴齐碌碌无为，在位七八年便死去了。

第四代南越王名兴，母亲樛氏是汉人，因为与当时执掌大权的丞相越人吕嘉政见不合，母子两人同时被杀。本来婴齐在与樛氏结婚前，已娶越族女子为妻，生有一子名建德，封为术阳侯。吕嘉杀掉赵兴和樛氏后，便立赵建德为王，是为第五代南越王。

第五代南越王的建立，是越人贵族势力膨胀的结果。此前婴齐碌碌无为，南越大权实际上是掌握在越人贵族集团的手里。但是，当吕嘉杀南越王和王太后的消息传到朝廷后，汉武帝便抓住这个时机，于公元前112年出动十万大军，在伏波将军路博德及楼船将军杨仆的率领下，兵分五路征讨南越。

公元前111年，番禺陷落，吕嘉和赵建德被杀。横亘南疆的南越国政权维系了93年，历经五代而亡。后人有一首诗写道——

吕嘉妄欲抗中原，积石江心尚岿然。

岂料王师到寻箐，挫锋困粟遂无前。

南越国的历代国王生前极尽奢华，搜刮许多奇珍异宝以供享受，死后还带进墓中。为防盗掘，陵墓极为隐秘。地方志记载：南越王赵佗"出殡时，多为疑冢，辒车从四门出，棺椁无定处，当时人莫知所在"。三国时，孙权听说赵佗墓里有很多殉葬的珍宝，派了几千名士卒寻找发掘他的墓，最后竟然没找到，只找到赵婴齐的墓，得到玉璧、金印和铜剑之类陪葬品。

灭亡南越以后，汉武帝把岭南三郡分拆为九个郡（南海、苍梧、郁林、合浦、交趾、九真、日南、珠崖、儋耳），设立交趾刺史部进行管

12

理。南海郡治番禺县，领番禺、中宿、博罗、龙川、四会、揭阳六县。西汉绥和元年（前8年）十二月改为交州，南海郡隶属交州。

▶ 南头的"盐官" ◀

汉代之前的历史，在古籍中记载很少。比较权威的记载，只有《汉书·地理志》关于南海郡的一条："番禺，尉佗都。有盐官。"

深圳产盐的历史，可上溯至距今五六千年前的新石器时代。有专家考证，位于大鹏半岛的咸头岭沙丘遗址发掘中发现的红烧土块堆积，应该就是古人留下的制盐遗迹。这些红烧土块一般厚约1.5～2厘米，一面平整光滑或内弧，另一面带有夹竹条的印痕，出土时均已散裂，无法复原成器。

据香港博物馆邹兴华先生所撰《珠江三角洲史前文化分期》介绍，在香港屯门涌浪新石器时代晚期遗址中，也发现了大量红烧土块、器座、炉箅、灰烬等炉灶遗迹，其中一块拼接的红烧土块残片长33厘米、宽20厘米，特征与咸头岭遗址出土的烧土块残片相近似，也是一面印有编织纹，另一面平整光滑。

到了汉代，深圳更成为粤东重要的产盐区，其产盐业经济是十分发达的。汉武帝以盐铁富国，在深圳设置了全国二十八盐官之一——番禺盐官。

盐官在汉代是高官，职务相当于郡守，品级两千石。番禺盐官曾设于今天深圳的南头，与粤西的苍梧郡高要盐官遥相呼应。南头因此在当时名为"东官"，就是"东方盐官"的意思。这是深圳地区古代历史上最早的，并且是极为重要的行政管理建制。它的设置，促进了深圳地区的经济发展以及文化传播。

盐业经济是汉代深圳地区最为重要的经济。1984年，在深圳上步禾镰坑铜钱窖藏出土了"五铢"铜钱和新莽的"货泉"，反映当时商品经济已渐趋发达。同时，南头红花园、九龙李郑屋村发现的较为大型的墓葬，也说明当时已存在富有的阶层或富商大贾，因为这些较大规模的墓葬，没有庞大的人力和财力是无法完成的。

深圳常被人误认为边疆海隅之地，又没有肥田沃野，不具备经济发展的条件。但是如果和汉代发达的产盐业相联系，就不难解释以上发现。

秦汉以后，中原汉族陆续移入岭南地区，并带来较先进的文化和技术。到了三国时期，孙吴黄武五年（226年），交州被分割为交、广两州，南海郡隶广州。但不久，广州就被撤销，到了永安七年（264年）才恢复。在长沙走马楼出土的三国吴时简册中，记载吴国领地属下有"东官"这样的名称。

三国时，领有交州的东吴为便于管理，从交州划出一个州，叫广州，州治在番禺城，下辖南海等四郡。同时，吴主孙皓承汉代盐官之制，在东官盐场设置了司盐都尉所，并在南头修筑了古代深圳第一座城——司盐都尉垒，又称"芜城"。司盐都尉的职位品级比郡太守还要高。

这个情况一直延续到东晋初年。东晋咸和六年（331年），从南海郡分立出东官郡，仍然沿用汉代和吴时的盐官之名。

在明代，深圳步涌的江振湍曾作《艖海谣》一首，反映盐民的生活，歌谣在盐民中流传，后被收入县志，其中有几句写道：

遐陬赤子难衣食，砍山煮海劳筋力。

重磨迭害因消索，悍差催盐如虎恶。

这些歌谣，一方面真实而艺术地反映出深圳盐民苦难的生活，另一方面也说明深圳当时盐业发达的情况。

时至今日，深圳因盐业而在历史上形成的地名还有很多，如：盐田村、盐田墟、盐灶村、盐寮下村、盐田田寮下村、盐下灶村等。在今日深圳市的6个行政区之中，便有一个以盐田命名。而盐田港，更已发展成为年吞吐量达数百万只标准集装箱的大型国际海运港口。

▶ 风水宝地铁仔山 ◀

位于深圳宝安西乡镇的铁仔山，堪称是一处风水宝地，它与铁岗山、富足山形成"三龙"。而"三龙"面前的岗面山，圆形，形似一颗龙珠，又称"龙珠山"。"三龙"与龙珠山形成"三龙戏珠"格局，是珠江出海口东岸的著名风水宝地。在这4座山的坡地均发现了古墓群，而以铁仔山首屈一指。

自1983年6月至1987年1月，深圳市博物馆的考古人员在铁仔山的山坡上，清理出汉墓25座，其中西汉墓1座，东汉墓24座。西汉墓为"凸"字形土坑竖穴墓。东汉墓有土坑墓和砖室墓，砖室墓分长方形和"凸"字形两种。

在这批汉墓中，最引人注目的是一座东汉晚期的纪年砖室墓，内长3.24米、宽0.66米、残高0.5米、墓已被盗，于墓砖中发现3块纪年砖，其侧边有模印铭文"熹平四年"、"熹平四"、"熹平"，下段铭文已断，均为隶书阳文。

"熹平四年"乃东汉晚期灵帝刘宏的年号，即公元175年。这次发现，将深圳古代有确凿年代记载的历史推到1800多年前。

在这座东汉晚期墓葬中，发现了许多带花纹的短而厚的青砖，其中有一块赫然印着人头像，双目圆睁，翘着胡子，竖起耳朵，神态似怒发冲冠，形象逼真而生动；头像的两侧，各有一只两头带镞的箭，似乎彰显着某种不可侵犯的权力；箭镞的两侧，往外各有一个水波纹。

据专家分析，此头像具备中原风格，它出自东汉的墓葬。距此墓葬5公里处便是南头古城，汉武帝时在南海郡设盐官（盐税之官），南海郡的盐官官署正在南头古城附近。人头像一定和汉代的盐官有关系，那两支箭镞应该象征着盐官的权力。

15

　　深圳地区发现汉代墓葬，有的人是不相信的，认为不会有那么早的墓葬。西乡镇铁仔山东汉晚期纪年砖墓的发现，为汉墓的确凿年代提供了实物证据。

　　不仅如此，考古工作者在深圳发现的汉代墓葬，其结构、形制与广东其他地方的汉墓类似，随葬品的器类、造型及组合也与中原的基本一致。这说明深圳地区汉代的政治、经济、文化已经接受汉王朝的控制和影响，而不再是偏远封闭的"土著文化"。

　　南越国虽然曾一度脱离汉中央的控制，但政权也是由汉人所掌握。正如深圳考古学家彭全民所说：人称南蛮的岭南地区，其实是南蛮不蛮，南而不蛮。

▶ 宝安县的变迁 ◀

　　深圳作为一座城市的开端，应该是东晋咸和六年（331年）东官郡城和宝安县的创建。

　　公元317年，晋室衣冠南渡，中国的政治经济中心随之南移，岭南移民增多，而南海郡范围广袤，难以管理。晋成帝咸和六年，朝廷将南海郡一分为二，划出南海郡的东部和南部，设立"东官郡"。郡治就在南山的南头城，于旧司盐都尉垒的基础上加筑郡城，原司盐都尉职务转为第一任东官郡太守。

　　《南齐书》卷十四志第六中，记载"东官郡"各县及周边各郡辖区：

　　广州，镇南海。滨际海隅，委输交部，虽民户不多，而俚獠猥杂，皆楼居山险，不肯宾服。西南二江，川源深远，别置督护，专征讨之。卷握之资，富兼十世。尉他（引者案：赵佗）余基，亦有霸迹，江左以其辽远，蕃戚未有居者，唯宋随王诞为刺史，领郡如左：

　　南海郡

番禺 熙安 博罗 增城 龙川 怀化 酉平 绥宁 新丰 罗阳 高要 安远 河源

东官郡

怀安 宝安 海安 欣乐 海丰 齐昌 陆安 兴宁

义安郡

绥安 海宁 海阳 义招 潮阳 程乡

其中，宝安县是从原番禺县分出来的，管辖珠江出海口的两岸，包括今天的深圳市、香港特别行政区、东莞市、番禺县南部、中山市、珠海市及澳门特别行政区等地。

宝安县是东官郡首县，县治也设在南头城。郡城、县城在芜城的基础上修筑。郡、县治同在一城，南头由原来的岭南盐政中心之一转为东官郡的行政管理中心。同时又因其扼制江海交通要冲，也成为一个海防军事重镇。

关于宝安县县名的来源，一说得名于宝山。

《广州府志》记载，"宝山在城北八十里，宝安县以此为名"。宝山在今天东莞市的黄江镇和樟木头镇，主峰宝山海拔486.9米，凌空挺立，蔚为壮观。主峰东侧有芙蓉寺，寺前有宝潭，潭下有石瓮形巨石，两股飞瀑注之，水花激溅，状若芙蓉，故有"宝山石瓮出芙蓉"的盛景。这就是东莞八景之一的"宝山石瓮出芙蓉"。此山的宝，其实是银矿，古代曾在此设炼银场，挖山取宝，因此将新县取名"宝安"。

宝山石瓮是古代宝安八景之一，明代东莞知县吴中和当地诗人同游宝山后，曾写了一首七言古体诗《宝山石瓮》，赞叹宝山石瓮的神奇——

天公造化迹莫窥，有石如瓮何神奇。

山灵终古为呵护，乌获有力应难移。

寻幽来此停骖久，瓮底泉声雷怒吼。

宝山云暖松花香，疑是仙翁酿春酒。

另一种说法来自《新安县志》，认为宝安县得名，是因为这里"山辉泽美，珍宝之气彰焉，故郡名以宝安"，这儿的"珍宝"，主要是指珍珠。还有一说，是因为这一带产盐，盐是宝，这里的百姓无盐不活，有盐则安，故名"宝安"。

南朝时，梁武帝把东官郡改名为东莞郡，据说是因为当地出产的织席

17

用的莞草有名的缘故。隋文帝开皇九年（589 年），隋朝廷撤销东莞郡，将其并入南海郡，结束了设置历时 259 年之久的东官郡。宝安县改属广州府南海郡管辖，县治仍在南头城。

唐至德二年（757 年）宝安县改名为东莞县，管辖的范围没变，县城从南头迁到一个名字叫到涌的地方（东莞莞城）。

到了南宋以后，东莞县管辖的地区开始分化。绍兴二十二年（1152 年），成立香山县，珠江西岸的中山、珠海和澳门等地从东莞县分出去。明万历元年（1573 年）设立新安县，珠江东岸的深圳、香港等地也从东莞县分出去。因为这段历史新安县被东莞人视为宝安故地。

尽管早在唐代就改为了东莞县，然而在很长的时间里，东莞都只能称为宝安，因为在南头一直还存在一个名字叫东莞的盐场。东莞盐场的历史更为悠久，汉代就在这里设东官管理盐务，东莞的名字还来源于此。而且盐场一直独立于东莞县。好长一段时间，在人们的心目中，宝安就是东莞，而东莞特指东莞盐场。

东莞最早的地方志，是元代皇庆元年（1312 年）郭应木修、陈庚纂的《宝安志》，郭应木在序言中说："宝安为旧东官地，故家文献在焉。"明代永乐初庄恭、陈义纂续修，取名为《宝安续志》。

明正统四年，陈琏致仕回乡，被东莞知县周式延聘纂修县志。陈琏在正统七年壬戌夏六月写的序言中说："因念宝安为广壮邑，地大物夥，文献之盛著于古昔，志之修其可后乎？"

陈琏在《罗浮山志序》开篇就说："予家宝安，去罗浮百里而近，当天宇晴碧，山色历历在眉睫间。"他那个时代，正是当地家族文化的形成时期，陈琏为很多家族的族谱写过序言，注明地为宝安的，就有宝安李氏、宝安椎山黄氏、宝安赵氏、宝安何氏、宝安蔡氏等。陈琏还编辑过一本诗集，收录宋元以来东莞诗人的作品，取名仍然叫《宝安诗录》。

直到清代康熙年间，东莞知县郭文炳将自己的俸银 120 两捐出来，办了一家义学，取名为宝安义学。

直到民国三年（1914 年）新安县改名为宝安县以后，东莞和宝安才真正分清楚，才有了东宝的说法。

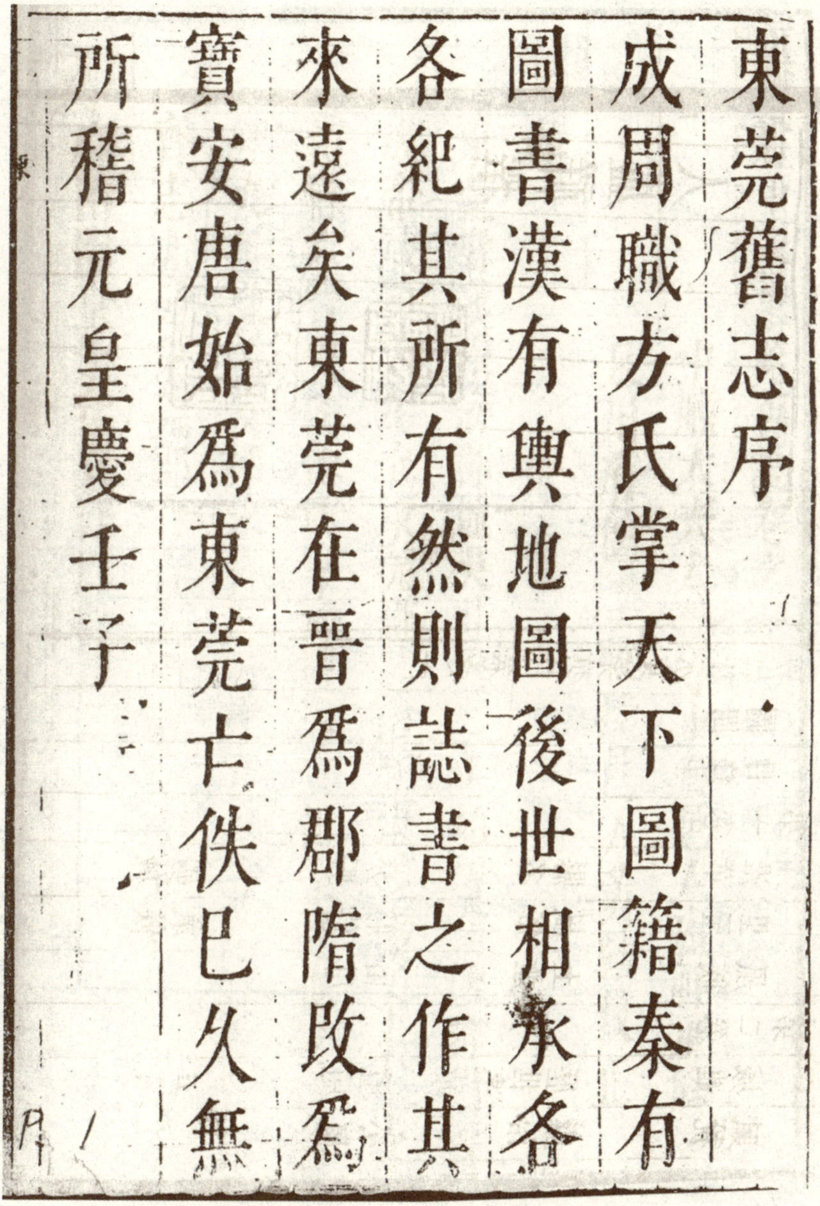

東莞舊志序

成周職方氏掌天下圖籍秦有

圖書漢有輿地圖後世相承各

各紀其所有然則誌書之作其

來遠矣東莞在晉爲郡隋改爲

寶安唐始爲東莞亡佚巳久無

所稽元皇慶壬子……

［明·天順］盧祥《重刻盧中丞東莞舊志》序首頁書影

20

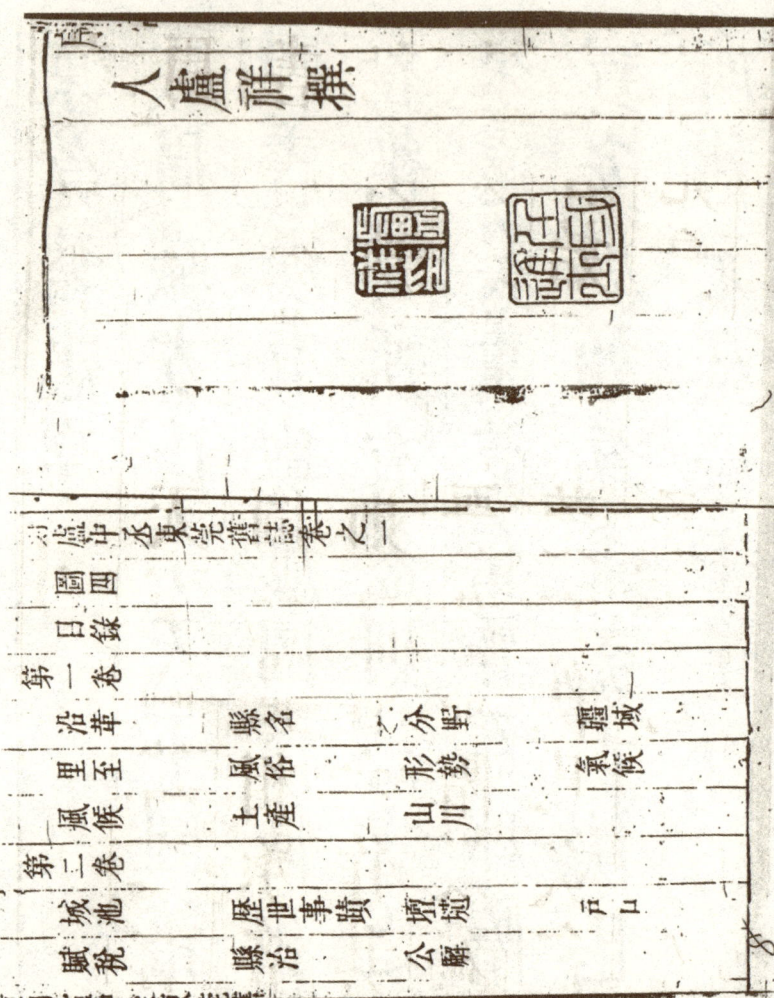

［明·天顺］卢祥《重刻卢中丞东莞旧志》序尾页书影

▶ 唐代的屯门军镇 ◀

唐肃宗至德二年（757 年），也就是唐王朝军队从叛军手中收复长安的那一年，唐朝廷将郡一级行政区取消，州下面就是县，岭南道广州都督府的辖地有南海、番禺、增城、四会、化蒙、怀集、东莞、清远等 10 个县。

在这次变动中，因为东莞一带的经济发展迅速，加之南头距广州较远，所以将县名改为东莞，并将县治从南头迁到冲（也有说是涌，今东莞县城）。县城北移后，南头不再是粤东南地区的行政中心。

不过，唐代大规模的对外贸易及海上交通的发展，使南头成为海上交通的门户和军事要塞，加之屯门镇一名载史籍，名气更大了。

关于"屯门"可见的记载，包括《新唐书》曾引用唐朝地理学家贾耽撰《古今郡县道四夷述》之"广州通海夷道"条："广州东南海行，二百里至屯门山"。

后来，唐代著名诗人刘禹锡曾到新安沿海，写了一首《踏潮歌》，极言屯门风涛之险。歌序中说："元和十年夏五月，大风驾潮，南海泛溢，南人云沓潮也，率三岁一有之。客或言其状，禹锡因歌之。"全诗如下：

屯门积日无回飙，沧波不归成沓潮。

轰如鞭石矻且摇，亘空欲驾鼋鼍桥。

惊湍蹙缩悍而骄，大陵高岸失岩峣。

四边无阻音响调，背负元气掀重霄。

介鲸得性方逍遥，仰鼻嘘吸扬朱翘。

海人狂顾迭相招，㐮衣鬓首声呺呺。

征南将军登丽谯，赤旗指麾不敢嚣。

翌日风回沴气消，归涛纳纳景昭昭。

乌泥白沙复满海，海色不动如青瑶。

21

　　南头一带紧扼珠江口外交通要冲，所以早在南朝刘宋时期就成为广州外港。外地船只会先经屯门地区，然后北上广州进行贸易。商人和使节的船只一般会在每年5月至8月乘西南季候风抵达屯门地区，不能直接进入广州，都要在这里等候通知和传召，或者在这里避风，等候季候风适宜扬帆时才离开。南头城淡水充足，又是这一带的经济文化中心，随着对外贸易和海上交通的发展，成为一个重要的对外贸易的集散地。

　　由于南头、屯门一带在对外贸易和海上交通方面的重要作用，唐玄宗开元二十四年（736年），唐政府在广州府宝安县南头城东南海边，即今天的南山炮台遗址一带，设置了一个独立于地方政府之外的军事驻防区——屯门镇，隶属安南都护府，指挥部设在今深圳南头城。从南头城的海岸边向东南，又向南直到香港青山下的海岸边，都是屯门镇海防的管辖范围。

　　屯门军镇除了有邮驿设施外，还驻有2000名士兵以防海寇。屯门一名乃有"屯兵之门"之意。清嘉庆《新安县志·海防略》中记载："南头为全广门户，控制蛮倭……盖番船直达澳门，而澳门至省则水浅不能行，必须由大屿山经南头直入虎（头）门，以抵于珠江，此南头所以为全广门户也。"

　　屯门镇的设立，保护了海上船舶和对外贸易，为南方地区的经济发展起了积极作用。唐天宝二年（743年），浙江海贼吴令光于温州作乱，当时南海郡守刘巨鳞曾从屯门镇调兵平乱。

　　到了五代十国时期，屯门一带成为南汉政权的领土，屯门镇被改称为"靖海都巡"，并增建军寨。

　　清代著名的方舆学家顾祖禹，曾经在他的名著《读史方舆》中，这样分析广东海防形势为三路：左路是惠州、潮州；右路是雷州；中路是广州一带。三路中以中路为重要，"……东莞南头城，古之屯门镇，乃中路也"。屯门军镇在广东海防中的重要地位，由这段话可见一斑。

▶ 媚川都珍珠血泪 ◀

唐王朝灭亡后，岭南地区被一个史称南汉的小朝廷所盘踞。南汉朝代延时不长，但是几代君主都极尽奢侈残暴之能事。他们横征暴敛，以供自己挥霍享用。而正是自南汉始，深圳地区开始了珍珠采集业。

本来，中国产珠最有名的地方是南海合浦，即今日广西北海市的合浦。合浦，意为江河汇集于海之地，在先秦时期属百越中的骆越，秦代为象郡辖地。汉元鼎六年（前 111 年）始设合浦郡，一直以出产珍珠盛名。"珠还合浦"这句成语，便反映了当地的一种传说：合浦海中产珠蚌，如果当任的县官贪婪，不停奴役人民到海中去采珠，珠蚌便会迁移他处；若是县官清廉，迁到他处海中的珠蚌又能迁回来。

南汉首代国王刘龑（原名刘岩）登基后，为了夸耀财富，在即位两个月后建起豪华的"玉堂珠殿"。一俟政权稳固，934 年他再建昭阳殿，昭阳殿用黄金装饰屋顶，用白银铺地面，殿中设渠，渠内浸以各色珍珠，名曰"珍珠渠"。

等到后主刘鋹（chǎng）在位时，认为官员有妻儿老小，肯定不能对皇上尽忠。所以群臣有才能的，或者读书的士子中了进士，都要先阉割了，然后进用。有些趋炎附势的人，居然自己割了阳具，以求进用。时人称未受阉割之刑的人为门外人，而称已阉割者为门内人。

刘鋹不仅昏庸残暴，而且穷奢极侈，所居宫殿内大量使用珍珠：墙壁、梁栋、帘箔等等，都用珍珠装饰，华丽异常。因为大量使用珍珠，南汉统治者深感"合浦珠"之不足，于是把目光转向了珠江口东南侧一带。为了开采这里的珍珠，他专门设立了一个管理机构——媚川都。

这一带采珠的历史也比较久，从唐开元直至明初都在这里采珠进贡，为我国合浦以外的重要产珠地之一。刘鋹从海门镇招募能采珠的土人 3000

23

名为兵，常年为他搜集珍珠，采珠范围包括今深圳湾、香港大屿山以及珠江口一带海面，时人把这片产珠地称为"媚珠"。

清嘉庆二十四年修纂的《新安县志》记载：媚川都在城南大步海，南汉时采珠于此。……媚珠池，旧志云在大步海，汉时采珠于此。

陆机《文赋》中有"水怀珠而媚川"的句子，"都"原为指藩镇所辖亲信部队，南汉设有类似的政权机构设置，媚川都就是专业的采珠军事组织，采珠者均纳入军队编制。据史书记载，当时这种按军事编制的采珠人共有8000之多。后来，便借用"媚川都"代称珍珠产地。

一般的珠池都是在海中孤岛之下，采珠人长年累月栖息在荒岛或破船之中，风餐露宿。古代的生产技术落后，采集珍珠的方法残酷不仁。采珠者要潜于数十丈深的海底，把采下来的珍珠蚌投入长绳系着的篮内，然后牵动绳索，急汨出水，否则便会窒息致死。在汨泳途中，如果碰到恶鱼，便会葬身鱼腹，连尸首也无处寻找。

为了多采珍珠，残暴的南汉小朝廷，竟不顾采珠人的死活，强令采珠人足部给绲上石块，腰间系上绳子，然后潜至更深的海底，结果，多数人都溺死在海底。

因不停地采集，后主刘鋹的宫殿里很快就堆满了珍珠。据载，从媚川都搜刮得来的珍珠，"充积内府"，装饰宫殿，为玉堂珠殿。在昭阳殿里，有用黄金制造的模拟太阳，有用珍珠镶嵌的檐梁，还专门叫人在殿下挖一条水渠，在水渠中浸养珍珠，名为珍珠渠。每当中原商贾前来经商时，便召进殿参观，以示阔绰。

南宋诗人方信孺有诗咏叹曰：

漭漭愁云吊媚川，蚌胎光彩夜连天。

幽魂水底犹相泣，恨不生逢开宝年。

这里的"开宝年"，是宋太祖的年号。宋太祖平定中原后，南汉一名内侍交代说，后主刘鋹逼迫兵士入海采珠，苦不堪言。太祖说，"吾当救此一方民"，兴兵进攻南汉。南汉宦官龚澄枢等人认为，宋军是为珍珠而来，如果销毁珍珠，宋军便会放弃攻击，遂放火纵烧宫殿一天一夜。这招儿没有抵挡住宋军进攻广州的步伐，宋军在灰烬中还找出了46瓮珍珠。

南汉灭亡，宋太祖下令撤销媚川都机构，停止采珠。媚川都灭，但此时深圳的珍珠采集业已与合浦齐名。

刘鋹性情虽然暴虐，但他的手很巧，常用珍珠编织成鞍勒，做成戏龙的形状，精巧异常。他被俘后，曾经亲手用珍珠宝石结成一条龙，宋太祖拿150万钱给刘鋹当手工费，对左右说："刘鋹如果能把做手工活儿这种勤快劲儿，转移到治国上面，岂能至于亡国！"

宋太平兴国四年，宋太宗决心消灭北汉，派大将潘美、曹翰等围攻太原。他在长春殿设宴为潘美等饯行时，已归降的几个割据政权首领都在座。刘鋹即席发表演说："大宋朝廷的神威真是无远弗届，八方割据的僭窃之主，今天都坐在这里啦！拿下太原只是早晚的事儿，那时候北汉的刘继元也将来和我们坐在一起。我率先归顺朝廷，希望能够手执梃杖，担任'诸国降王长'这个光荣的职位。"

所谓执梃，是指手持涂金裹银的梃杖，担任仪仗队的领队。清代王士禛有《广州竹枝》词，辛辣地讽刺刘鋹道：

歌舞冈前荦路微，昌华故苑想依稀。

刘郎去作降王长，斜日红棉作絮飞。

宋太祖灭亡南汉后，下令禁止百姓采珠，设官富盐场（在今香港九龙，包括盐田、叠福等分场，为广东十大盐场之一）。不过到了宋太宗的时候，朝廷又下令岭南州县进贡珍珠，尤其到了宋徽宗朝，要岭南每年进贡珍珠，犀角，象齿等。直到南宋高宗朝，民怨沸腾，为缓和民情，这才下诏罢禁采珠。

及至元朝，巡检张珪向朝廷报告说，大步海一带出产珍珠。大步海就是现在的深圳湾一带。朝廷一听，立即计划采集，还要休养生息，三年采一次。

可惜经南汉及宋朝几代竭泽而渔式的开采，深圳湾一带珍珠所剩无几，采集到的不过都是小颗珍珠。在这种情况下，还是不断有人向朝廷打报告买好，说珠江口一带盛产珍珠，于是开采越来越厉害，以至于朝廷设置了"广州采金银珠子都提举司"，专门负责开采珍珠。

1324年，有宝安县民张惟寅，向广东宣慰司递交请愿书，痛陈采珠之弊，劳民伤财，赶巧这年出现天灾，皇帝下令停止采珠，遣散采珠户，改业制盐。

元末，又有奸邪的地方官向朝廷进言，要大规模采珠。元大德三年，甚至编置艇户 700 家为珠人，并派了三名监督官加紧监采。因为采珠很辛苦，采不到时要受罚，艇户逃亡的很多，所以要加派官员监视。尽管如此，但因为深圳湾一带的珍珠资源已濒告罄，所以到明洪武七年，采珠五月，仅得珠半斤，认为大埔产珠已尽，也就不再在大埔采珠了。

今日的深圳湾虽然不再以产珠著名，但海中仍产蚝（学名牡蛎），海边有养蚝的蚝田，取蚝时偶然捞起珠蚌，剖开来其中有时仍会有小粒珍珠。

▶ 赤湾与宋少帝 ◀

在深圳的赤湾，有一座宋少帝陵。

这是一座很普通的坟墓，远远够不上帝陵的规格。圆形的坟丘，两侧的环形拥墙，尽管四周都已建成了高低不等的楼房，但少帝陵仍然掩映在婆娑摇曳的绿树中，十分幽静。

1982 年，深圳赤湾在建设海港的过程中，人们无意中发现了南宋最后一位皇帝——宋少帝赵昺魂魄的归依之所。当时，这里还是一片榛莽之地，这在深圳算是一个重要的考古发现了。

据《宋史》记载：这个小皇帝还有两个兄弟，一是宋恭帝赵㬎，一是宋端宗赵昰。赵㬎是宋度宗的嫡子，因而在度宗驾崩后得以继位。而赵昰与赵昺是度宗的庶子，赵昰虽比赵㬎年长，也只能望龙椅而兴叹。

南宋德祐二年（1276 年），元军攻占南宋都城临安（今杭州），年仅 6 岁的宋恭帝出降，与全太后以及满朝官员被押解北上。五月，9 岁的益王赵昰在福州即位，是为端宗，改元景炎，并册封母亲杨淑妃为皇太后。文天祥、陆秀夫、张世杰等率军随侍王室南迁，转战浙、闽、赣、粤。景炎二年（1277年），在九龙官富盐场设立行朝，这是历史上首次有皇帝驾临深圳地区。

宋端宗赵罡号召大宋军民抵抗元军，南方各地军民也纷纷起兵勤王，也曾有几次收复失地，但毕竟狂澜即倒，颓势难挽，陆秀夫、张世杰等人保护赵罡母子们向南辗转退逃，最后退到井澳。在井澳的海面恰遇大风，赵罡乘坐的大船在巨浪中倾覆，"几溺死"。赵罡受到极度惊吓，不久就在海上漂泊中病逝。

大臣们再拥立他的弟弟赵昺为帝，也就是宋少帝，改年号为祥兴。宋少帝以陆秀夫为左丞相，张世杰为太傅，进驻崖山，继续抗击元军。其间也曾收复部分州县，但终似回光返照，难有大的作为。

崖山位于广东新会以南40公里处，面对波浪滔天的南中国海，杨太后每天抱着幼子少帝赵昺，在船上主持朝政。这时的宋军尚有20余万人，1000余艘大船，为了加强防守，宋军用巨缆把船只连接起来，摆出棋盘形状的船阵，并在船上构建楼棚，好似城墙的垛口，少帝乘坐的龙舟便位于船阵的中心。

面对这样坚固的船阵，元遣都元帅张弘范率军进攻。强攻不成，就学着三国火烧赤壁中黄盖的做法，在小舟上装载茅草，泼上油脂，"乘风纵火焚之"。然宋船皆涂泥，并在船上绑上长杆以拒火船，船不能焚。战斗持续了一个月，宋军疲惫之极。

一天，在元军的大举进攻中，宋军一艘船上的樯旗突然扑倒，很快，其他船只的樯旗也都摧折。张世杰看到战局危急，大势已去，忙抽调精兵往中军寻找少帝的座船，以营救少帝。无奈暮色降临，风雨骤至，雾霭障目，咫尺难辨。

由元人编撰的《宋史·本纪第四十七》是这样记载，张世杰当时砍断缆绳，率十余艘船冲出战场逃离崖山。左丞相陆秀夫登上大舟，背负少帝，跳入波涛汹涌的大海，保持了大宋君臣的最后气节。随后，蹈海的后宫和官员兵士甚多。《宋史》记载，十余万具尸体浮海。

张世杰找到藏在岸上民家的杨太后，希望以她的名义再找宋朝赵氏后人为主，再图后举。但是杨太后听说少帝已死，伤心地说："我忍受艰难到此，是为保存赵氏骨血，现在赵氏骨血没有了，我活着还有什么意义！"于是投海而亡。

这一年为南宋祥兴二年（1279 年）。张世杰将杨太后葬在海边后，乘一叶小舟离开了战场。但在不久的一场大风雨中，张世杰不幸溺死于平章山下（约今广东省阳江市西南的海陵岛对开海面）。

至于宋少帝的遗体下落，《赵氏族谱·帝昺玉牒》这样记载："后遗骸漂至赤湾，有群鸟遮其上，山下古寺老僧往海边巡视，忽见海中有遗骸漂荡，上有群鸟遮居，窃以异之。设法拯上，面色如生，服式不似常人，知是帝骸，乃礼葬于山麓之阳。"

而民间流传着这样一个传说：当时赤湾海滩漂来一具身着黄色龙袍的童尸，而赤湾天后庙里的一根栋梁也在此时无端坍塌。庙祝与乡绅父老急忙焚香问卜，得知童尸乃少帝遗骸，栋梁乃天后娘娘送与少帝的棺木。于是，众百姓礼葬少帝于天后庙西边的小南山脚下。

当时，溺死后漂泊到赤湾来的宋少帝，还只是一个 8 岁的孩子。随着他被埋葬在了这座孤零零的坟墓里，一个王朝也就彻底沉入了深圳附近的南海。

▶ 朱元璋封城隍 ◀

1368 年正月，自称"淮右布衣"的朱元璋称帝，国号大明，建元洪武，是为明太祖。然而，朱元璋感到坐在屁股下面的那张龙椅仍不十分稳定，觉也睡得不是特别的安稳。为什么？因为此时南方尤其是两广，依然属于元朝的疆土。

洪武二年三月，忧危积心的朱元璋，在朝阳殿做了一个颇为奇怪的梦。他梦见一个官员，手持象牙的朝简，引着一个白胡子老头进来朝见他。那官员说他就是东莞城隍，老头儿是县里的钵盂山土地。

在中国传统文化中，农村里有土地庙，城市中有城隍庙，都是属于冥界的地方官，职权相当于阳界的乡长和市长，是保护地方的神。那城隍启奏朱元璋，说东莞每年的祭祀一次不够，请求皇上能够下旨，叫有关部门一年祭祀三次，使幽魂们得以均沾香火。

朱元璋醒来，就兴师动众地叫礼部商议，封东莞城隍做显佑伯，仍旧管理城隍的工作，赏赐给他伯爵的仪仗，和绣有奇异龙纹的锦缎一匹，以及东莞县城隍的印信。每年三月三日、九月九日，官府要用猪羊做祭礼祭祀。另加封钵盂山土地，赐以冠带，诏令东莞及天下没人祭祀者，每年清明、七月十五日、十月初一都来受祭祀。

朱元璋还专门派遣鸿胪寺署丞孔耀昌恭捧敕书、官印、金牌、袍帽，前往东莞宣读，敕书如下：

朕九重殿内，护卫森严，京都遥远，尔东莞县城隍暨钵盂山土地，威灵显赫，不惮驰驱，直敢进宫，捧表章朝奏……朕将表章批与部臣酌议，据礼部臣吴殿传覆奏：天下无祀，合应岁增二祭，城隍相应嘉封伯爵。应赐以衮龙幞头蟒袍、金带紫绶、八座车舆、瓜捶令箭，并赐金牌二面，庶城隍得以统辖盉邑，各守土神只纠察人间忠孝奸宄善恶。应重新庙宇塑像，御祭春秋享祀。土地合应敕封官带，庶无负此显灵，不惮万里之遥而来……朕准其所奏，该部宜速照此行。钦此。

今天，那封皇帝的诏书就藏在城隍庙中。从此东莞的城隍有一个伯爵的爵位和皇上赐给的冠带，而其他地方的城隍只穿戴着老百姓服装的幅巾和深衣。

上面的这个故事，记载在明末清初的番禺人屈大均写的《广东新语》里。屈的第二任妻子是东莞人，对东莞十分了解。

朱元璋到底是否真的做了这样一个梦，只有他一个人才能说得清楚，有史学家认为朱元璋如此隆重封东莞城隍，其实是做给当时的岭南王何真看的。

在当时，与广州有贸易往来的国家和地区达140多个，占全国对外贸易区域的64%，时人谈及广东，称："海外真腊、占城、琉球诸国蕃泊岁至，象犀、珠玑金、贝、名金、宝布，诸凡现奇珍异之物宝于中州者，咸萃于是"，赤湾港和广州港口则成了"蕃泊凑集之所，宝货丛聚，实为外府……海人山兽之奇，龙珠犀贝之异莫不充储于内府，畜玩于上林，其来者视昔有加焉，而珍货之盛亦信于前志之所书者"。

更重要的是，当时国家的财政支柱为盐税，宋史有载："今日财赋，鬻海之利居其半"。作为产盐之地，东莞（含今深圳、香港）、新会、海阳、归善、海丰等地盐场众多。广东道凭借盐课收入和外海贸易，一度充当了元朝廷的后盾，不断向风雨飘摇的元朝中央政府输血。

也正因如此，朱元璋在龙椅上坐了仅仅一个月，便发兵舟师由海道直取广东。但他依然忧心忡忡：溟海吞吐百粤，崩波鼓舞，状若崩雪；倘若海神发怒，帆毁樯敧，舟师尽覆没，那就使得美梦只能化为瞬息间破灭的泡影。因为，赤湾是明军舟师直取广州的必经之路，而赤湾的天后宫又是当时沿海影响最大的天后宫。所以朱元璋于舟师出发前下旨，赐妈祖"昭孝纯正灵奕孚济"，庙号"圣妃"！

幸运的是，明朝的舟师挂帆远征，竟然没有遭受多少风波之苦。两个月后，由陆仲亨指挥的舟师阻断广州与靖江的交通，征南将军廖永忠更是直取广州，元朝江西左丞何真归降。

廖永忠的舟师浩浩荡荡开进广州府辖的东莞县赤湾港，何真率众迎接，并陪同他到赤湾天后宫烧香还愿，感谢天后神灵的一路保佑。

▶ 设立新安县 ◀

从五代、宋、元直到明朝初年，屯门镇属东莞县。当地教化水平低下，而内贼外寇不断，百姓怨声载道。

明代的深圳地区在商贸上已渐渐蓬勃起来，人口亦有所增长，更成为海防要地。明洪武二十七年（1394年），广州左卫千户崔皓在南头旧城址上修建，"东莞守御千户所城"，主要任务是防御南中国海一带的海盗。

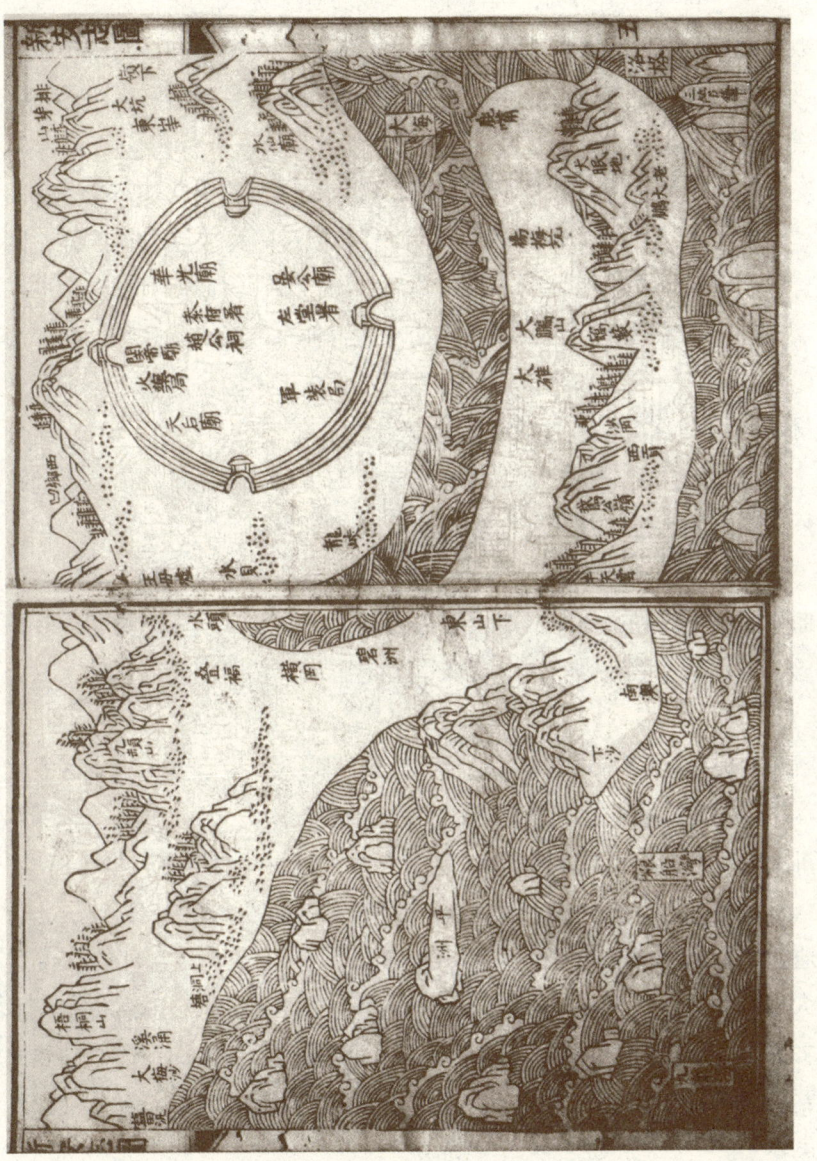

［清·嘉庆］舒懋官、王崇熙等编 《新安县志重印本·东莞所图》书影

明朝嘉靖中叶以后，东南沿海一带的倭患愈演愈烈，尤其是浙江、福建两省，由于官兵征剿不力，倭寇出没无常，如入无人之境，甚至出现明兵"数万之众，贼常以矛走之"的情况，引起百姓的恐慌和朝廷的担忧。朝廷后来起用戚继光在浙江抗倭，浙闽倭患渐渐平息，但倭寇南窜广东，与海盗、番夷狼狈为奸，横行海上。

当时，广东沿海有三路巡海官军抵御倭寇，其中的中路"自东莞县南头城，出佛堂门、十字门、冷水角诸海澳"。但是因为倭寇机动性强，四处袭扰，使官军经常顾此失彼。

嘉靖三十年（1551年）秋，东莞南头人何亚八流窜海上，勾结西洋海盗商船进攻东莞守御千户所，千户官万里在南山烟墩阻击时阵亡。指挥使李茂材率兵增援，才赶走这批海盗。直到嘉靖三十三年（1554年），这批海盗才被消灭。嘉靖三十七年（1558年）十月，倭寇闯进珠江口，大肆抢掠广州东莞沿海乡村，并在潮州杀死龙溪都指挥杨簹。

与此同时，葡萄牙人自明朝中叶占领了马六甲海峡，控制了南中国海的交通要道，随后进逼广东沿海发展势力范围。1518年前后，葡萄牙驻马六甲总督安达拉率战舰强行进入今天的香港屯门，在屯门设置堡垒，四处抢掠。

就在外患不止的时候，嘉靖四十年（1561年）夏，东莞及附近地区发生大饥荒，贫民为饥饿所迫，纷纷起来造反，抢夺粮食。八月，东莞、增城两县的饥民里应外合，冲入增城县城，大肆抢劫米铺及其他店铺。人称"辛酉之变"。此时南头城内外也是人心惶惶，时常有小股饥民结伙出来抢米。

这里人口较多，离东莞县城路途遥远，几乎处于无人管理的状况之下，大量的饥民聚集到各个公共场所，时有饥民啸聚掠米，瞬息生变。乡绅吴祚来到跃跃欲试的饥民们面前，挡住他们的去路，喊道："你们要造反吗？如果是，你们就砍死我；如果不是，你们还是各自保护妻儿回家，不要闯祸了。"

吴祚，字迁锡，为人正直，经常为乡民排忧解难，主持公道，人称其"有古王烈风"。在吴祚等乡绅的耐心劝导下，一触即发的饥民暴动暂时平息下来。

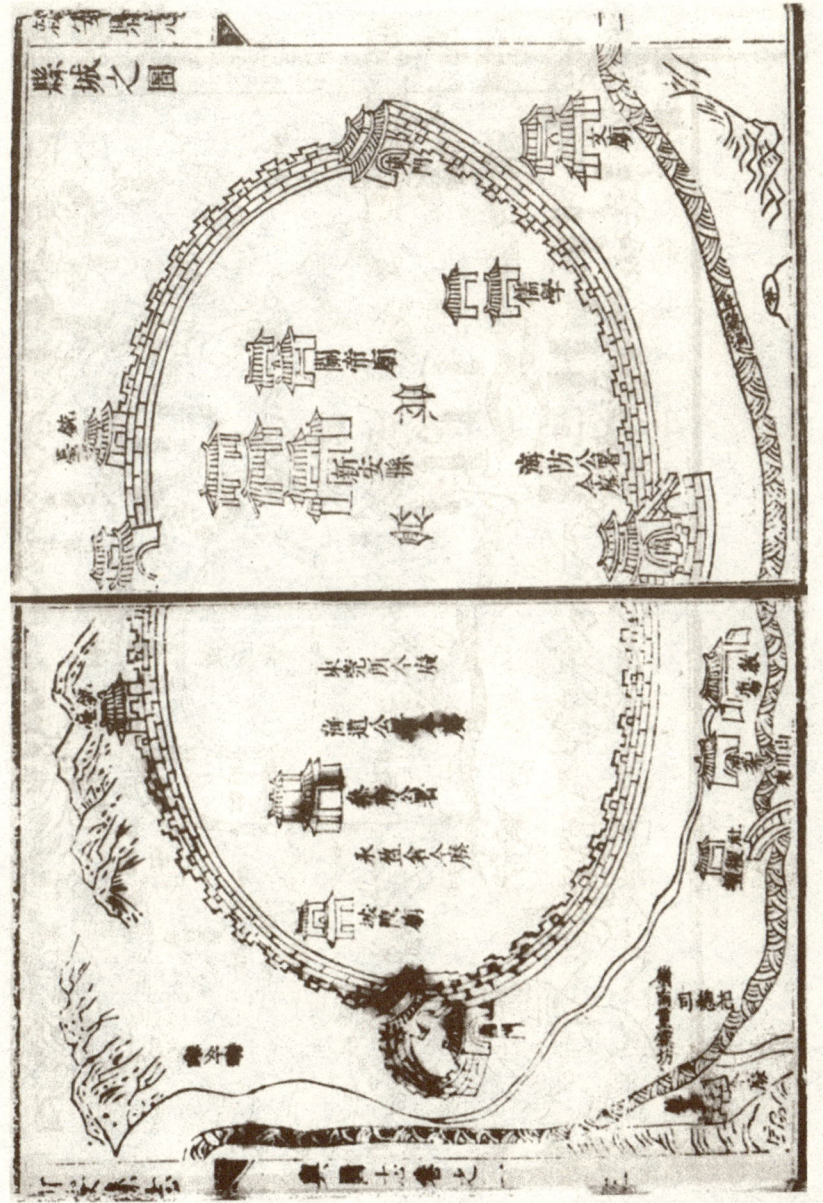

[清·康熙]靳文谟《新安县志·县城之图》书影

34

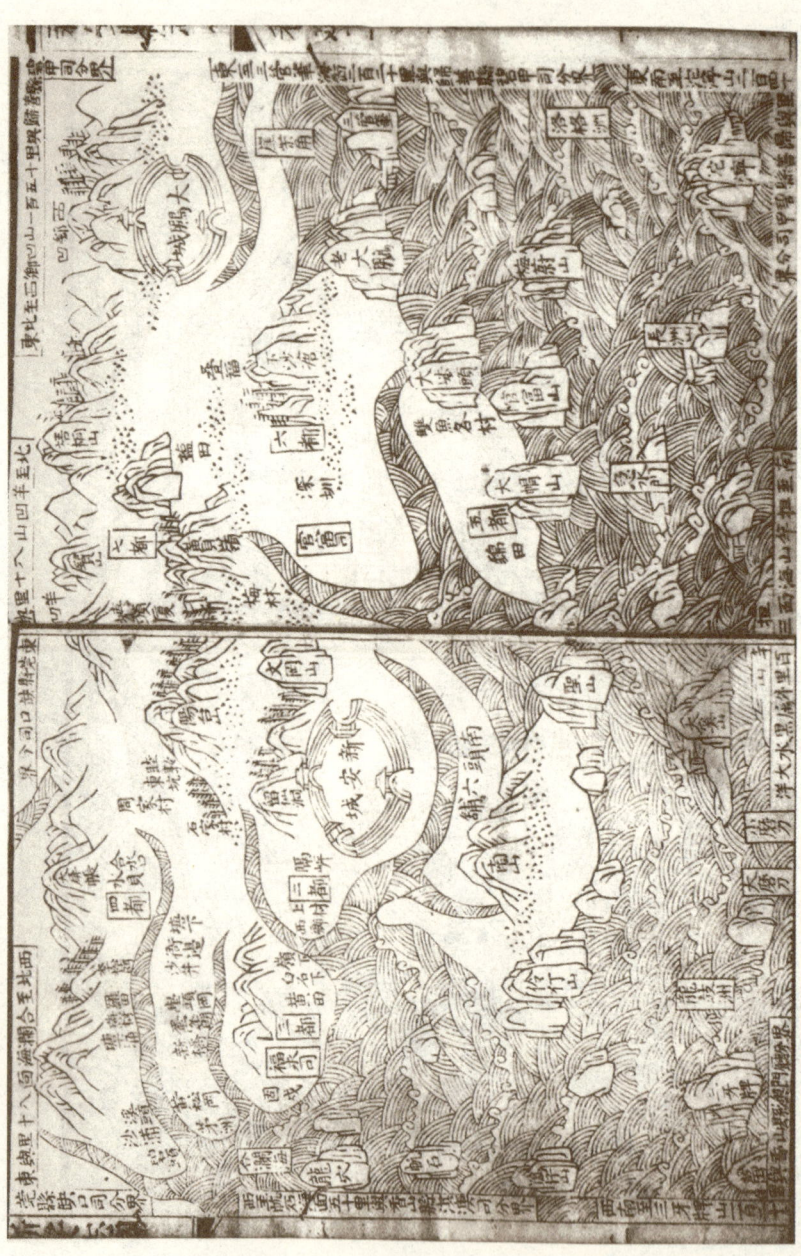

[清·嘉庆] 舒懋官、王崇熙等编 《新安县志重印本·县境图》书影

嘉靖四十二年（1563年），福建巡抚谭纶、总兵戚继光奏请恢复设置水师城寨（简称水寨）旧制。在此之后，明朝政府在广东的潮州、惠州、广州、高州、雷州、琼州等地设置了六个水寨。在广州地区的为南头寨，防御地区东至大屋，西至广海；从嘉靖四十四年（1565年）起，南头寨的军事首长是抗倭名将汤克宽。

隆庆元年（1567年），大海盗曾一本与倭寇勾结，攻入东莞守御千户所，原东莞所千户、柘林守备李茂材率官军围剿，一直追到雷州港，因为同行将领想保存自家实力而不发援兵，李茂材孤军奋战至死。

隆庆四年（1570年），倭寇再次勾结曾一本攻广州，在惠州、东莞及今深圳北部地区乡村中扫荡劫掠。倭寇先占领石排（今香港仔），后在南头附近登陆，百户吴纶率乡兵抵抗，力竭战死。

隆庆五年（1571年），倭寇围攻大鹏守御千户所城，城中军旅不整、防御设施及武器陈旧不堪，局势万分危急。舍人康寿柏挺身而出，率领城中军民奋勇杀敌，倭寇围城40余日不克，无奈解围而去。

隆庆六年（1572年）二月，广西提刑按察司副使刘稳调补广东提刑按察司副使，负责广东海疆的防御及安全。他在听取了当地父老的请示后，起草了关于申请在南头设县的报告，上报朝廷。万历元年（1573年），朝廷批复同意立县，命名为新安，取其"革故鼎新，去危为安"之义。

万历元年新安县正式成立。第一任知县是吴大训，广西马平人，岁贡。典史是彭一桂，广西滕县人。教谕是俞香，江西永丰人。训导是雷平，江西人。官富司巡检是林云龙，福建人，万历二年任。福永司巡检是胡芹。

新安县的疆域，据康熙《新安县志》记载，大致为："邑治东西广九十里，南北袤一百余里。东抵旱塘凹八十里，为惠州归善县抵界。西抵香山县界。南抵佛堂门重山叠嶂。北抵莲花峰六十里，为东莞县界。东南抵平海守御千户所，陆路一百五十里，为惠州府界。东北抵半凹山九十里，为东莞县界。西北抵虎头门。西南抵香山寨。"

后来，有识之士也意识到了海洋的重要性，认为"新安形势与他处海疆不同。盖他处以抵海而止，而新安则海外岛屿甚多，其下皆有村落，固不能不合计海面而遗居民于幅员之外也。且以四至定县治，不能以县治定四至，固须统计海洋开方画界"。

于是，到了嘉庆《新安县志》新安县的疆域就改记为："邑地广二百七十里，衰三百八十里。东至三管笔海面二百二十里，与归善县碧甲司分界。西至礬石海面五十里，与香山县淇澳司分界。南至担杆山海面，北至羊凹山八十里，与东莞县缺口司分界。东北至西乡凹山一百五十里，与归善县碧甲司分界。西南至三牙山一百二十里，与香山县澳门厅分界。西北至合澜海面八十里，与东莞县缺口司分界。东南至沱泞山二百四十里，与归善县碧甲司分界。"

新安县建立时，人口也并不是很多，只有不到 7000 户人，到清康熙年间，因为动乱，新安县人口锐减到不足 3000 户人，大部分集中在现在的香港新界。深圳河以北有很多村落，但当时居民耕作的土地都在今天的香港境内。

▶ 清代迁海浩劫 ◀

清康熙元年（1662 年）春节刚过，欢庆的气氛还在新安县的村村围围里飘荡，门前那大红的春联上祈福的墨迹尚未干透，晴空里炸响一声惊雷，要迁界了，乡丁的锣鼓几乎要把百姓的心震碎。

原来，清廷为了防止沿海居民接济台湾郑成功的反清复明势力，于顺治十三年（1656 年），根据浙闽总督佟岱（满名屯泰，后因冒功贪禄被撤职）以及郑成功的叛将黄梧的建议，下令实施禁海令，将东南沿海边界线内迁 50 里。百姓也要跟着内迁，而且"越界者斩"。同时尽撤缯船，不准在沿海江河捕鱼。

顺治十八年（1661 年），清迁正式发布迁界令。迁界令是禁海令的扩大和补充，是更加彻底地切断海内外经济联系的封锁措施。

这一年 12 月，广东水师总兵张国勋到新安县沿海巡边勘界。1662 年 2 月，副都统科尔坤、兵部侍郎介山到广东推行迁界令，并于高处建炮台和报警烟墩，每隔 20 里设一营盘，驻兵戍守。遇有越界者即发烟示警，左右合围，予以捕杀。界外地区不准人民居住，房屋全部拆毁，田地不准耕种，不准出海捕鱼，凡越出界者立斩。

对新安县和其他沿海地区的百姓来说，这是一场空前的浩劫。

据史书记载，初迁时，由于只限期三日，"尽夷其地，空其人"，以致被迁人民仓皇逃难。清廷派出大批官兵强行驱赶，并强行毁坏田舍、村镇、城郭，百姓限期搬出，违者以军法论处。宫庙、民房焚毁一空，男妇老幼不得已放弃家产和赖以维生的盐场，号哭着离开了家园。

他们只能野栖露处度日，年老体衰者经不起折腾倒毙路旁，出现了"夫弃其妻，父别其子，兄别其弟"的凄惨场面，还有被逼得卖儿卖女的，"斗粟一儿，百钱一女"。身强力壮者去投军混口饭吃，年老体衰者和女人儿童就只能沿途乞讨。也有全家走投无路，采来毒草泡水同饮而死。

在这次迁界中，新安县迁去三分之二的地方。史载："死亡载道者，以数十万计。"屈大均在《广东新语》卷二《地语》谈到迁海时感叹说："自有粤东以来，生灵之祸，莫惨于此。"

这种暴政自然激起了人民的反抗。当时的疍民因为生活在水上，迁界自然断了他们的活路。1663 年，他们在周玉和李荣的领导下，集中了三桅大船数百艘，攻打沿岸据点的官兵，焚毁哨所和军营，横行海上数月，给清兵以沉重打击。此后人民反抗迁界的斗争，也一直没有停止过。

康熙三年（1664 年）五月，清廷下令再内迁 30 里。再迁 30 里，新安县的土地就迁完了。两广总督卢崇峻上疏说，新安县在初迁时就迁得够多的了，人民生活十分困苦，乞求朝廷考虑，为了避免把新安县的土地迁光，只迁东西二路共 24 乡。

不过，在归德（今深圳沙井镇一带）也有得以保全的村子。进士陈隽蕙是新安县恩德乡三都衙边村人，1661 年赴京师参加会试，赐进士出身。他的家在今天沙井镇的衙边村，村民全以盐业为生，失去盐田将无以生存。

陈隽蕙率村中父老，去恳求迁界当局给一条活路。由于他是前途无量的新晋进士，官员同意特设立归德场口子，这个村的人可以凭借一道特许的灶丁腰牌进出，但只能晒盐，不能在村里居住。

康熙六年（1667 年），因为已经没有多少土地和人丁，新安县知县张璞只得向朝廷打报告请求并入东莞，建县 94 年的新安县被取消了。

由于人民的反抗和赋税大量减少，康熙六年，广东巡抚王来任冒死上疏请求复界。然而，他得到的却是革职的命令，两广总督卢兴祖也被牵连撤职。王来任悲愤交加，一病不起，临死留下遗疏一札，再提展界复乡之事。

一月后，山东巡抚周有德升任两广总督，内国史院学士刘秉权任广东巡抚。周不仅将王来任的遗疏递了上去，还上疏明确表示支持展界复乡："广东沿海迁民，久失生业，今海口设兵防守，应速行安插，复其故业"。

康熙八年（1669 年）正月，清廷下令允许康熙三年的迁界地区恢复原籍。同年七月，康熙皇帝批准恢复新安县，知县暂由番禺县丞路一鳌代理。

新安百姓回到自己的家乡时，八年无人居住的房屋早已是杂草丛生，梁倾门歪，其惨况可想而知。而多数房屋，则已经永远等不回自己的主人了。重建自然不是一朝一夕就能完成的，历任县官无不以招民开荒为急务。经过一又一年、一任又一任的努力，新安县的经济才逐渐得以恢复。

康熙廿二年（1683 年）收复台湾，次年取消禁海迁界的法令，沿海岛屿居民得以恢复正常生活，社会趋向稳定，经济日渐复苏，因迁界而荒芜的沙田，复界后也逐步得到垦辟。

▶ 九龙海战 ◀

葡萄牙占据了澳门后，英国便对广州贸易港口垂涎欲滴。

清乾隆八年（1743 年）六月，有英国商船因躲避台风，偶然进入珠江口新安、东莞两县海面。在东莞知县印光任的反复劝说之下，滞留到九月才勉强离去。

乾隆十年（1745 年）六月，英国商船 5 艘又到珠江口，谎称去日本做生意，流连观望了两个多月，见广东水师防范严密，又遇到敌对的法国船，不得不离开。

嘉庆七年（1802 年）三月，一批英国商船没按事先约定前来贸易，进不了广州而停泊在新安（深圳市古称）伶仃洋上，想在澳门暂借葡人房屋居住。

葡人深知英国野心，但又怕英国人的武力，暗中赶快通知两广总督吉庆，想借中国政府之手赶走劲敌。吉庆旋即上奏朝廷，嘉庆谕命："有犯必惩，切勿姑息；无隙莫扰，亦勿轻率。"吉庆总督派员向英人传达了清帝的旨意，英国人虽口头应允，却一直拖延至六月份才回国。这期间英人在伶仃洋的落脚点大都在古屯门镇辖区，即今深圳南头城到香港岛一带海域。

清嘉庆十年（1805 年），4 艘在新安、东莞两县海面游弋的英国兵船开到虎门附近海面，以帮清朝官兵剿捕海盗为名故意逗留。嘉庆十三年（1808 年）九月，3 艘英兵船更放胆驶过虎门要塞，进入黄埔港。

此时，英国兵船护卫的英鸦片商贩，常在新安县伶仃洋上用"趸船"秘密囤积鸦片，然后通过中国烟贩和官吏组成的走私网络，偷运进沿海各地。在清道光十八至十九年间（1838～1839 年），输入中国的鸦片已增至每年 3.55 万箱。

道光十八年（1838 年）十二月，朝廷命湖广总督林则徐为钦差大臣，节制广东水师，查禁鸦片。林则徐抵粤后，于 1939 年 6 月 3 日在虎门公开销毁从外国洋行没收来的 200 多万斤鸦片。

1839 年 7 月 7 日，英国船"考奈蒂克"号和"满加洛尔"号的水手酒醉上岸，在九龙尖沙咀大肆行凶，打死中国村民林维喜。

林则徐下令英方交出凶手，英国驻华商务总监督义律拒不执行。林则徐命令沿岸各处不准给英船供应粮食等补给品。同时，他利用澳葡当局对英国人的戒心，促使其将澳门的英人驱逐出境，并作出在中英之间"最严格的中立"的承诺。英商被迫全部从澳门撤退到尖沙咀洋面上的货船和空趸船上寄住。

9 月 4 日，义律和窝拉疑号舰长斯密斯率"路易沙"（装备 10 门回旋炮和 4 门三磅长铳炮）、"珍珠"（装备 6 门 6 磅炮）、"得总喇吐"号、"甘米力活"号等五艘舰船，驶入广东九龙湾。

义律派翻译郭士立在两名英水兵陪同下，登上正在巡逻的赖恩爵船递交呈文，并且威胁说，如果再不给英商船队供应食物，就会遭到武力惩罚。赖恩爵反复申明：村民林维喜被杀不能不了了之，在不具结不交凶的情况下，遵上谕令，不能接济任何食物。

下午 2 时半，恼羞成怒的义律派人向赖师船递交一纸"最后通牒"：如果英国人在半小时内得不到食品供应，他们就要击沉在九龙港内的中国水师战船！

赖恩爵正派遣弁兵前往答复之际，义律竟然下令 5 只船舰同时开炮，轰击师船，兵丁欧仕乾被炮火击中，当场身亡。赖恩爵立即指挥各船和九龙炮台，向英船开火。中英九龙海战正式爆发。

由于是突然袭击，加上敌众我寡，清军水师的处境一度非常困难。赖恩爵下令辗转舟楫，利用清军兵船小巧便利，与英方的船舰进行周旋。而此时，本来雾色阴沉的海面雾气越来越重，英军虽然船坚炮利，但毕竟体格庞大，周转不便，不利近战。赖恩爵趁机指挥小船靠拢英军，就近开炮，炮火集中攻击义律乘坐的"路易沙"号的主帆，轰得它在旋涡中直转，惊惶失措的英兵，纷纷落水，义律只得率船狼狈逃避。

没过多久，义律调来主力舰"窝拉疑"号和"威廉姆堡"号投入海战。后来赖恩爵在战况汇报中说："该夷来船，更倍于前。复有大船拦截鲤鱼门，炮弹纷集，我兵用钢纱等物，设法回避，一面奋力对击，了见该夷兵船，驶来帮助。"

赖恩爵眼看许多夷船前来增援，命令士兵连放大炮，轰毙英军多名，英军急忙从舰上放下舢板，下海捞救。双方激战 1 个小时，英船"珍珠"被击沉，17 名官兵毙命。英军见捞不到好处，于傍晚时狼狈逃回尖沙咀。

九龙海战历时 5 小时，中方两名士兵阵亡，两名重伤，4 名轻伤，师船稍有破损。而英方的伤亡情况，据新安县知县梁星源禀报：夷人捞起尸首，就近掩埋者，已有 17 具，又有渔舟叠见夷人随潮漂荡，捞获夷人帽数顶。另外假扮兵船船主的德忌剌丧命，手腕被炮打断。英军受伤人数不计其数。

这次战斗规模虽不大，却是中英鸦片战争的前哨战，并揭开了中国近代战争史的序幕。九龙海战，清军以少胜多，赖恩爵也因此得到了道光皇帝的嘉奖，被赐以"呼尔察图巴图鲁"（勇士）称号，晋升副将（从二品）。1843 年任广东水师提督、正一品，封"振威将军"。

▶ 新安壮勇抗英 ◀

在第二次鸦片战争期间，在深圳地区有一支颇负盛名的抗英民间武装——沙井练勇。这支练勇，又称新安勇，英军虽装备优良，但对这支武装也奈何不了。

第一次鸦片战争，清廷战败，与英政府签订了丧权辱国的中英《南京条约》，将新安县的香港岛割让与英国。英夷以香港岛为据点，扩大对中国的侵略。

1856 年 10 月 23 日，英国海军上将西马縻各厘率领英军舰越过虎门，攻占腊德、龟岗炮台，点燃了第二次鸦片战争之火。英法联军兵临城下，情势危急。两广总督叶名琛为了牵制入侵广州的英军，威胁英军的后方基地——香港，下令给新安县在籍户部主事陈桂籍，要他募集力量，骚扰香港的英军。

陈桂籍字月樵，是新安县沙井乡岗头新村（今深圳市宝安区沙井镇辛养村旁腊岗仔村）人。道光二十一年（1841 年）进士，曾官至户部主事（正六品）。

12 月 19 日，陈桂籍首先在新安县南头城学宫内的明伦堂，召开抗英动员大会，联系全县的士绅，共同声讨英军暴行，并发抗英檄文，发动全县士民打击英军。大会决定在香港开辟战场，首先是断绝对香港的一切供应，然后从香港撤回全部新安人，接着在新安县内灭尽信奉洋教之徒，防

41

止他们为英夷刺探军情。完会之后，陈桂籍还向叶名琛报告了会议情况。

当时，外国人在新安县建有西乡堂（1848 年）、福永堂（1849 年）、荷坳堂（1854 年），李朗存真书院（1864 年），布吉崇真堂（1852 年）等。中英战争一开始，那些传教士便逃回香港。陈桂籍根据乡民的报告，派练勇搜查那些通敌的传教士活动过的村子及住过的地方，并将他们遗留的财产充公。

陈桂籍安排他的弟弟陈芝廷，在新安县和通往九龙的交通线上部署哨卡，还每天派出 20 条船日夜在外海监视香港英军的活动。1 月 19 日，陈芝廷等人都经过乔装，袭击一队英军巡逻队，割下一英军的首级，顺利地凯旋。这类小规模活动，常使英军防不胜防，不得安宁。

陈桂籍的一系列活动，给香港总督包令造成巨大压力。包令在给克拉兰教的信中说："我们不得不时刻提防绑架、暗杀和纵火"。1857 年 12 月 28 日，英法联军炮击广州并发起进攻，第二天广州陷落。

随后，清廷命在籍前户部侍郎罗惇衍出面在顺德组织团练总局，对抗进占广州的英法联军。陈桂籍受命带领新安勇千名，进驻广州三宝墟。6 月 3 日拂晓，英军进攻三宝墟，遭到新安勇的顽强抵抗。这时，另一股败窜的英兵也赶到，遂合兵一处，发起三面进攻，而新安勇越战越勇，附近龙眼洞的乡勇也赶来助战。

从卯时至未时，鏖战 5 个小时，新安勇在龙眼洞乡勇的支援下，大获胜仗。英军中穿红衣骑马、执旗佩剑的头目被击毙 2 名，英兵被击杀 100 多名，受伤五六十名，英军大败而逃，新安勇等从银阮岭追击至西牛角地方。英军闻风丧胆，藏匿于银履塘、麒麟岭及白云山各寺中，陈桂籍指挥壮勇扼要驻守。

这次抗英战斗，陈桂籍及千总邓安邦受到清廷的表彰。

1858 年 6 月 26 日，中英在天津签订《天津条约》，清廷丧权辱国。8 月 3 日，香港英夷乘船在新安县城外南头登陆，张贴华民复工告示，与南头乡民发生打斗，数名英军被揍，从而引起 3000 英军于 8 月 10 日至 11 日前来南头报复，一度攻入南头城。

在危急关头，陈桂籍率沙井练勇等赶到，与知县王寿仁率领的民勇合兵一处，将英夷赶出南头城。然而，清政府向广东官吏及百姓施加压力，避免与英军开战，以换取和谈成功。此后，广东的抗英不了了之。

在今天的沙井镇辛养村附近，仍可找到有关新安勇和陈桂籍的文物。其中一个旗杆石，基础部分全长 240 厘米，石碑部分长 110 厘米、宽 37 厘米、厚 10 厘米，碑上部呈石鼓状，下刻阴文："钦赐户部主事，道光辛丑恩科二十传裔孙桂籍立"。该碑原应立于驸马房陈梦龙的祠堂前，后在"破四旧"时被拆卸用来做桥板。

▶ 新界抗英 ◀

1898 年，中国在甲午战争中一败涂地，西方列强再次掀起瓜分中国的狂潮。经过长达两个月的谈判，英国胁迫清朝政府于当年 6 月 9 日签订了《展拓香港界址专条》，强行租借广东新安县三分之二的土地面积 376 平方公里，租期 99 年。

这是继 1842 年 8 月 29 日签订的《南京条约》和 1860 年 10 月 24 日签订的《北京条约》之后，中、英之间关于香港的第三个不平等条约，英国侵吞中国领土香港的"三部曲"终于宣告完成，于香港岛和九龙半岛"界限街"之北又增加了一块 "New Territories" ——"新租借地"，简称"新界"，土地面积由此扩展了 11 倍，水域扩展了四五十倍。

但新安县人民不愿成为侵略者的"顺民"，在邓菁士、邓仪石等的领导下，新界的邓、文、廖、彭、侯五大家族募集款项，购买枪支弹药，组织青壮男丁，发起抗英保土的武装斗争，直接参战人数达 2600 人。

但是，与三元里抗英斗争、中法战争、中日甲午战争不同的是，"新界"人民的抗英斗争，是在两国已经正式签订拓界"专条"和"合同"之后进行的，他们的行动在中、英两方面都是"非法"的。他们是已经失去了祖国，成为大清国的"弃民"，不但得不到清朝政府和军队的支持，反而还受到官方告示的威胁和官军弹压的危险。他们只得到了东莞、惠州等地民间社团的支持。

1899 年 4 月 7 日，英军正式接管新界，首先攻占大埔，继而向大埔西面的锦田、元朗一带推进，沿途不断遭到当地人民的反抗，义军在雁田援军配合下与英军顽强激战，英头领受伤，带领残军狼狈逃脱。

英侵略者并不甘心失败，调兵遣将卷土重来。新界人民又与英国军队、警察展开了殊死搏斗，先后两战大埔，再战林村谷、上村石头围，最后据守锦田吉庆围，与敌血战到底。

锦田乡吉庆围是一座筑有高达 2 丈围墙的坚固城池，位于元朗锦田公路侧，与永隆围、泰康围、南围、北围和新围合称"锦田六围"。吉庆围墙外有宽阔的护城河，墙四角建有炮台，城池入口处有一康熙年间铸造的铁门。1899 年 4 月，当英军向锦田进犯时，锦田乡民以吉庆围为阵地，紧闭铁门，凭借围墙与铁门与英军对抗。

然而，这些胼手胝足的农夫，他们所使用的武器，包括从民间购置的大炮、原各围村防盗自卫的抬枪、从各种渠道购买的长枪、短枪（其中有些是太平天国缴获的"洋枪队"武器，太平天国失败后，这些武器失落民间）、大刀、长矛、三叉戟、匕首。用这些落后、原始的武器，去对付拥有先进武器装备、训练有素的大英皇家军队和警察，其结局必败无疑。

4 月 18 日，英军在密集的火力掩护下，强迫民工架起浮梯，由工兵运载强力炸药，在吉庆围东北角墙身挖孔填入，将围墙爆破出洞口，而后爆破队和冲锋队攻入。据刘崇先生介绍，吉庆围村民当时曾进行英勇抵抗，与英军展开激烈的巷战，横街直巷都洒满鲜血，尸体纵横交错。

吉庆围当时只有 30 多户人家，男丁被屠杀者达六七十人，有些全家被杀。英军入室奸淫掳掠，无所不为，频频传出凄厉的叫声，被强奸的民女多数披发跣足，用布带自尽在竹梯上。

英军还拆走了吉庆围的铁门，由当时的港府辅政司兼"新界"专员骆克亲手献给第十二任港督卜力。卜力得了两扇铁门，乐不可支，卸任后将其运回英国，用来装饰他在艾尔勒（Eire）的私邸。

1924 年，锦田邓氏后人邓伯裘代表全族乡人向港英政府提出，铁门是先人遗物，一旦失存，不但体面攸关，而且愧对祖宗，要求查回失物。当时在任的第十六任港督司徒拔（又译文塔士）报告英国政府，将铁门追回发还。1925 年 5 月 26 日，吉庆围乡民举行盛典庆祝铁门回归，港督司徒拔亲自主持了这一典礼。当日吉庆围大门悬挂贺联一副："南国仰屏藩，恩留郇黏；北门重锁钥，誉羡寇莱。"

吉庆围之战后，九龙抗英武装实际上已经无力再对抗英军，不得已退出新界。据学者刘存宽编著的《香港历史问题资料选评——租借新界》一书记载："上村之战后……抗英武装事实上已无力组织一场战斗，一部分人被迫撤退到深圳河以北，抵抗运动领袖邓菁士、邓仪石等逃奔广州、南头，另一部分人则藏匿在本地。"

在撤离新界时，邓仪石写了一首《新界反英接管风云诗》来记述自己的悲愤心情：

极目乡关何处是，茫茫东海去云浮。

滚滚狼烟何日净，那堪回首九龙湾。

45

▶ 三洲田庚子革命 ◀

明清以来，深圳一直位于抵御倭寇和抗击英、葡、荷兰侵略者的前沿阵地；辛亥革命前后又处在资产阶级革命的发祥地，深受康有为、梁启超、孙中山等新思想影响。因此，包括知识精英在内的深圳人民，具有光荣的革命斗争传统，特别突出的表现是"打响反抗西方殖民侵略战争胜利的第一枪"（1522 年，史称"屯门之战"）、"打响鸦片战争第一枪"（1839 年 9 月 4 日赖恩爵指挥大鹏水师痛击英船，史称"九龙海战"，大获全胜）和"打响辛亥革命前夕第一枪"（1900 年孙中山发起三洲田起义，史称"庚子首义"）的历史。

三洲田起义，又称"庚子革命"、"庚子首义"等，是孙中山进行反清革命的第一次成功尝试，可以说是为推翻清王朝而打响的第一枪。

1900 年，中国北方爆发了义和团运动，孙中山准备把握时机，在广东策划起义。他与郑士良等人再三商议，选择了三洲田（今属深圳市盐田区管辖）为起义地点。

广东东部沿海新安县、惠阳县等地，除了有与九龙、新界相连，距离兴中会香港总部最近的优越地理环境外，还是三合会、绿林、洪门等秘密反清会党的重要活动地点，尤其是新安县、惠阳县的三合会组织一直在秘密活动，其中三洲田的三合会组织最为活跃。三洲田位于大鹏湾北岸，背山面海，当时隶属惠州府归善县，与新安县接壤，险峻且偏僻。三洲田设有拳馆会，会员以习武为掩护，进行反清复明的秘密活动。

1900 年 6 月，孙中山的支持者廖毓坤带郑士良、拳馆会会长黄福等，以访友为名来到三洲田，很快就与新安县的洪门会党首领黄耀庭，绿林会党首领黄阁官以及活动在新安县、惠阳等地的三合会首领江恭喜取得了联系，并得到了各会党首领的拥护，使他们接受了兴中会的领导。

1900 年 6 月 17 日，孙中山船抵香港时，港英当局借故不准孙中山上岸。孙中山便先后两次，在香港海面的船上与香港的兴中会员举行会议，拟订起义方案。第一次会议决定以新安县、归善县的绿林、三合会党为主力，借用菲律宾独立军卸在台湾的军火，在三洲田起义，然后东进厦门。

孙中山则和日本台湾总督儿玉源太郎约好，在台湾以武器援助，等起义军打到厦门。孙中山则内渡指挥，重新装备，再挥师广州，成功后即在广州组织临时政府。第二次会议，决定由郑士良、黄福、黄耀庭集结三洲田，准备发动起义，史坚如、邓荫南赴广州，相机起事及进行暗杀活动，以为策应；杨衢云、陈少白、李纪堂以香港为据点主持起义的筹办工作；毕永年赴长江流域联合会党；孙中山则转日本，再折回台湾，等起义发动后再潜回内陆。

9 月中旬，孙中山在日本神户、大阪等地购买枪械运港。9 月 28 日又抵台湾基隆，并在台北建立起义指挥中心，招募一批军人。

而此时，清廷也嗅到了点什么，两广总督派水师提督何长清率军进驻香港，陆路提督邓万林率军布防于淡水、镇隆。何长清的先头部队 200 人已到沙湾，哨骑则至横岗。

1900年10月8日（一说于10月6日），黄福决定在三洲田马栏头祭旗起义，当时起义军皆打着"孙"、"郑"及"保洋灭满"的旗帜，唐梦尧以"众位兄弟，百打百胜，到来就位"的话先行揭礼，接着宣布起义，然后集体高呼"剑起灭匈奴，同伸九世仇，汉人边处立，即日复神州"以及"跟孙中山要跟到底！"等口号。起义军全都是用红布缠头，裤头插一支小红旗子；裤腿一边高，一边放低，颇为神气。

起义自发动至10月22日遣散撤退，共坚持了15天，大小10多战，较大的有初战兰花庙，二战佛子坳，三战平潭墟，四战黄沙洋，五战三多祝等。起义军在抵达三多祝后，四乡八村的农民来投者越来越多，义军增至3万人，队伍暂驻白沙，进行整编、筹粮，准备向梅林进发。

正在此时，孙中山在台湾筹运军火失败。起义军司令郑士良不得不即宣布解散两万多起义军，仅留洋枪队千余人返回三洲田大本营。这时，他们听说三洲田大营已于20日为清军所占领，廖庆发等起义首领英勇就义，只好改由海路退往香港。在战斗中，奉孙中山指示参加起义的日本人山田良政，因为迷路为清军捕杀于三多祝西墟门。

郑士良、黄远香等先抵达香港，接着黄远香、黄耀庭、邓子瑜等又避居新加坡。第二年，郑士良在香港为清吏派人所毒杀。而黄远香与找他们而来的兴中会员尤列，在新加坡牛车水悬壶行医，借医术向下层华侨群众宣传反清革命，各界人士纷纷响应。黄远香等在新加坡、吉隆坡等埠创立"中和堂"，高悬起三洲田起义军的青天白日旗，入会的人非常踊跃。1903年，黄远香在新加坡逝世。

辛亥革命成功之后，孙中山亲派副官随员前往三洲田慰问，并拨款为三洲田民众修建房屋，还建立一所三洲田小学，教育后代。孙中山先生逝世后，其子孙科也曾过问此事，亲自为三洲田小学题了一副匾额："庚子革命首义中山纪念学校"。

1958年，因修筑三洲田水库，学校迁到了三洲田新村里，并改名为三洲田学校。1982年，深圳市政府在三洲田村重建"庚子革命首义中山纪念学校"，以表对革命先烈的缅怀。

47

▶ 光复南头城 ◀

1911 年 10 月 10 日，武昌起义成功。消息传到深圳，龙华革命党人卓凤康、何玉山带领队伍攻下南头城。

据《宝安县志》记载，卓凤康 1886 出生于牙买加，祖籍新安（今宝安）县龙华弓村。父亲卓扬高经商于南洋、西欧等地。1894 年，卓凤康 8 岁时，随同父母回到家乡龙华弓村，进私塾读书。1906 年加入中国同盟会，积极投身反清的革命斗争。

1911 年 4、5 月间，卓凤康与周振源一起，秘密发动和组织龙华、乌石岩两地民众近千人起义，坚持了 3 天。卓凤康身先士卒，表现得非常勇敢。这次起义，有力地声援了孙中山领导的广州黄花岗起义。

武昌起义成功的消息传到深圳，卓凤康和何玉山（赤岭头村人）、吴兆祥（浪口村人）率领队伍，于 10 月 30 日攻入新安县城南头。

卓凤康率先冲进南头的县衙门，手里拎着一包当作干粮的煮鸡蛋。官员们看见，以为是炸弹，吓得魂飞魄散，马上作揖求饶："请卓先生不要丢炸弹。"于是，所有官员和衙役束手就擒，新安县宣告光复，由何玉山代任县长之职，结束清王朝在新安县 265 年（顺治三年至宣统三年）的统治历史。

1912 年，新安县定为二级县，由省府直辖，县政府仍设在南头，首任知事何恩明。为了避免与河南省新安县名重复，国民政府将其改用旧名宝安县。

1913 年秋，孙中山先生在南方发动"二次革命"，举兵讨伐袁世凯，被袁军打败，孙中山流亡日本，卓凤康也被宝安县的复辟政权通缉，被迫离开了自己的妻子及三个女儿，又远渡重洋到牙买加避难。

1934 年卓凤康再次回到祖国，投身抗日救国的活动。

1938 年 10 月，日军在大亚湾登陆，次年兵不血刃占领战略要地南头城。卓凤康担任了龙华乡"白皮红心"乡长（表面是日伪的乡长，暗中从事抗日工作）。他利用"乡长"的身份组建了一支 270 人的护乡队，成为游击队打击日军的有力助手。1939 年 8 月，国共军队合作打击日军，取得了南头沙河大涌桥战斗的胜利。卓凤康的护乡队在这次战斗中立了大功，他被授予勋章一枚。

1940 年秋，曾生、王作尧领导的抗日游击队，由海陆丰重返宝安抗日前线。个别队员在途中失散，落入国民党军队手中。为了营救被敌军抓去的女游击队员张伟明，卓凤康一面派出客家妇女邓东娇，到观澜认张伟明是自己的女儿。另一方面，他自己与国民党当局联系，以乡长的名义作保，要求释放张伟明。经过他的努力，张伟明获救。

1941 年 1 月，宝安县第一个抗日民主政府成立，卓凤康当选乡长。8 月 15 日，卓凤康、周振熙带领自卫队，配合游击队打败日军的三路进攻，粉碎了日军的扫荡。同年 9 月，国民党军队进攻龙华抗日根据地，烧毁了卓凤康的 3 间房子，妻子和女儿都劝他不要再冒险了，但他说："干革命总会有损失的，为革命要为到底嘛。"

1942 年 4 月，国民党顽军一八七师师长张光琼率部进攻弓村军民，遭军民痛击，敌人不甘示弱，发誓要铲平弓村。这年 10 月，国民党军队1000 多人突然包围弓村。

这时，卓凤康已安全转移到黄猄坑。由于内奸告密，敌人追到黄猄坑，卓凤康在山洞里坚持了三天，弹尽粮绝，因出来寻找山果充饥时，不幸被捕。不久，他和几位游击队员在观澜一起被押上刑场，英勇就义，时年 56 岁。

牺牲前，卓凤康职务为龙华乡乡长。中华人民共和国成立，宝安县人民政府追认卓凤康为革命烈士。在今天深圳龙华烈士陵园的芳名碑上，细心的游客不难发现，排在最前面的烈士就是卓凤康和周振熙。

▶ 抗击日军 ◀

1938 年 12 月，日寇在大亚湾登陆，攻陷深圳墟，占领南头城。

1942 年，日军的岗田部队将司令部设在深圳墟。许多人赶深圳墟的时候因为面对日军没有行九十度鞠躬礼，被日军两个巴掌打趴在地上后，胸部再被踩上一脚，甚至被残暴地打死在街头。宝安人民奋起抗战，迅速组织起抗日武装，惠宝人民抗日游击总队分赴各地建立根据地。

1942 年的农历四月初四，5 名日军乘坐一条"书信船"（日军运送书信和邮件的船）从鹏城村较场尾到岭澳村，上岸后，将躲藏不及的村妇罗养婆轮奸。村民十分气愤，趁"书信船"搁浅时，在棚吉岭杀死了两名日军。日军气急败坏，到岭澳村烧杀抢掠了三天，将整个村子都烧为一片白地，村民们被迫流落他乡。日军还对抗日活动活跃的七娘山下的东山、碧州、杨梅坑等村进行了烧杀。

日军在大鹏驻扎了半年，走后没几天，大鹏一带就开始不停地死人，每天都有三五个，最多的一天高达 29 个，一直持续了两个多月，大概死了 300 多人。

起初人们以为是瘟疫，后来才明白是日军施放的细菌！乡公所走村串户通知村民们吃饭时一定要消毒。所以在 1942 年，这里就举行了规模很大的太平清醮活动，祈祷平安。

1942 年，广东人民抗日游击队以深圳为基地，营救出廖承志、茅盾、邹韬奋等一批批在港爱国文化民主人士，将他们护送至宝安白石龙村，随后前往大后方。同时，还营救出美、英、印度、丹麦等国参战人士。1943 年 12 月，曾生领导的东江纵队在坪山成立，并在葵涌土洋村设立司令部，痛击敌寇声名大振。一时间，港澳同胞及海外侨胞纷纷回国参战。

▶ 虎口大营救 ◀

在中国的抗战历程中，有一支特殊的、孤悬华南敌后的抗日武装部队，在长达 8 年的抗战中，他们得不到来自党中央的直接领导和支援，困难时期甚至连一部电台都没有，仅靠收音机来收听延安新华广播电台的消息。这就是英勇善战、名震华南的东江纵队。

1943 年 12 月 2 日，根据中共中央的指示，将广东人民抗日游击总队，改为广东人民抗日游击队东江纵队（简称东江纵队）。1945 年，朱德同志在"七大"军事报告《论解放区战场》中将东江纵队、琼崖纵队与八路军、新四军并称为"中国抗战的中流砥柱"，称："东江纵队至今成为广东人民解放的一面旗帜，使我党在华南的政治影响和作用日益提高，并成为敌后三大战场之一。"

在八年抗战的艰苦岁月里，东纵在党中央和广东党组织的领导下，逐步发展到成为拥有 1.1 万余人的部队。最为人所称道的，是其在香港的"虎口秘密大营救"活动，事迹感人至深，却鲜为人知。中国文学大师茅盾称其为"抗战以来最伟大的抢救工作"。

日寇侵占香港后，被困在香港的数百名中国著名文化界人士、爱国民主人士，以及爱国抗日的国民党人和国际友人等，大都不是广东人，不会讲粤语，社会关系又不多，隐蔽有困难，面临着随时遭日寇抓捕、杀害的危险，情势十分危急。

当时，中共中央对此极为关心，指示要想方设法保护他们安全撤到东江游击区。中共南方局、周恩来同志电示八路军香港办事处主任廖承志，不惜任何代价，不怕牺牲，营救被困在港的文化界精英和著名爱国民主人士等。

东江抗日游击队领导人尹林平、曾生、王作尧、梁鸿钧、杨康华等，经过了一番精心筹划,迅速展开了一场规模庞大的"虎口营救"秘密行动。营救撤退路线布满重重险情,其间既有日军的岗卡,又有零星土匪出没抢劫,东江抗日游击队均派最有经验的武工队员护送,以确保沿途安全。

1942年1月9日,第一批文化界知名人士开始踏上撤离的旅途。在香港洛克道的临时集中点,茅盾、叶以群、戈宝权等人换上老百姓常穿的便装,打扮成"难民"模样,由东江游击队的交通员引领到铜锣湾避风塘上船。途中,他们混在其他难民当中,绕大街、穿小巷,尽量避开日军岗哨和检查站,至黄昏时登上停泊在铜锣湾避风塘一艘大驳船。

在此前后,邹韬奋、胡绳、廖沫沙、丁伶等也从其他集中点被交通员带到这里。第二天凌晨,他们由交通员带领分乘三只带有草席篷的小艇,趁着铜锣湾出口巡逻日军换岗的机会,向九龙方向奋力疾驶渡海,终于安全抵达九龙市区秘密接待站,顺利地闯过了险途上的第一关。

1月11日,他们一行数十人打扮成难民撤离九龙市区,在东江游击队武工队护送下,避开日军的检查岗哨,顺利地通过了日军的封锁线,进入大帽山区。然后翻山穿谷,经元朗十八乡、落马洲,渡过深圳河,安全到达宝安抗日根据地的白石龙村。

与此同时,少数爱国民主人士则从九龙西贡乘船到宝安的沙鱼涌,再转到惠阳坪山抗日游击基地。他们受到东江游击队领导人尹林平、曾生、王作尧、杨康华等的欢迎和热情接待。文化界精英人士还应邀给部队指战员上文化课,讲授哲学、政治经济学等马列主义理论,教唱抗日歌曲,传授漫画创作和演戏的基本知识等。邹韬奋还欣然挥笔,为东江游击队创办的报纸,书写《东江民报》的报头。茅盾也为《东江民报》副刊《民声》题写刊名。

经过了历时几个月的紧张营救工作,担负直接营救任务的中共广东地方组织和东江游击队,终于将文化界人士、爱国民主人士及其他人士共800余人从日军"虎口"中胜利营救出来。他们当中有何香凝、柳亚子、茅盾、邹韬奋、夏衍、胡绳、戈宝权、张友渔、黎澍、胡风、千家驹、廖沫沙、范长江、蔡楚生、叶以群、高士其、端木蕻良、黄药眠、华嘉、司马文森、周钢鸣、梁漱溟等著名文化人士。

同时被东江游击队帮助脱险的，还有国民党军政多名爱国抗日高级官员及其家属，以及近百名被关进日军集中营的国际友人、英国官兵及美、印、荷、比、俄、菲、挪、丹等国的侨民。

▶ 宝安县解放 ◀

1946年6月30日，东纵2583名战士从深圳沙鱼冲北上，开赴山东烟台。

1949年1月，为配合南下野战军解放广东，解放军粤赣湘边纵队在惠东安墩成立，江南支队改编为东江第一支队。这支由东江纵队留下坚持武装斗争的英雄部队，由400多名骨干发展壮大到光是东江第一支队就拥有7个团共一万多人。

在当时，边纵有闻名东江地区的"两虎队"——三虎队和金虎队，像猛虎一样在全县范围内出击，先后拔掉了盘踞在龙华、石岩、沙河等地的敌人据点，很快把活动区扩大到黄田、固戍、长圳、玉律、观澜等地，建立宝安、长胡、大岭山三个完整的区政府。解放区占东宝两县地区的60%以上。

8月29日至9月3日，中共宝安县委在石岩泥光村成立并召开第一次会议，确定了县委、县政府机构和领导人选，随后成立沙深宝军事管制委员会，为接管国民党宝安县政权做好了组织准备。

在当时的宝安县，并存着国民党、共产党和港英当局三种势力：国民党仍然盘踞深圳镇与南头等少数重要地区，共产党则解放了周围大片乡村，港英当局则控制九龙海关，并影响着西起大铲岛、东到三门岛的大片地区。

从史料来看，当时国民党在广东总兵力约8万多人，而共产党只有中共粤赣湘边纵队东一支三团等少数地方部队，宝安新组建9个武工队，约有

900 多名武工队员。从人数和武装来说，国民党力量仍然大大强于共产党。

至于深圳，不是国共主力交战的"前线"和战略要地，国民党没有派"国防军"重兵把守，只有"保安司令部"下辖的一个保安师和一些地方警察等，数量大概数千人。这些部队曾经数次出动，想凭借优势兵力消灭共产党地方武装，但都没有成功，被迫固守沿海沙井、西乡、南头县城和深圳镇等几个据点。

1949 年 8 月下旬，由中共中央南方局第一书记叶剑英率领的南下大军，自湘赣边向广东挺进，于 10 月 14 日解放广州。盘踞宝安县城南头的国民党军政人员见大势已去，将城内商店洗劫一空后，纷纷逃亡伶仃岛、大铲岛、万山群岛、海南岛和台湾等地。南头县城、沙井和西乡一带只剩下一些警察队、保二营和沙井"联防队"共 300 多人，深圳镇也只剩国民党税警二团和护路大队共 1400 余人。

10 月 15 日，南下大军攻克惠州。这一天，国民党警察第二大队 230 余人起义，西乡解放。

16 日清晨，驻守在观澜白花洞、龙华窑下、布吉八约村等人民武装集合在一起，沿着被炸弹轰得坑坑洼洼的公路，急行军至坂田小学校球场休息片刻，然后取道白石龙、长岭皮、沙河（今西丽），直插南头县城。

他们在打入国民党内部的地下党员温巩章、朱东歧和西乡、沙河等地武工队配合下，歼灭了南头城中百余残敌，占领了伪县政府南头古城。乡亲们挑着大米、红薯、萝卜和青菜还有熟食，自发前往慰劳驻扎在"育婴堂"的解放军。

南头城解放后，中共中央为避免与深圳河南岸一线的港英当局发生冲突，引起国际纠纷，做出了部队不进入宝安平湖以南地区的规定。为此，深圳特别组织了以商会命名的纠察队，临时维护社会治安，确保和平解放深圳。

深圳镇于 1931 年设立，隶属宝安县。它在当时虽不是县城，但因为是南方重要门户，历来十分繁华。20 世纪二三十年代，占据广东的军阀"南天王"陈济棠的胞兄和小妾，在罗湖桥侧（今火车站对面）的大滩开设大赌场，并在深圳墟开设了 5 个小赌场，兼营妓馆、烟馆和食肆。赌具除了骰宝、牌九外，还有当时国内少见的轮盘。赌场还规定，凡是买筹码1000元以上的，可以免费享受赌场提供的奢侈生活。输光了钱，赌场还可以发给回家的路费，并"欢迎下次光临"。

南头城解放后，国民党驻广九铁路沿线一个旅、虎门要塞驻深圳总队、国民党县政府驻深圳警察大队、税警团、联防大队、护路（铁路）大队和梁杞团、肖天来大队等地方军队，都受到很大的震撼，纷纷准备逃跑。

在此有利形势下，先期打入敌内部的地下党，争取了梁杞、护路大队和海关大部，孤立包围了税警团。经在布吉上下坪谈判后，这几支国民党守军1400余人宣布投诚，并遵照指令退出深圳镇，在黄贝岭等候改编命令。

1949年10月19日，沙深宝军管会成员及人民武装100多人，由军装换上警察制服，胸佩徽章，与60多位戴着"政工队"袖章的干部先行一步，从布吉乘货运火车直下深圳，分路占领了伪警察所和伪镇政府，紧接着，接管火力发电厂、铁路东站、深圳商会、银行等重要部门。

部队举行了简单的入城仪式，伴着雄壮军乐，走在最前面的是红旗队，接着是腰鼓队，再后是浩浩荡荡的队伍。来自香港的记者和电影公司摄影师，记录了这具有历史意义的时刻。

下午，在建设路口的一家当铺"共和押"前举行仪式，新任镇长陈虹，亲手把戴着大红花的"深圳镇人民政府"的牌匾，挂上前门一侧，同时宣布深圳正式解放了，场上一片欢呼声。随后，驶停多日的广九铁路恢复通车。

刚解放的深圳镇才两万人左右，街道只有西和街、上大街、鸭仔街、北门街、南庆街、新墟（今和平路）和新市场（今海关宿舍附近），几条又短又窄的街道，周围搭满低矮潮湿的木板房或草棚，满目疮痍，人民饱经战火蹂躏，群众生活贫病交加。

加上深圳和香港边界没遮没拦，香港巴士直驶深圳，边境上人员可以自由来往，致使黑社会组织猖獗，民不聊生。这时，国民党反动势力仍垂死挣扎，从海南岛派遣飞机天天来投弹扫射，文锦渡及火车小站（今解放路口铁路榕树下）露天汽油桶曾中弹着火。残留和暗藏在深圳的国民党散兵、特务、土匪及流氓、烂仔、黄牛党、三合会，常于午夜出来放冷枪，威胁群众生命安全。

军管会大力组织民兵、纠察队巡逻，发动群众打击敌人嚣张气焰，维护社会治安，巩固新生的政权。与此同时，解放军乘胜追击盘踞在大铲岛和内伶仃岛的国民党残兵败将。11月6日，大铲岛解放。

1950年4月18日，解放军两广纵队炮团团长袁庚（深圳大鹏人）指挥著名的解放内伶仃岛战役，用5艘商船与敌军27艘炮艇对阵，击沉2艘敌军炮艇。100多敌兵葬身海底，其余残部仓皇逃跑。至此，宝安县境内全部解放。

▶ 九龙关起义 ◀

深圳毗邻香港，人员和货物来往频繁，长期以来，这里都设有海关。由于历史的变迁和形势的变化，各个时期海关的名称和机构时有更动。

今天的深圳海关，最早的前身是清代原设的九龙关。九龙关建于1887年4月，总关设在香港维多利亚城内皇后大道中16～18号，各边境关卡设在九龙界限街和靠近香港的小岛。当时九龙半岛新界尚未被英国侵占，海关仍有权力在九龙新界深水埗、汲水门、佛头洲等处设立关卡进行监管，九龙关因而得名。

1898年，英国逼迫清政府将九龙半岛新界地区租与英国后，九龙关的边境关卡被迫后移至大铲、盐田、沙头角一带。

1911年广九铁路全线通车期间，九龙关根据《中英铁路工作协定》，在九龙火车站设置了关卡。1948年根据当时总税务司署与香港政府签订的《关务协定》，又分别在香港西环、油麻地设置了关卡。

迄至1949年10月深圳解放时止，九龙关设在香港地区的机构有总关和下属关卡4处，设在港深边境则有沙头角、莲塘、文锦渡、罗湖、沙头、白石洲、桂庙、蛇口以及位于海上的三门岛、大铲（在停泊海上的趸船上办公）等关卡 10 多处。

尽管九龙关大多数关卡设在深圳边境一带，但由于总关一直位于香港，它是指挥中心和首脑单位，因而该关的主要关产（约占 90%）全在香港，税款和经费存在香港银行。数十艘缉私舰艇在执行任务后均停泊香港，解放军的力量一时鞭长莫及。而且，该关税务司以及各主管部门大多是洋人掌权，他们一般都抱有藐视华人的心理，沟通困难。

1949 年 2 月，地下党在九龙关成立护产小组，成员 10 多个人，分布在九龙关内、外勤各个部门工作。由于香港政府规定，凡举行 10 人以上的集会，要事先报警署批准，因此，他们不能公开集合，只好分散隐蔽进行活动

在当时的中国各海关中，九龙关的缉私舰队实力堪称最强，旗下包括有"飞鸿"、"厘金"、"专条"、"关芬"、"关雷"、"关宜"、"九龙仔"、"汲水仔"、"广洪"及"鹏飞"等舰船。特别是二次大战后，九龙关利用盟军退役的舰艇建立一支新的舰队，其中一批由扫雷艇改装，称作"Y 型艇"，排水量约 256 吨，配有比较先进的雷达及声呐设备。这支停泊在香港海面的舰队，成为国、共及港英三方面都想争取的目标。

1949 年 10 月上旬，已逃往台湾的国民党海关总署下令，要将在港的舰艇和船员调往台湾。九龙关船员获悉后，联名上呈拒绝赴调，并阻止舰艇起航。海关当局在束手无策的情况下，请求香港警察登船，强行将船员驱赶上岸，并在香港租用拖轮和雇用船员，分两批将 6 艘艇拖往台湾。同时，将 159 名拒绝赴调的船员开除。这次斗争持续了半个多月，拖延了国民党企图把全部舰艇调去台湾的日程，保存了 20 多条舰艇。

这一年的 10 月 8 日，原九龙关缉私税务司史铎士（英籍）携随行人员到深圳白石洲支关视察边境情况，被该支关关警扣留，要求总关税务司经蔚斐（英籍）发给 3 个月薪津作为应变生活费用。

事件发生后，经蔚斐估计可能与共产党领导的游击队有关，试探护产小组成员、九龙关二等监察长黄昌燮：能否协助与共产党联系营救史铎士？黄立即表示可以协助联系，同时又反问经蔚斐，如果经过共产党协助将史铎士放了回来，你能不能断绝与台湾总税务司的联系，向北京海关总

57

署投诚?

经蔚斐表示,如深圳解放,他愿率九龙关全体人员脱离台湾税务司署,向北京海关总署投诚。

经黄昌燮在双方之间协商,双方商定在 10 月 14 日晚面谈。我方代表是新华社社长黄作梅,黄昌燮作为双方谈判的见证人也参加了面谈。双方面谈达成了 8 条秘密协议,主要内容有:九龙关当局应设法保护在港的公款和缉私舰艇等全部关产,不得受台湾海关总署的调遣;所有舰艇和深圳边境各支关立即降下国民党政府国旗,改挂海关关旗,作为起义投诚标志;在深圳解放边境各支关被接管之日,应通电宣布断绝与台湾海关总署的关系等。

谈判协议达成后,被扣的税务司史铎士被释放,经蔚斐也开始遵守协议在关内秘密布置执行。

10 月 15 日,国民党部队向蛇口逃亡,冲击桂庙支关,企图强抢武器弹药。驻在支关的西区主任黄澄率领关警登上炮楼,架起轻重机枪,赶走了国民党逃兵。当天,深圳西部海面国民党军舰企图拖走大铲支关办公用的趸船,经蔚斐在香港获悉后,设法将趸船拖入香港水域下锚,保护了关产和员工的安全。

19 日,深圳解放。21 日,军管会接管了缉私总部。当日,经蔚斐在香港也立即致电中央人民政府海关总署,宣告断绝与台湾海关总税务司署的关系,接受海关总署的领导,保护好全部资金和关产。至此,九龙关回到了人民手中。

1950 年 12 月 14 日,周恩来总理签发《中央人民政府政务院关于设立海关原则和调整全国海关机构的指示》,决定"设立九龙海关(设在深圳)",保留"九龙海关"关名,另在香港设"九龙海关驻香港办事处"。

6 月 16 日清晨,原九龙关停泊在香港海面的舰艇驶抵广州沙面附近,列成长阵在白鹅潭江面下锚,每艘舰艇挂上新的国旗,蔚为壮观。至此,共接管支关 11 个(包括在香港的 3 个),结存公款港币 420 万元,职员、关警、船员 1134 人,舰艇等船只 27 艘,在港房屋 5 幢,以及武器弹药一批,包括轻重机枪 153 挺,其他枪支 1037 支,子弹 37 万余发等。

1950 年底，经蔚斐要求辞职，经挽留无效，海关总署于 1950 年 2 月 25 日批准他辞职，发给他 6 个月的薪津以示奖励，并发给其全家返英的旅费。

▶ 六次大移民 ◀

一部深圳发展史，就是一部中原人民从北往南迁的历史。

最早的一次为汉代移民。汉武帝平定岭南，取胜后把南越国领土分成 9 个郡，宝安地区属南海郡。汉朝近 400 年间，中原人因各种原因，以各种方式向岭南迁徙，几乎从未间断，形成移民大潮。

移民带来先进的生产技术和科学文化，为南海郡的早期开发做出了重要贡献。在南头古城附近及与之紧邻的宝安西乡一带发现的 12 座汉墓，其形制和随葬品与中原相同。

到了西晋末年永嘉年间（307～313），中原地区"五胡乱华"后，大量的中原士族举家南迁，经江西、福建进入广东。史籍虽然没有移民宝安的记载，但是，从东晋初年其墓的形制及出土的陶瓷器、铁器、铜镜及装饰品等来看，应不排除此时不少北方移民进入宝安的可能性。

东晋咸和六年（331 年）东官郡和宝安县的设置，就是这次移民大潮的直接结果。这一时期出现了名闻南粤的孝子黄舒，说明儒家文化已经在这块蛮荒之地开花结果。

此后，唐代"安史之乱"给人民带来巨大灾难，中原人民大量南逃。唐末黄巢起义，避难者又大批逃入闽、粤、赣地区。为防海盗侵扰，保护来往商船，唐开元二十四年（736 年）新设置一个军事卫戍区——屯门镇（今南山区南头古城），驻军人数为 2000 名，直属岭南节度使。

1126 年，北宋灭亡，中原大户和平民百姓渡江南下，其中少数直接抵达南部沿海地区。南宋末年，大批抗元部队溃败，余众大都逃到南部沿海地区避难或谋生，形成了向岭南、特别是沿海地区的又一次移民高潮。

59

　　有人指出，明万历元年，宝安地区估算有 4 万人口，其中不乏宋元以后的迁入者。在此前后，直接由各地迁入宝安的家族有：沙井潘氏、陈氏和曾氏，福田黄氏，松岗文氏和陈氏，公明陈氏、梁氏和莫氏，西乡温氏和刘氏，罗湖洪氏等。这从沙井潘氏、曾氏等族谱中，都可以得到佐证。

　　大量移民首先进入的是深圳西部，因为这里是深圳最早发展起来的地区。这个地区又是以广府文化为主，是他们迁入后与当地文化相融合的结果。

　　清初，为防止沿海居民接济反清复明势力，将新安境内居民迁移他乡，新安县（即宝安县）被并入东莞县。康熙八年（1669 年），朝廷下令复界，新安县得以恢复。

　　复界后，官府实行优惠的招垦政策，吸引了大批来自梅州地区的客家人。雍正年间实施更优惠的政策，又吸引了大批农民涌入新安县垦荒，甚至从较远的潮州、江西、福建等地举家迁来，形成宝安古代历史上最大的一次移民潮。

　　据《深圳人口志》记载：民国初年，新安人口已近 20 万。从香港到深圳，凡广九铁路以西，居民都讲深圳土音的白话；凡广九铁路以东，都讲客家方言，婚丧嫁娶无地域之分，上水人家嫁到蔡屋围，莲塘人家嫁到西贡，福永人又娶元朗的媳妇……

　　改革开放以后，深圳被确立为经济特区。来自长城内外、大江南北的每一个省、市、自治区的年轻"新移民"，在这座城市共同书写特区的辉煌。

　　上世纪 80 年代，是深圳形成和发展的高峰期。由于政策上的优惠，使这座"允许犯错误"的城市许多禁区被打破，加上靠近香港的地源优势，毫无疑问都促使这座新移民城市的形成。1990 年之后，最初的移民成了固定人群，不再大结构调整，形成稳定的人口输入模式。

　　据统计，深圳现在真正的广府人和客家人只占到总人口的 5%，只有一些围村才是他们的聚居地。普通话是深圳的主流交际语言。在深圳的大街小巷、餐厅酒吧，人们毫无顾忌地大声说自己的家乡话。带有方言味道的普通话，更是成了深圳的流行语言。

中国名城掌故丛书

◉ 深圳掌故

Shenzhen Zhanggu

名人轶事

▶ 人文初祖黄舒 ◀

黄舒是深圳地方历史的坐标人物，凡是谈及这一方的古史，都要从他谈起。

早在南朝宋时，沈怀远在《南越志》就记载："宝安县东有参里，县人黄舒者，以孝闻于越，华夷慕之如曾子之所为，故改其居曰参里也。"之后，历朝历代的《东莞县志》和《新安县志》，都把黄舒排在"乡贤"或"孝友"的首位。

黄舒，东晋时随父亲迁到当时的东莞县，在今天沙井这块地方定居下来。尽管家境比较贫寒，他孝亲的礼仪从不懈怠。他每天干完活回到家里，一定要穿戴整齐，陪年高体弱的父母吃饭，以示恭敬。即使是盛夏酷暑，也从未出现过打赤膊的事情。只要是父母所要求的事情，即使有千里之遥，他尽心尽力办到，让父母满意。

当父亲故世后，黄舒悲痛欲绝，亲自背土造坟，让父亲入土为安。还在旁边搭了一个茅草屋，按孝的礼仪守孝三年。白天侍奉母亲，晚上为父亲守坟。

那时，沙井一带人烟稀少，许多地方都还很荒凉，豺狼虎豹四处出没，狼嚎虎吼常常撕裂着夜空，而他坚守不动。有时，他想起父亲就会哭出声来，凄厉的哭声响彻林梢，随风传得好远好远。乡亲听到这哭声，也会流下泪来。

守孝期间，他不喝酒不吃肉，每日只吃一罐稀饭。时间久了，身体就越来越瘦弱，邻居们劝他还是回家好好调理身体。他听后也不作回答，只是哭。

后来，母亲也去世了，他同样守孝三年。人们逐渐也见怪不怪了，开始明白这就是孝道，孝道就是生养殁哀，黄舒就是今天的曾参。黄舒的事迹很快传到刚成立不久的东莞郡，官府很快便整理好材料，上奏朝廷。皇帝下诏给予表彰，将他比作春秋孝子曾参，把旁边的一座无名小山命名为参里山，村名也随之改为"参里"（今宝安沙井镇沙井中学一带）。

作为孝子的故里，参里山得到很好的保护。古时候的参里山虽不高，却树木葱郁，山麓坐落着始建于南宋的云溪寺，晨钟暮鼓更平添几分庄重，山下还有一条水涌环绕。

明代时，曾在这里设立云霖墟，是东莞县城到新安县城的必经之地。青山、绿水、古寺、街市，这一切使这个地方成为远近闻名的胜景。参山乔木被列为新安八景之一。当地的官吏名贤经常邀朋携友到此一游，吟诗作赋，吊古思贤，留下不少的诗词。可惜抗日战争时，日军焚毁云霖墟，附近的云溪寺也遭到极大的破坏。沙井中学的校园里还有一口云溪井，那是古云溪寺唯一的遗迹。

今天仍然屹立于新安镇上合村黄氏宗祠内的"孝行流芳"石牌坊，建于明代，它所纪念的就是黄舒的孝行。它充分说明，当时南迁人民不仅带来了中原地区的先进生产技术，更带来了儒家的礼教传统。

黄舒死后葬在沙井。清嘉庆《新安县志》中有明确记载，黄舒墓在"大田乡猪母岗"，也就是宝安区沙井街道步涌社区步涌小学旁。现存黄舒墓是清代晚期重修的，通进深9米，面阔5米，前方后圆形制，三合土地面，墓堂护墙为清砖砌筑，墓碑为花岗岩质地，高0.80米，宽0.63米。碑文的字迹已经模糊，但是"晋钦赐孝子乡贤始祖考参里黄公之墓"16字还是认得出来的。

黄舒的事迹在明朝崇祯版、清朝康熙版的《东莞县志》和清朝康熙版、嘉庆版的《新安县志》里面都有记载。明代东莞县知县董裕，曾经慨然说过："此岭表人士之初也，曲江诸贤，犹在其后。"

岭表是岭南的另一种叫法，在董大人的心目中，黄舒就是岭南人文的初祖。而明代新安理学乡贤、万家萌人潘楫，也写了一首《参山怀黄孝子》来怀念黄舒：

乔木阴森景最幽，衣冠晋代美名流。

宫离禾黍家何在，碑没苔藓迹尚留。

林薄飘萧啼鸟乱，参山岭郁白云浮。

递迁今古悲陵谷，千载芳名史册修。

▶ 杯渡禅踪 ◀

在今香港新界屯门青山（又名杯渡山，原名羊坑山），有著名的新安八景之"杯渡禅踪"。据传说，早在南朝刘宋时，有"杯渡禅师"以木杯渡河而来，在该寺住持，因此青山又名"杯渡山"。

杯渡禅师，不知姓名，因为他常常凭借一只大木杯渡河，所以都称他为杯渡。当初他住在冀州，行为举止不拘小节，有着超凡的神力。

他曾在北方寄宿在一户人家，这家有一座从邻居家勒索来的金身佛像，杯渡偷到手后带着出走。主人发觉后便去追他。到了孟津河时，杯渡禅师把木杯漂在河水上，自己就凭着杯子过河，用不着风帆与船桨之类，行驶起来却轻快如飞，不大一会儿就到了对岸。

当时他有 40 来岁，穿得破破烂烂，真可谓衣不蔽体。言谈举止，喜怒无常。有时凿开冰冻用冰水洗澡，有时穿着草鞋爬山，或者赤着两脚逛闹市。他除带着那个芦草囤子外，身上别无他物。

杯渡曾到延贤寺法意道人那里居住过，法意把他安置在另外一间寺房内。后来他要去瓜步，到了江边，跟船夫说自己要渡江，船夫不愿意让他上船，他只好将双脚放在木杯里，顾盼自如谈笑风生，杯子自然地向前漂行，直到对岸。

杯渡后来东游到了吴郡，路上遇见个钓鱼的，便向他要鱼。钓鱼的给了他一条死鱼，杯渡放在手上弄了几下，又把它放在水里，这条鱼便摇头摆尾地游走了。他看见一个用网打鱼的，又去跟他要鱼。打鱼的骂了一顿不给他，杯渡便捡起两块石子扔到河里，立即有两头水牛在那个人的渔网里顶起架来，网碎了，水牛不见了，杯渡也已经不见踪影。

元嘉五年（428 年）三月八日，杯渡对一群施主说："天时运转，无人能阻，这一带凶灾是难免了，你们要勤修福业，不可乱来。延贤寺法意德

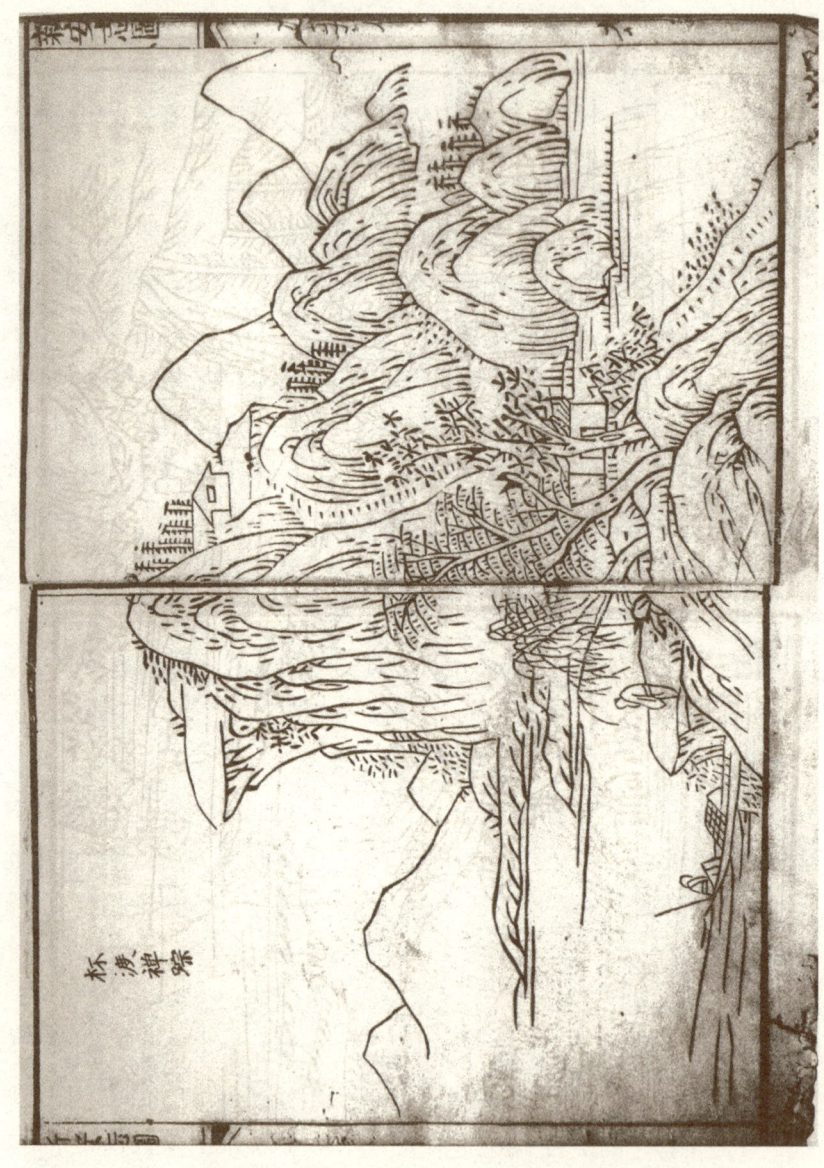

[清·嘉庆] 舒懋官、王崇熙等编 《新安县志壹壹印本·新安八景——杯渡禅踪》书影

行非同一般，你们可去找他，把旧庙修一修，以免除灾祸。"众人正欲追问他的行踪，杯渡提起芦圈告辞："我要到交、广一带去，这里就不再来。"

杯渡此后的行止，在《东莞县志》中记载："广州圆经，杯渡之山在东莞屯门界三十八里。耆旧相传，昔日杯渡师来居屯门，因而得名。"

而《新安县志》二十一卷记载："杯渡禅师，不知姓名，尝挈木杯渡水，因以为号，游止廉定，不修细行，神力卓越，莫测其由。元嘉五年（428年）三月憩邑屯门山，后人因名杯渡山。"

至今，在苍松茂盛、青翠秀拔的青山东麓，还有一座建于1500年前的东晋的青山禅院。禅院大雄宝殿背后，一个天然石洞——杯渡岩，内有一尊古朴的杯渡禅师雕像，神态端凝，自成一格。据典籍记载，该像为五代南汉时，同知屯门镇陈延命石匠刻造，安置在杯渡山供善信敬奉。

20世纪初，中华民国总理梁士饴下台后，寓居香港。他在参观了青山禅寺后，写下了一副对联：

楼观参差，清夜闻钟通下界；

湖山如此，何时返锡到中原。

这个对子借古喻今，借着问杯渡禅师何时重返中原，来抒发对自己命运的感慨，很值得玩味。

67

▶ 耕读传家陈朝举 ◀

在深圳的历史上，耕读传家一直是重要的文化传统。在这方面，我们不能不提一个人，那就是宋代大儒朱熹的弟子陈朝举。

陈朝举生于宋绍兴四年（1131年）正月十五日，是北宋庆历进士陈襄的后人，名义，又名孔硕，字朝举，号野望，为南宋进士，特授议政大夫。

他从学于朱熹，称为高弟，著有《释奠仪礼考正》一卷。据《宋史》记载，宋理宗宝庆初，下诏要求人们上书直言，户部郎官张忠恕上书中就提到陈朝举，称赞他"经明行修"，并请求授予他官职。张忠恕说："当今名流虽已褒显，而搜罗未广，遗才尚多。经明行修如柴中行、陈孔硕、杨简，识高气直如陈宓、徐侨、傅伯成，佥论所推，史笔如李心传，何惜一官，不俾与闻。"

北宋末年，陈朝举率家人从福建回到祖居地洛阳。在洛阳还未停留多久，金人的马蹄声踏碎了人们的安居梦想。陈朝举只得收拾行装，洒泪告别祖宗故城，率族南行。他们没有回福建候官，而是随着南迁的移民潮，翻过大庾岭，落籍在南雄珠玑巷。

然而不久，一次灾变迫使他们再次南迁。据南雄县志记载，南宋咸淳九年，有一位王妃被宋帝打入冷宫，后逃出宫外，改名换姓，嫁到南雄珠玑巷一户人家。当地官府听说此事，不敢告知宋帝，于是上报说南雄贼多，要派兵去镇压，其实是到珠玑巷追查王妃的事情。

当时在珠玑巷内聚居的有三十三姓，九十多户，他们怕受这事株连，决定集体南迁。后来散居珠江三角洲一带，开村立族，繁衍子孙。后来，这些人和他们的后裔，就把南雄珠玑巷叫做"祖宗故居"。

这时陈朝举年岁已高，但他仍然率族人沿着珠江东岸一直向南。来到珠江三角洲的尽头归德场一个叫涌口里（今深圳沙井云林新村附近）的地方，他听说此地是孝子黄舒的故里，才停住漂泊的脚步，在这个地处滨海的地方开村立业。

陈朝举在海边建造了一座楼台，天朗气清时，风起水涌，雪白的浪花如烟似雪，就为楼台命名"锦浪楼"。四时八节，他就率子孙登楼遥祭北方。他也许会望着滔天的海水，给子孙讲述不少关于洛阳牡丹花的故事，要他们一定记住，洛阳才是自己的家，一定要回去。

陈朝举有三个儿子，长子康道，次子康适，三子康运。但他们都没有完成回到洛阳的心愿，倒是一批批的移民迁来，毗邻而居，热了这方土地，形成了沙井村。

因为这个村子变得实在是太大了，当地人习惯称它为沙井大村。新中国成立后，土改时将沙井大村分成一村、二村、三村、四村4个村，分田时按生产方式和自愿的原则，将村民分为农民和蚝民，农民耕田产粮食，蚝民种蚝收水产。合作化时，先后成立了四个农业初级社和四个蚝业初级社，从而奠定了后来沙一、沙二、沙三、沙四、蚝一、蚝二、蚝三、蚝四独立成村的基础。

陈朝举逝世于嘉定六年（1213 年），享寿 80 岁。死后葬在云霖岗（平洋岗）上，俗称乌鸦落平洋。原配夫人晏氏生于绍兴八年（1138 年）八月十六日，终于开禧三年（1207 年）四月初八日，享寿 70 岁。

他们的墓于 1999 年 12 月重修，为宝安区文物保护单位。墓堂、享堂等均为灰砂夯成，正中立墓碑一块，为花岗岩石，上刻"宋正议大夫野望陈公诰封夫人晏氏太母之墓"，墓堂两侧各立一块高 48 厘米，宽 28 厘米的青石碑记《重修初迁祖野望公墓志》。

从墓碑的碑文来看，这是夫妻合葬墓。可是在香港九龙新界青衣岛上，还有一座号称陈朝举的夫人晏氏的墓穴，1974 年因建设需要迁葬到新界白坭，请香港著名的风水师蔡伯励定针，沙井、燕川、荷坳及茶山各房子孙合力迎奉，不清楚是原墓还是后人建的衣冠墓。

与陈朝举墓遥遥相对的就是陈氏宗祠，当地人称它为义德堂。祠堂坐西北向东南，据说，这是请当时有名的风水师卜地择定的，有一定的风水气势，前有东来象岭、凤岩的紫气，后有西照虎门、龙穴的祥光。

在义德堂前厅明间正中辟门，门上石匾刻有"陈氏宗祠"四个大字，左右有木匾楹联："凤集高冈伫看文明天下，龙蟠沙井行将霖雨苍生"，笔力雄浑、遒劲，为清代东莞的一位陈姓翰林所书写。

▶ 书院第一人邓符协 ◀

在中国古代的教育体制中，书院是十分重要的一部分。它属于私学，按办学者身份不同分为三类：一是富有人家聘请教师在家中教导子弟，称为家塾；二是教师在自己的家门教导学生，称为塾馆或教馆；三是地方氏族开办的学塾，称为私塾或义塾。

而在书院中讲授的内容，分为高、初两级。初级是启蒙教育，主要教导儿童读书写字，课本包括《三字经》、《百家姓》、《千字文》等；高级的课本则是《四书》、《五经》，另外还得学习八股文以应付科举。随着时代转变，这些书院和私塾都逐渐转变为乡村学校或者公立学校。

在深圳地区，有历史记载的书院是建于宋代的力瀛书院。与广东几家名书院比较起来，它创建的时间仅次于英德的涵晖书院，居第二位。而在学舍设置、办学条件、育才贡献诸方面，胜于涵晖书院。

该书院由北宋进士邓符协建于 1075 年。提到邓符协，就不能不从邓氏的源流说起。

以金、玉、满、堂四字命名的邓氏后人在深圳地区繁衍，因其历史悠久、人口众多，以致后来有邓氏为"香港第一大家族"的说法。宝安区观澜镇竹村的邓氏族人，一首《家族渊源歌》祖祖辈辈流传，揭开了深圳地区邓氏家族历史悠久的发展历程：唐朝始祖到如今，屈指算来几春秋……

据记载，邓氏起初繁衍滋长在今天河南境内，"望出南阳"，这与殷商时的邓国位置相吻合。邓氏后来以此为中心，逐渐向全国各地播迁。邓姓之人，无论分处天南地北，皆以"南阳"的堂名传家，表明宗于河南世系。

宋朝景定年间，邓氏开始南迁，移居闽粤。由"南阳"逐渐播迁至南方各地，在今福建、广东、贵州、浙江等地繁衍旺盛，很快成了当地盛姓。

邓符协，祖籍江西吉水，宋神宗熙宁二年（1069 年）进士，授广东阳春县县令，代理南雄州副职。在上任途中，他曾由海道经过今日新界的屯门，对当地风土之美十分欣赏。

特别是他望见青山与大头山两峰之间木火参天，知道其中必有福地，于是登岸寻龙追脉。经过一番踏勘，邓符协找到了玉女拜堂、仙人大座、半月照潭及金钟覆火四个名穴。邓符协"得此四穴之美，不肯舍弃，遂起迁居之念，而卜于宝安县之岑田居焉"。

他在任满辞官之后，举家迁往距南头 40 华里的岑田，并在此置田园、筑庐墓。邓符协迁居于岑田之后，将一世祖邓汉黻之骨殖，移于丫髻山之玉女拜堂，二世祖邓冠移于元朗之金钟覆火，三世祖邓旭移于荃湾曹公潭之半月照潭。而日后，邓符协则下葬于丫髻山之仙人大座。

岑田位于今天的香港元朗区东部，坐落于土地肥沃，阡陌相连的锦田平原上，东临八乡，西接元朗，三面环山，从大帽山上及林村谷流下的溪流纵横其上。邓符协来到以后，大力开办书院讲学，并且广交文士，以及建书楼收藏中国古典书籍，极大地改善了当地的文化氛围。

据《邓氏师俭堂家潜·四世祖符协公家传按语》载："公性笃学，好交贤士。解任后，筑室桂角山下，创力瀛书斋，建书楼，读书讲学。置客馆、书田城于里中及郭北。修桥梁，发膏火，以资四方来学之士。乐育英才，多所造就。"

书院的创建开香港讲学育才风气之先。而锦田地区文风尤盛。据香港历史学者王齐乐指出："由于邓符协的努力兴学，致使当时锦田的文化大盛，成为地方上文化和教育的中心。"自力瀛书院后，当地各大小乡村纷纷设立大大小小的书院、馆、塾书室等学舍，令当地文风大盛。

力瀛书院的准确遗址已不可考，相传其位置在一个叫"桂角山"的地方，其山上多产桂树，双峰如角而得名，相传山上有一块"鳌鱼石"，不少学生爱到这块石附近游玩，取其"独占鳌头"之意。

据清嘉庆王崇熙所著的《新安县志·山水略》载："桂角山在县东南四十里，多产桂，两山竞秀如角，一名龙潭山，宋邓符筑力瀛书院讲学于其下，今基址尚存"。

传说邓符协在锦田创立力瀛书院，在旁边修建"圭角泉"，后来力瀛书院和圭角泉都先后失修及倒塌，后人不知这两建筑物在何方，后来在锦田发现"圭角泉"石碑，断定此为桂角山所在。

在邓符协的努力下，邓氏子孙繁衍开枝，日渐兴旺。邓符协生二子，长名阳，次名布；阳生一子名珪，布生一子名瑞；珪生二子名元英、元禧；瑞生三子名元祯、元亮、元和。元英、元禧及元和之子孙居东莞；元祯子孙居屏山，元亮子孙居锦田。

明朝万历十五年（1587年），新安县西部遭逢大旱，饥荒成灾，义仓耗尽，仍然不能解困。紧急关头，锦田水尾村的邓元勋慷慨捐出12万斤粮米赈灾，知县邱体乾十分感激，亲自率船到岑田取粮并向邓氏致谢。他看到，当时虽然是大旱，但当地却一片青绿，禾田连绵，有如锦绣，遂将其改名为"锦田"，意思是"锦绣之乡村"。

在今天的香港，邓氏已经成为新界五大家族之一，先后建立"五围"，即南围、北围、吉庆围、泰康围及永隆围，建立的村落有水头村、水尾村与祠堂村。而最为著名的，当是位于锦田的吉庆围。

吉庆围始建于明朝成化年间（1465年至1487年），已有500多年历史，已经成为一座中外著名的古老城堡，呈长方形，占地45亩（长约100米，宽约90米），设计整齐、对称，围墙以青砖砌成，四周有碉堡，其旁边有护城河，是典型的围村建筑，住有400个邓氏后人。

邓符协曾经游览青山，后来在青山顶上刻有"高山第一"的石碑一个。

72

▶ 岭南王何真 ◀

何真，字邦左，号罗山，元朝至治元年（1321年）生于东莞圆头山村。8岁丧父，由母茶园叶氏抚养成人，史传他"少英伟，好书剑"。元朝至正中，何真任河源县务副使；后转为淡水盐场管勾，时值元末岭南动乱，何真于是弃官归家。

元至正十四年（1354年），东莞石冈人王成（又名王诚、王可成）捐资募土，拉起队伍雄踞一方。何真见状，也动了念头，于是以保卫乡里的名义拉起队伍，并赴元帅府，告王成起兵造反。岂料当时官府奉行的是唯实力论，何真反遭元兵的追缉。无奈，他只好逃到位于今深圳北面的泥岗，继续招集义勇，以图自保。

不久，羽翼渐丰的何真，消灭了割据惠州的王仲刚和刘守正等，占有了惠、循二州之地，即相当于今广东龙川、和平、兴宁、五华和连平等县域。这样，他也得到了行省的赏识，被授予惠阳路同知、广东都元帅。

时值兵荒马乱，岭南各地群雄割据，大动兵戈。几年后，南海三山邵宗愚起兵攻陷广州，大肆焚掠。百姓遭劫，怨声载道。何真闻讯，指挥大军前往征讨，收复广州。随后，他被提任广东分省参知政事、晋江西等处行省中书左丞，官阶为资善大夫，负责治理广州。

未及三载，邵宗愚卷土重来，挟同廉访副使广宁等部包围了广州。何真率部众奋起抵御，但只防守了一个月，就因部将通敌和粮道被绝，忍痛弃城而走。

随后，何真与胞弟何迪联手，擒杀了占据一方的陈仲玉。元至正二十六年，何真统领大军把王成围困在茶山。王成据寨自守，双方相持不下。后来王成粮草断绝，于是弃寨窜至溪南编筏与何真再战，又被击败，再次逃脱。由于王成部众经此两战已溃不成军，成不了大气候，何真便悬赏通缉王成。

常言说，有钱能使鬼推磨，王成不久就被他的贴身奴仆张进福五花大绑，押送何真面前求赏。何真颇有气量，微笑着给王成松绑，叹道："你呀，怎么能把包藏虎狼之心的人置于身边呢？"

何真兑现了诺言，把金钱如数赏给张进福。但随后又把其处死于街市。对王成则尽释前嫌不记前仇，当即释放。王成解甲归田，于数月后郁闷辞世。

收服王成之后，沿海各地豪杰纷纷归附何真。由此，何真迅速统一了岭南大部分地区，其势力范围西起广西苍梧，东连潮惠二州。盛名之下，有人劝何真仿赵佗割据岭南，独霸一方。何真怒斥之，仍遣使由海道向元朝廷进贡，并再次收复广州。由于功绩卓著，他被封右丞，拜为荣禄大夫，成为岭南一代霸主。可是他还没有来得及接印，朱元璋的起义军已以摧枯拉朽之势驱走元兵，攻占江西。

1368年春，朱元璋集结大军开赴两广。一路由杨景、周德兴指挥，由湘入桂；一路由陆仲亨指挥，取道韶州，直逼德庆；一路则是由平定闽中的水军组成，由"智迈雄师"、中书平章政事廖永忠统率，由海道取广州。廖永忠在到达福州后，即派出使臣向何真劝降。

何真为了避免岭南百姓再遭战祸，早有归顺之念。同年3月，廖永忠驱兵杀到了广东潮州。何真闻讯，令都事刘克佐前往献出印章、郡县户口、兵马钱粮。何真在《上廖平章书》说"顾我广东撮土，尚复谁争？况山河社稷，不过终归明主"。

洪武元年（1368年）四月，明朝舟师浩浩荡荡开进广州府辖下的赤湾港，何真率官属回到桑梓之地，在港口张灯结彩，跪迎劳军。

此事传至京师，明太祖朱元璋赐诏褒奖，又诏何真入朝，将其擢升为中奉大夫、江西行中书省参知政事。对何真归附安民的举动，朱元璋甚为赞赏，喜形于色地说道："天下纷争，所谓豪杰有三：易乱为治者，上也；保民达变，识所归者，次也；负固偷安，流毒生民，身死不悔，斯不足论矣。顷者，师临闽越，卿即输诚来归，不烦一旅之力，使兵不血刃，民庶安堵，可谓识时达变者矣。"

何真奉诏入朝后，在《朝京有感》诗中，他这样描写自己的心情——

鼎浮图存仅十年，平生忠义在安边。

英雄不学万人敌，方寸长悬五尺天。

宣布曾分南国政，贤劳敢咏北山篇，

真心独有松堪比，臣节惟应老更坚。

归顺后，何真获得明廷重用，历任江西、山东、四川、山西、浙江、湖广六省布政使，在官颇有声望，有德有威。当时名流如宋濂、方孝孺等都很敬重他，视为至交。何真父子还于1376年任平定云南的开路先锋和后勤部长，又在1383年、1384年两次回到广东，召集旧部，屯田剿匪。

洪武二十年（1387年）八月，明廷封何真为东莞伯，食禄1500石，赐予铁券。所谓铁券，是用铁铸成的为皇帝对大臣嘉奖的文字凭证，由受券人收执，赐钞万贯，并在京师赐府第一座，可谓显赫一时！

翌年三月，何真逝世，终年67岁。朱元璋亲自撰文祭悼，赐谥号恭靖，并命在朝百官素服三天志哀。这在当时很不简单，相当于现在下半旗三日。可谓极尽哀荣。"东莞伯"的爵位，则何真的长子何荣袭封。朱元璋还御书"开国元勋"的牌匾，悬挂在何真祠堂。

后来，吏部侍郎杨起元在拜谒"东莞伯何公祠"时，留下一首诗，表达对何真的敬仰："开国功臣近有祠，当年忠顺鬼神知。涓埃若不归河岳，桑梓谁能保乱离。碧甲潮来堪洒泪，黄旗风起想行师。珠帘高阁藏题主，亦有邻翁走岁时。"

然而，何真风风光光地走了，一场灭顶之灾却悄悄逼近了他的家族。

何真去世后的第五年，即公元 1393 年，凉国公蓝玉被满门抄斩，并株连两万多人。何真长子何荣因为曾经是蓝玉的部将，也以莫须有的罪名被杀。消息传来，何真之弟何迪聚众反抗，持续了 10 个月才被镇压下去。

在这场事变中，何真的 8 个儿子除何崇祖逃生之外，其余都受株连而死，何真的祠也被夷为平地。何崇祖从此山居岛宿，潜形匿迹。直至朱元璋驾崩西宫，建文帝登基大赦，他才回到笋岗收拾旧居。

明代中，何真的四世孙何云霖，将当年的老围修建成城寨式的村庄，门匾上刻上"元勋旧址"。现在，何氏族人已经分散到各地，而这座目前深圳市区内最古老的村寨建筑，掩映在周围新建的民居中，朴素而安静。

▶ "师夷长技"的汪鋐 ◀

1521 年，在今深圳西部和香港之间的洋面上，有一个人利用仿造的葡萄牙人的"蜈蚣船"和"佛朗机"火炮，击败了入侵的葡萄牙殖民者。

这人就是汪鋐，中国历史上"师夷长技以制夷"第一人。

汪鋐是江西省婺源县大畈人。他能科举成名，最重要的老师是他的父亲汪俨。其父性格耿直，疾恶如仇，关心民瘼，大公无私，且学问造诣颇深。他的气质、政见、思想、为官之道等对儿子的影响极为深刻。

汪鋐初登仕途并不顺利，明弘治十五年（1502 年）登壬戌科殿试二甲，拜左少宰吴文定为师。吴文定有意提携他，向太宰马端肃推荐。不料马端肃见吴文定十分器重汪鋐，在任职时对汪鋐不升反降。

直到正德六年（1511 年），汪鋐出任广东提刑按察司佥事。三年后升本司副使。十年九月二日，他奉敕巡视广东海道，处理边疆军务，立《要策十二事》，进秩中宪大夫。正德十六年，汪鋐迁任广东提刑按察使。

　　明武宗正德六年，佛朗机（明朝对葡萄牙人和西班牙人的统称，此处为葡萄牙人）攻占了满剌加（又名马六甲，14～16世纪马来西亚之马来亚封建王国），随即于1514年抵达新安县的屯门，并于岛上树碑立石，企图永久占据。

　　葡萄牙人一边进京请求通商，一边在屯门等地营建据点，干着海盗的勾当。明廷在北京驱逐葡萄牙使者，又命令汪鋐驱逐东莞屯门的葡萄牙人。

　　此前的正德十六年（1521年）正月，东莞县白沙巡检司巡检何儒曾向汪鋐汇报称，其于上年因公曾到葡萄牙船，见有中国人杨三、戴明，知道造船铸铳及火药的方法。汪鋐得知此情报，即令何儒秘密派人以卖酒米为由到葡萄牙人船上，偷偷与杨三等通话，劝谕其为朝廷效力，并许以重赏。

　　杨三等均表示愿意为国出力，并约好于某夜，由何儒密驾小船接引，往见汪鋐。汪鋐令其如式制造佛郎机铳，经过试验，果然是难得的利器。

　　这年六月，汪鋐奉旨展开了驱逐葡萄牙人的第一次战斗。当时明军尚未得到新炮舰的武装，以旧式战船封锁了屯门，晓谕葡萄牙人离开。葡萄牙人据险抵抗，结果双方一交手明军就失利。

　　这一年秋天，明军有了先进的武器装备，士气大振。他们进攻时用的均是行动快捷的百桨轻舟，即仿葡萄牙人长技而制造的小"蜈蚣船"，可以躲避葡萄牙人炮火的轰击。同时用上了大量的佛朗机铳，可以有效地杀伤敌人，结果大败葡萄牙人。

　　这期间，允文允武的汪鋐写下了一首《驻跸南头，喜乡耆吴瑗、郑志锐画攻屯门夷之策赋之》诗，描述了他与当地父老共同筹划战胜葡萄牙人的场景——

　　辚辚车马出城东，揽辔欣逢二老同。

　　万里奔驰筋力在，一生精洁鬼神通。

　　灶田拔卤当秋日，渔艇牵篷向晚风。

　　回首长歌无尽兴，天高海阔月明中。

　　屯门海战获胜，朝野倾动。为表彰其功绩，朝廷于正德十六年十二月，特敕加汪鋐一级，使食一品。汪鋐留驻南头，命令明军舰队巡视珠江口，将葡萄牙人彻底驱逐。

嘉靖元年（1522年）九月，葡萄牙人首领别都卢，率其所属疏世利等千人集结于海上，准备劫掠新会县茜草湾。汪鋐闻报，命令明军舰队迅速出击。

备倭指挥柯荣、百户长王应恩率师于海上截击别都卢船队。两军相遇，转战至稍州。明军中向化人潘丁苟率先登上敌指挥船，众将士紧随其后一起进攻，把敌指挥船打得落花流水，生擒别都卢、疏世利等42人，斩首39级，救获被掠男女10人，缴获敌船2艘。

葡萄牙人另一首领又率另外三只战船来接战。明军乘胜火焚此前缴获的敌战船，重挫敌人气焰。双方交战非常激烈，百户王应恩等战死。葡萄牙人亦因死伤惨重而不敢恋战，遂调转船头逃跑。从此以后，葡萄牙入侵者闻风丧胆，望而却步。

这一年的年底，汪鋐回到广州，将缴获的佛朗机铳进献朝廷，并上章要求辞去一品俸及级位，朝廷不允。这一年朝廷考察天下官员，汪鋐名列第一，擢升为广东布政使司右布政使。这是汪鋐第七次任职。是年冬，汪鋐进系任刑部右侍郎。

自入京后，汪鋐可以更直接地了解到一些国家大事。为了国家边防大计，汪鋐于嘉靖八年、九年和十一年三次上疏明世宗，推荐佛郎机铳。

根据汪鋐的建议，原在广东专门负责制造佛朗机铳和蜈蚣船的东莞县白沙巡检何儒，升任上元县主簿，到南京的操江衙门督造佛朗机铳炮。

何儒，江西宁都人，曾为汪鋐在广东屯门驱逐葡萄牙人立了一大功。他把杨三、戴明从葡萄牙船队那里挖了回来后，又为汪鋐大规模推广使用佛朗机铳担当大任，为巩固国家边防起了重要的作用。嘉靖十二年，何儒任满，进秩宛平县丞，而杨三、戴明则成了铸造铳炮的专家，跟随何儒制造了大量的先进铳炮。

嘉靖九年八月，已任都察院右都御史掌管院事的汪鋐，又为推广制造佛朗机铳呈了第二篇奏章《再陈愚见以弭边患事》。同年十月十八日，汪鋐迁兵部尚书兼都察院右都御史掌管院事，奉敕提督十二团营及神机营军务。

在他的主持下，何儒等在南京操江衙门首先督造了佛朗机式铳炮计300余门，名"大将军"，规格有两种：小的一种为20斤以下，射程600

步；大的一种为 70 斤以上，射程可达五六里。这些大炮都分配到城镇关卡墩台要塞等处，为巩固国防增添了力量。

中国历史上由官方的名义推广使用佛朗机铳，是从这个时期开始的。470 年前的深圳，不仅孕育了一位明代中期的名臣，揭开了中国反抗西方殖民主义，同时也是向西方学习的序幕。

嘉靖十年（1531 年）七月二十二日，汪鋐再迁太子太保兵部尚书兼都察院右都御史掌管院事，提督十二团营及神机营军务，并赐蟒袍玉带。第二年，明世宗特授手敕，委任汪鋐为太子太保吏部尚书。他不失时机，在给嘉靖帝的奏稿中，第三次提到推广使用佛朗机铳之事。

嘉靖十三年，汪鋐一品考满，进勋柱国，世宗特授手敕太子太保吏部尚书兼兵部尚书，更日治事，同知建造事，总督神御阁、启祥宫、九庙夫工兼管军士，又授手敕同内阁辅臣，经理重书累朝及先帝宝训、实录。

自明太祖朱元璋罢中书丞相府，朝廷大政归之六卿，而六卿之中又以吏、兵二部最重要。明代先后任两部尚书者并非没有，但同时任两部尚书者只有汪鋐一人。而且一人担任两部尚书，又同任内阁辅臣，其地位已相当于宰相。

嘉靖十五年（1536 年）七月初七，这位中国火器制度的先行者，因病在家去世，享年 71 岁。

▶ 抗倭名将汤克宽 ◀

南头寨首任参将汤克宽，史书并没有记载他出生于哪一年，只知道他是江苏邳州（今江苏睢宁西北）人，出身于军官世家。他的父亲汤庆，由靖江造船把总官至浙江备倭都指挥金事，嘉靖年中官至防守长江的江防总兵官。

15 世纪后期，日本封建主和寺院大地主支持倭寇侵犯中国边境，至 16 世纪中叶倭寇猖獗，成为明朝严重祸患。嘉靖十九年（1540 年），上海崇明岛上的沙寇首领秦番内外勾结，联合日本在内战中溃败的武装浪人，在沿海一带到处烧杀淫虏，无恶不作。他们横行江上，贼势十分猖狂，搅得东南百姓惶惶不安。

朝廷即命吴淞总兵汤庆前往征讨。汤庆随即带领他的长子汤克宽及300多名邳州兵迅猛出征，在刘河口处（今上海嘉定）击杀匪首秦番，同时活捉另一匪首黄垠及百余名匪徒。从此，汤克宽名声大振，初任南京锦衣卫冠带总旗，后来官至邳州卫的都督指挥佥事，并世袭家族威武将军的御赐名号。

1552年，都御史王舒奉命督办浙江、福建沿海防务，汤克宽率领着自己的邳州兵参战守卫盐城，以300人抵挡了数千倭寇。后来他又参与追击倭寇的任务，骁勇善战，因功被晋升为副总兵，驻守金山卫。

嘉靖三十一年（1552年），倭寇由台州北上，流窜各地。第二年的10月，有倭寇300人因为船只破损，停留在崇明岛的南沙。汤克宽得到消息以后，率佥事任环一起带领军队前往进攻，却遭到大败。汤克宽因此役遭到弹劾，被剥夺了一切职级，但仍然带兵。

第二年，2000多倭寇劫掠苏、松各州县，汤克宽带兵在采陶港反击，斩首800余级。取得了这个胜利以后，王忬推荐他为浙西参将。后来汤克宽随俞大猷入粤平定倭寇，留驻广东。

明嘉靖四十四年（1565年），朝廷在沿海的潮州、惠州、广州、高州、雷州、琼州等地设置了六个水寨，其中南头寨的防御地区东至大屋，西至广海。汤克宽被调为南头寨参将。虽然称之为寨，但实际上相当于今天的"舰队司令部"。据《新安县志·海防》载：南头寨辖今深圳、香港一带六处防地：佛堂门、龙船湾、洛格、大澳、浪淘湾和浪白。至明万历十九年，南头水寨有战船112只，驻军2000余人，是一个庞大的军事机构，被称为"虎门之外衔，省会之屏藩"。

汤克宽任南头水寨参将时，驻扎于南头城训练水军。当时，与倭寇勾结的大海盗吴平，在潮州的南澳拥有数百艘船，甚至还修筑起三座城堡，俨然成了游离于政府之外的独立王国。戚继光与俞大猷分别从福建与广东两个方向发动进攻，吴平只好龟缩在南澳岛。但是他无法阻止戚家军的滩头登陆，只好带着 40 条小船与 800 人，从闽、粤水师的层层防御圈中突围而去。

汤克宽率水师紧追不舍，击沉其中的 18 条小船，吴平侥幸逃生。随后，汤克宽对吴平穷追猛打，迫使这名海盗巨魁窜入安南，最后竟不知所终。此役以后，汤克宽被提拔为都督金事，担任广东总兵官。

在紧张的练兵作战之余，汤克宽还大力兴办当地民政事业。当时，南头、西乡一带子弟求学困难，汤克宽就带头捐出自己的俸银，起南头、西乡和固戍社学，极大地改善了当地的教育条件。

明朝嘉靖年间，深圳南头古城有座古桥，是用木头搭建成的。汤克宽用石头重新修造，名为"广惠桥"。《新安县志》记载："在崇镇沙铺涌下直街，旧以木架，名南头埠桥，嘉靖年间参将汤克宽易以石，名广惠桥，乾隆丙戌年重修，新造两旁栏杆。"

1567 年，吴平的余党曾一本受汤克宽招降，和部下 1200 多人被安置在潮阳下浍。但他一面领取明朝的粮饷，一边又勒索着商船的保护费。过了七个月，一股乱兵围攻揭阳县城，汤克宽命令曾一本前往镇压。曾再次造反，挟持澄海县令离开了驻地。

汤克宽因此被逮捕押解京师，追究招抚曾一本之罪。不久，因为北方边境用兵而赦免，万历元年（1573 年），他被调防到北方的蓟镇，任昌平总兵。

万历四年（1576 年）关外的炒蛮部落进攻古北口。镇守古北口的汤克宽故意把敌人放进明长城内，然后两条长城线上的守兵夹击敌人。炒蛮人死伤惨重，拼死苦战才退了回去，之后很长时间里没再敢进犯。不久，汤克宽在古北口塞外追击蒙古人时，遇到了埋伏，和参将苑宗儒等一起为国捐躯。

汤克宽虽然出身于将门，武艺超群，但是他在青少年时曾考取邳州岁贡生，文化素养也很高。他自幼喜爱琴棋书画，擅长画山水，也写墨梅、花卉又兼工生草书、诗和画。他尤其对临摹米芾书法具有独到之处，在明朝中叶就有"书学米芾的汤克宽"之说。

当时的抗倭名将俞大猷，曾经送给汤克宽一首《短歌行赠武河汤将军擢镇狼山》——

蛟川见君翟然喜，虎须猿臂一男子。

三尺雕弓丈八矛，目底倭奴若虮蚁。

一笑遂为莫逆交，剖心相示寄生死。

君战蛟川北，我战东海东。

君骑五龙马，我控连钱骢。

时时戈艇载左截，岁岁献俘满千百。

功高身危古则然，谗口真能变白黑。

赭衣关木为君冤，君自从容如宿昔。

顾我无几亦对簿，狱中悲喜见颜色。

君相圣明日月悬，谗者亦顾傍人言。

贷勋使过盛世事，威弧依旧上戎轩。

君今耀镇狼山曲，云龙何处更相逐。

春风离樽不可携，短歌遥赠亦自勖。

与君堕地岂偶然，许大乾坤着两足。

一度男儿无两身，担荷纲常忧覆沵。

皓首期君共努力，秋棋胜着在残局。

燕然山上石岩岩，堪嗟近代无人涘。

与君相期瀚海间，回看北斗在南关。

功成拂袖谢明主，不然带砺侯王亦等闲。

▶ 立县首功刘稳 ◀

　　明朝隆庆六年（1572年）二月，广西提刑按察司副使刘稳调补广东提刑按察司副使，负责广东海疆的防御。

　　刘稳，字朝重，别号仁山，湖广酃县（今湖南炎陵县）人。明嘉靖三十五年（1556年）考中进士，授南京武选主事的职位，提升为广东南韶兵备佥事。当时南韶有大罗、小罗，为瑶人地盘，官府禁止民众出入，搞得物价高涨，瑶人出来抢劫，让当地人不得安生。刘稳上任后深入瑶区，宣谕威德，选立瑶长共同管理，安定了局势。

刘稳也因功升任南韶兵备副使，后调广西提刑按察司副使。隆庆六年（1572年），再被晋升为广东参政兼提刑按察司副使，负责广东海疆的防御及安全。

当时，正值倭患严重威胁广东沿海地区。隆庆元年（1567年），原东莞守御千户所正千户李茂材在征伐倭寇的战斗中战死；隆庆四年倭寇先占领石排（今香港仔），后在南头附近登陆，百户吴纶率乡兵抵抗，力竭战死；隆庆五年，倭寇将大鹏所城包围40多天。

在这种情况下，刘稳巡行视察来到南头。他刚上岸，就有一群当地百姓等候在码头，为首的是一位长者，就是深孚众望的士绅吴祚。

吴祚流着泪水，向他诉说百姓的苦难及图求保障的心愿，他说："辛酉之变，阖郡皆然，虽由天变，实亦人事。为滨海万年计，久安不如立县便。"

当地的众多官绅也都认为，当地离东莞县治百余里，管理不便，又常受"海寇"骚扰，纷纷附议。

但是刘稳意识到，立县不是一件轻而易举的事情，一定要有上层的支持才行。此前的正德年间，当地百姓也曾请求从东莞县分出单独立县，可惜没有被官府采纳。刘稳回到羊城后，特地到位于广州河南小港的天山草堂（今广州市云桂大街小学一带），拜访在家丁忧的广东籍官员、礼部尚书何维柏，讲了这次巡海的见闻，将南头父老吴祚等说的话转述给他听。

刘稳说："吴祚说他们年纪都老了，什么时候死都说不定，只是子孙还要在此生活下去，世道如此衰败，怎样才能见到天日啊？他们号呼伏地，请建县治，以图保障。"

何维柏听后，问道："你为何不尽力促成此事，也好安抚一方的百姓？"

刘稳回答道："建县之事太重大了，也不是说办就能办的事。只能建议添设一丞，勉强不辜负众望。"

何维柏说："在南头设立了海防，郡贰和守备都在弹压这块地方，却还不能让百姓依附，再添一个丞又有何用呢？如能建邑立县，职责就明确专一了。宰牧的职责是安抚百姓，既要约束强悍之人，不能让他们肆无忌惮地干坏事，又要关心良弱的群众，让他们感到有政府依靠。南头是东莞的藩篱，会省的门户，辖近控远，安内攘外，一举而众善得矣。过去也曾和制府刘公、吴公商议过立县之事，不久以前还和殷正茂说过这个事。你要去见他，就把我说的意思转告他。"

第二天，刘稳带着一份关于申请在南头增添一名县丞的报告，去见时任两广总督兼广东巡抚的殷正茂，并转告了何维柏的意见。殷正茂问道："南头父老的意见如何？"

刘稳答道："万口同词，惟愿立县。"

殷正茂说："何公平时从不随便开口讲话，既然如此，我看可以建县，请你重新打一个立县的报告来。"

刘稳赶紧起草关于申请在南头设县的报告，送给殷正茂审批，上报朝廷。朝廷很快批复下来，同意从东莞县划出 56 里、7608 户、33971 人，设立新安县。

新安县城仍选在南头的城子岗，将旧东莞守御千户所城加固而成。城墙是明洪武二十七年（1394 年）由广州左卫千户崔皓开筑的，周围连子城，共长 578 丈 5 尺，高 2 丈，底宽 2 丈，上宽 1 丈，有东、西、南、北四座城门。知县吴大训认为"北门当县治之背，地脉非宜塞之"，只开通东西南三门，门前都设有吊桥，城楼、敌楼各 4 座，警铺 25 个，雉堞 1200 个，另外，在东南隅、西南隅分别建有水关。

刘稳不忘前情，特地重访南海，请何维柏写下新安建县的经过，这篇文字就是《新安经史记》。万历二年（1574 年），他再次来到南头，看到县城建有城池、县署、仓廒、谯楼、馆驿、监狱、城隍庙、社稷坛、风云雷雨山川坛、学宫、演武场、道路、水井、牌坊等设施，分布有序，错落有致，欣喜地赋《入新安喜而有感》诗一首：

巡行边海上，此地几经过。

县治从新建，人民比旧多。

风清无鼓角，夜永有弦歌。

睹洛如思禹，应知迹不磨。

这一年的秋天，刘稳晋升南京太仆贰卿。消息传开，新安人民奔走相告，离别那天，当地官民簇拥于道边送行，达到数千人。

刘稳走了，百姓忘不了，这叫官去民思。当时的尚书南海人陈绍儒在纪念刘稳的《海道刘公去思记》一文中总结道："思者三：以征输讼狱者，地之近，贷诈无以私也，谓之仁；以设险简戎者，诘之便，奸宄慁以寝也，谓之忠；以旷谋旦举者，任之力，陈修获以遂也，谓之断。断则民谿志而怀，忠则民感激而兴，仁则民乐利而悦。"

知县吴大训、乡绅吴祚等人为了纪念刘稳的功劳，倡议在县城南门外崇镇铺的风云雷雨山川坛之侧建起汪、刘二公祠，将他和汪鉉合祭一室。祠堂有专门的田租、铺租、艇租，作为每年春秋祭祀的经费，县长官率士绅百姓隆重祭祀。

▶ 开邑良令吴大训 ◀

新安县第一任县令吴大训，号涧泉，广西马平人，岁贡出身，万历元年（1573 年）任新安知县。作为新安县的第一任知县，吴大训到任后的第一件工作，就是筹划县城的建设。

新安县城选在南头的城子岗，将旧东莞守御千户所城加固而成。城墙是明洪武二十七年（1394 年）由广州左卫千户崔皓开筑的，周围连子城，共长 578 丈 5 尺，高 2 丈，底宽 2 丈，上宽 1 丈，有东、西、南、北四座城门。

由于知县吴大训认为"北门当县治之背，地脉非宜塞之"，出于风水的考虑只开通东西南三门。门前都设有吊桥，城楼、敌楼各 4 座，警铺 25个，雉堞 1200 个，另外，在东南隅、西南隅分别建有水关。新安城里的主要街道有县前街、显宁街（县左）、永盈街（县右）、寺前街、新街（仓前）、聚秀街（学右）、和阳街（东门）、迎恩街（南门）和五通街（所前）等。

吴大训还建起了学衙、学宫、社稷坛、城隍庙、汪刘二公祠、养济院等公共设施。《康熙新安县志》记载："社稷坛，在县城外西南隅，西向、东向各二丈，南北如之，高二尺有奇，各二级；坛外缭以垣，垣外有门，以时启闭。明万历元年，知县吴大训建。"

社稷坛是明清地方官员祭祀土地神和五谷神的地方。"社"在古代指的是土地之神，"稷"指的是五谷之神。吴大训建的社稷坛，选址在县城外西南隅，完全符合《考工记》所记载的"左祖（太庙）右社（社稷坛）"的布局的要求。社稷坛是呈正方形，宽二丈，高二尺，象征着"天圆地方"之说，坛上按 5 个方位各铺不同颜色的土：东方青土，南方红土，西方白土，北方黑土，中间铺有黄土，以表示"普天之下，莫非王土"，还象征着金、木、水、火、土五行为万物之本。社稷坛四周建矮墙围住，设有门经，按时开启关闭。

吴大训在城西门内所建的城隍庙，是三间三进的建筑。后来一度年久失修，到崇祯十五年（1642 年），知县周希曜重修。康熙十年（1671 年），城隍庙被飓风损坏，知县李可成重修。嘉庆二十二年（1817 年），知县吴廷扬再次重修。现存的城隍庙，是鸦片战争时期重修的，规模已大大缩小，仅为两进一开间，进深 12 米，硬山顶，无天井，门向南。

吴大训下令禁止淫祠，将祠中神像撤除，改挂"乡约所"的门匾，每月的朔望两日，带领村民集中在一起诵读皇帝颁发的圣训。

为新安县立县作出重大贡献的刘稳离开广东，吴大训在吴祚等人的提议下，亲自率领众人去勘察选址，最后决定在南门外崇镇铺的风云雷雨山川坛之侧，为刘稳建祠。他带头捐资，大家慷慨解囊，只几个月就建成了海道刘公祠。

此外，吴大训还为县学购置了《四书》（一部十本）、《礼记》（一部四本）、《书经》（一部六本）、《诗经》（一部六本）、《春秋》（一部），供学生使用。他有空时还召集诸生，给他们讲明道学，使得新安县的社会风气发

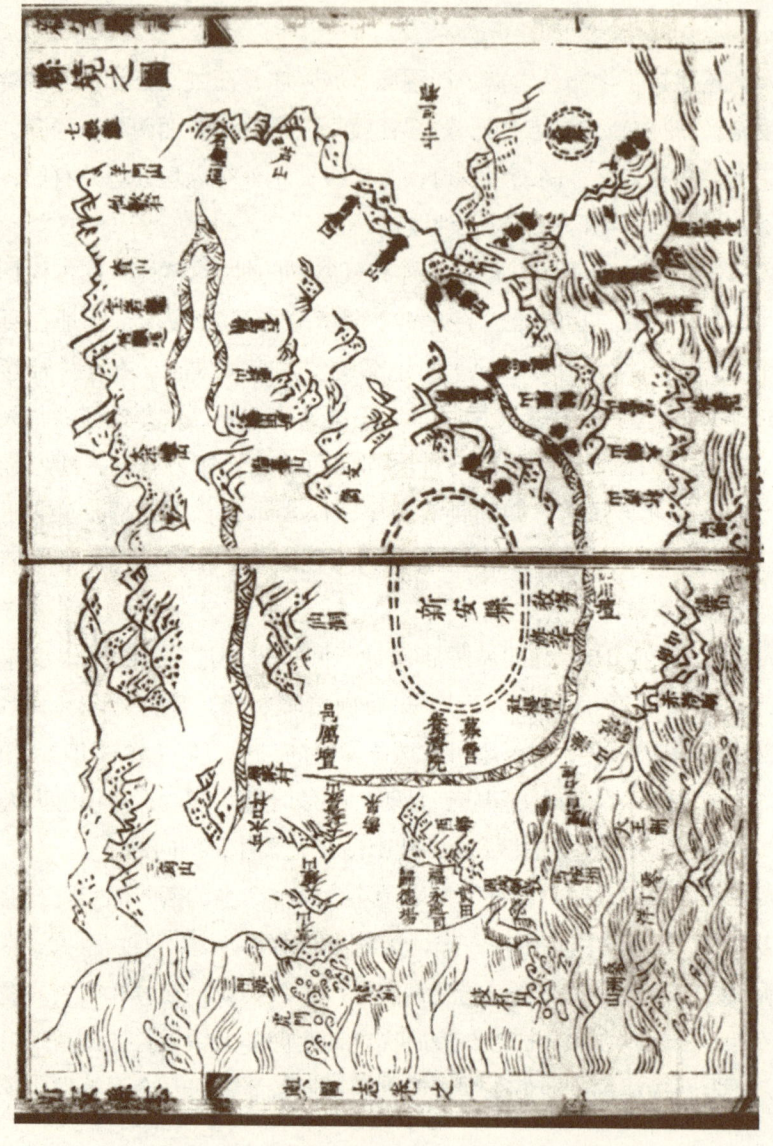

[清·康熙]靳文谟《新安县志·县境之图》书影

生了很大的变化。

新安县的民众对于吴大训的德行和风范，没有不佩服的，都希望他能够在新安县停留时间长一点。县志里称誉他"百度草创，悉心经理，动合时宜，且寓作法于凉之意"，被人们称为"开邑之良令"。

▶ 邱体乾大兴教化 ◀

邱体乾，字时亨，江西临川人，和《牡丹亭》的作者汤显祖是同乡。他是举人出身，编纂了第一本《新安县志》，被称为香港和深圳文献之祖，万历十四年（1586年），邱体乾来到广东，出任新安知县。

邱体乾为人诚恳，精明能干。时值新安立县不久，教化、民事、徭役等事务复杂纷繁，邱体乾在处理这些事情上花了不少心血。他在任内短短的3年，为当地办了不少好事，如创设学田，作为县学之资，并撰写《新安儒学记》一文；修整邑城，以固守卫；勤恳课士，清丁粮均衡船役等。县志称赞他"凡所因革，皆宜民善俗，经常可久之规也。"

邱体乾对编志非常重视，与县里的名士、博学文人和乡绅共谋合议，并走访乡里的耆老达民，于万历十五年编成新安县最早一本县志，记载了新安县的历史沿革及明初的状况等。

该志"上稽天文，下考地理，中记人事"，把新安历史的来龙去脉与特有的地位呈现在读者面前。邱体乾在《初修新安志序》中指出："新安在晋为东官郡，迨隋而唐改郡而县，又改为东莞矣。此地悬隔外警，时到国初，垒城设所，以守海徼，巡以宪副，防以贰守，驻扎参总。盖地关通省门户，诚重之，尚未县也。县自万历改元始县矣，未记也。"

可惜的是，此志已经失传。但这并不影响它的作用，以后新安县志的编写就是以它为基础的。崇祯八年，知县李元重修一次，其时距邱氏的初修已50余年了。再后，至崇祯十六年，又由知县周希曜再修一次。李元

88

[清·康熙] 靳文谟《新安县志手抄本》封面书影

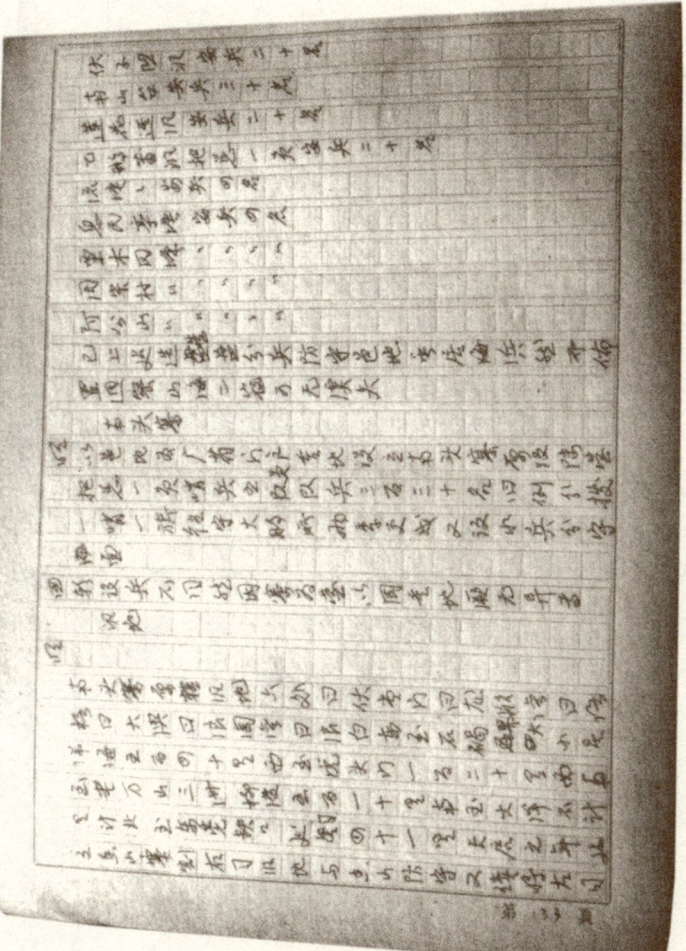

[清·康熙]靳文谟《新安县志手抄本》内文书影

90

新安縣志卷之六

田賦志　戶口　屯田　土田　賦役　鹽課　魚課

古者籍田以力而衡其遠邇賦里以稅而量其有無民數之登耗焉司牧之節愛關焉邑析自黨而有良父母經畫而調劑之則開墾之功歲漸以登生長之效馴至殷盛邑其庶幾有喜色哉而急公好義且蒸蒸然為醇治之區矣志田賦

戶口

明

萬曆元年　戶原額X千六百零八戶　口原額男婦三萬三千九百七十一口

萬曆十年

[清·康熙] 靳文谟《新安县志油印本》书影

和周希曜的序文都载在嘉庆修的志内。

根据以上的资料，我们可以知道，新安志的版本，除《中国地方志综录》所著录的康熙戊辰修的和嘉庆己卯年修的两种外，在清朝应还有康熙十一年（壬子）修的一种。而明修的《新安志》，更应有万历十五年、崇祯八年和十六年三种。在康熙戊辰和嘉庆己卯《新安志》已成为珍本的今日，如果有一天忽然有邱体乾所修《新安志》的发现，对于研究史地的人，那才真是一个惊人的消息哩。

除了修志之外，邱体乾还通过各种方式，在新安大兴教化。

隆庆年间，锦田有一位孝子邓师孟，他的父亲不幸为海盗所掳，师孟无法筹集赎金救父，便亲至匪穴，以身代父。匪帮见他一片孝心，答允他的请求。师孟在父亲离去后，不愿为盗匪挟带，趁无人监视时投海而死。邱体乾得知此事，送了一个大书"孝行"二字的牌匾，并将他的事迹写进新安县志，以示表彰。

邱体乾还曾经为深圳人文初祖黄舒写过一篇赞，被录入了《康熙新安县志·黄舒传》中：

厥初生民，爰有五常，厥先维何，父子之纲。百行根底，经训维彰。祗见虔虔，视膳跄跄。圣贤迹远，孝道榛荒。彼君子兮，挺自僻壤。贫而甘旨，盛暑冠裳，岂鼎而丰，岂爵而扬。生则致养，没而孔伤。负土为坟，结庐其旁。夜月哀号，大块茫茫。乌鹊绕树，虎貌潜藏。鱼也悲木，奇也履霜，律之于古，谁其雁行。金曰曾参，庶几可方。里以参名，董德善良，山以参名，表厥孤芳。哲人云萎，陵谷沧桑。蓼莪载咏，涕泗浪浪。呜呼，访故里则黍禾在望，睇故山则云树郁苍，不知者谓先生既亡矣，而知者谓先生之孝久而弥光。

大约万历四十三年（1615年），新安县名宦祠建成，邱体乾被批准入祀名宦祠。

▶ 龙将军秦经国 ◀

秦经国，字嘉猷，别号东望，福州镇东卫人。他为人气度沉毅，有谋略，从小喜欢读兵书，喜欢舞枪弄棒。成年以后，秦经国蒙受祖父的恩荫，被任命为镇东卫指挥同知，掌管镇东卫军务。

嘉靖二十四年，倭寇袭扰至福清地区，秦经国传令各城楼加强警戒，自己带兵登上西城楼观察敌情。只见城外各处火光冲天，倭寇的喊杀声和百姓呼救声乱成一片，城墙下已聚集数百名百姓哭求进城避难。

这时天色微明，已经能够看清四周倭寇分散在各处烧杀抢掳。秦经国让难民进城避难，自己率了一队精骑，趁敌人不备，突然冲杀。双方激战了将近一个时辰，秦经国一度从马背上摔到地上，马上又飞蹿上马，城上观战的人纷纷赞叹他是"壮士"。倭寇见讨不到便宜，只好逃散。

自此之后，倭寇虽屡次烧杀本县各地，但不敢再招惹秦经国，海口地区暂且相对安宁。此后，秦经国又率部大破倭寇于松下、东涌、横屿，威名远震，被提升为汀漳守备。

隆庆三年，朝廷下令福建和广东两省，协同剿灭巨盗曾一本。秦经国招募了一批勇士，组成敢死队，与贼军血战于铜山、南澳之间。双方恶战一昼夜，勇士死伤过半，秦经国右腿被打伤，胡须被火烧光，但仍然指挥炮火，攻击焚烧敌船，杀敌百余人。

秦经国不仅作战勇敢，而且深谋远虑，有自己的一套战略思想。

万历二十年（1592 年），日本大举进兵朝鲜后，明政府派军赴援，中日爆发战争，福建沿海也随之告警。为谋对策，闽抚赵参鲁向秦经国请教。作为一名娴熟海事的水师将领，秦经国的建议是："御倭，当于海毋于陆，海而击之以逸待劳，以大舟冲小舟，我得便利。陆，则跳荡雄行，彼之长技得逞，未易制也。"

秦经国之所以主张"御倭于海，毋于陆"，主要是认为明朝水师海战胜算较大。因为"倭人长于陆战，不善海战"，加上，陆战爆发纵使获胜，地方也已经遭到战事的破坏，而且倭寇的船队远道而来，属于疲惫之师，明朝的舟师可以逸待劳，先于途中堵截，歼敌于海上，不使其登陆。

其次，秦经国又建议"以大舟冲小舟，我得便利"，海战又以船舰为首要，"夫海上之战，先斗船，次斗器与人。无船，则人与器皆无所用之矣"。后来明水师将鸟船改为高大如楼的福船，用以冲撞船身较小的倭船，正是采纳秦经国的建议，采用的"用大舟冲小舟"的战略。

而秦经国指挥的水师，屡屡击败敌军。后来他率军在乌墟洋剿倭时，倭寇一见到"秦"字的旗号，就都四散而逃。秦经国因功被提升为指挥佥事。

万历年间，倭寇仍时有活动，朝廷在南头设参将府，以抵御倭寇、海盗的入侵。秦经国被调到广东，担任南头游击。

参将府原址在南头城南，经200年风雨剥蚀，年久失修，到重修时已"圮颓无完宅"。秦经国出任南头游击后，选择了城西的一块合适地方，与朱一柏等共同设计构造，从万历壬午年（1582年）十月开始至翌年三月建成，历时五个半月，以兵士担负施工任务，而不骚扰民间。所用木石砖瓦均是拆旧利废，不足部分则发动当地富户捐款筹备。

重修后的参将府计有正堂一座，左右寝室及廊屋各一间，带头门五间，土地堂三间，皂隶房十间，书舍三间，厨房三间，组成一座颇为壮观的府舍。

▶ 陈文豹抗击清军 ◀

明末清初的陈文豹，因反清而历史留名。有趣的是，翻阅清代嘉庆年间新安县志，记者却看到清代人用"忠义"二字来形容他。

陈文豹是深圳南山乡人，迁居西乡。因为南山乡位于南头城的南部，与沙井很近，历史学家推测，陈文豹的先祖极可能是沙井陈氏的分支。

明朝末年，陈文豹是西乡有名的乡贤，当清兵攻进广东地区后，他组织了 2000 多人的团练，保境安民，由于他很有声望，附近盗匪无不敬畏。

1647 年 3 月间，张家玉在东莞县招募义勇，起兵抗清，14 日攻克东莞县城，活捉了清知县郑鋈。

在明隆武朝廷中，张家玉曾任建国公郑彩监军，督兵援赣；后升任礼、兵二部左侍郎。这时清军的李成栋率师从广西回到广东，会同施福（隆武朝封武毅伯，降清后仍用此衔）部合攻东莞。张军击杀了施福部副将成升，终因缺乏作战经验，被清军击败。

张家玉竖起抗清义旗，得到了许多地方的响应，其中就包括新安的陈文豹等。东莞县城被李成栋军攻破后，张家玉的家属被杀 30 余口。但他义无反顾，逃到西乡继续抗清，得到了陈文豹的拥戴。陈文豹拿出家藏的两大瓮白银，招兵买马，收复了南头城。

1647 年农历四月，西乡遭到清军的围攻，当地百姓人人上阵助战，大胜清军。两个月后，清军攻陷南头城，乘势又围剿西乡，张家玉和陈文豹摆出"空城计"，解了西乡之围。几天后，清军卷土重来，两天两夜的厮杀后，陈文豹战死沙场，西乡惨遭屠戮。此后，乡内原有的陈姓族人陆续迁往他乡，至今无人迁回，只余一幅荒地供人凭吊。

陈文豹牺牲后，张家玉联合几支反清武装，于 4 月 19 日收复龙门。接着，他自己亲率各部义军，在七月初十日攻克博罗、连平、长宁、乳源、归善、河源等县，十月初二进攻增城。

十月初十，清军李成栋部主力赶到，令副将阎可义、梁得胜、张道瀛、马宝、吴之蕃等堵截通往龙门之路；副将杜永和、李汉贵等从南面进攻，参将王定国从中路进攻，总兵施郎、黄廷、副将洪习山等接应，与增城守兵内外夹击。

义军虽奋勇作战，终因寡不敌众，被清军击败。张家玉中箭负伤后投水自尽，广东的抗清斗争被镇压。但正是由于他们势如潮涌的武装抗清飙风，迫使清两广当局匆忙调回进攻广西的主力，永历朝廷在广西的统治才赖以维持下来。

　　张家玉在抗清的战斗中写下不少诗篇，由后人刻为《军中遗稿》，最早的版本为永历刻本，是张家玉的侄儿张孟器刊刻的，有诗102首。他的诗作慷慨激越，表现了当时的战斗生活和他的凛然正气。其中有一首《悼阵亡将士》写道：

　　回首天涯忆故乡，忽闻节候又重阳。

　　断肠何处啼猿月，警梦当阶晚鹤霜。

　　击楫几时清海浦，枕戈犹未扫俊枪。

　　可怜多少英雄骨，空照黄花吐烈香！

▶ 复界功臣王来任、周有德 ◀

　　在今天深圳的南头古城、西乡墟、沙头墟和香港新界石湖墟，均建有报德祠，又称巡抚祠。据县志记载，是纪念清康熙年间广东巡抚王来任和两广总督周有德。

　　历代在新安做官的人数不胜数，人们为什么要专门设祠纪念这两位呢？

　　原来，清顺治十八年（1661年）底，朝廷为切断东南沿海居民与郑成功部的联系，发布了《严禁通海敕谕》"迁界令"："郑成功盘踞海隅有年，以波涛为巢穴，无田土力可以资生。一切需用粮米、铁、木、物料皆系陆地所产，若无奸民交通商贩，潜为资助，则逆贼坐困可待。"

　　随后，朝廷派员到东南沿海各村张贴告示，并出动大批官兵强行驱赶，迁界手段十分残暴。官兵所到之处屋拆船烧，边民被迫出走他乡，违者以军法论处。"三日内尽夷其地，空其人"，无数村落顿成荒野。康熙五年（1666年），新安县被撤销，剩余些少地区并入东莞县。

　　被迫离乡的百姓指望能很快回迁，但官府动用军队，挖界沟，筑界墙，设烟墩，严禁任何人进入界内，越界者死。

当时的广东巡抚王来任，非常同情新安子民的悲惨遭遇，于康熙六年冒死上疏请求复界。他在《展界复乡疏》中写道："沿海边民，惨被荼毒，或被戮而尸骸遍野，或被掳而骨肉分离，或被横征而典妻儿，颠连万状……臣请将原迁之界，急弛其禁，招徕迁民复业耕种与煎晒盐斤，将港内河撤去其桩，听民采捕……"

然而，由于王来任在疏奏中，不仅为因禁海迁界而惨被荼毒的沿海边民呼吁，还指出"迁界"政策不仅给民间造成深重灾难，使全省每年减少地丁钱粮30多万两，几十万失去生路的边民成为盗贼，指责"折回田地之令"妨农病民。这一直言，让统治者大失颜面，康熙六年（1667年）十一月戊午，王来任被勒令"自陈不职"（自己报告不称职的地方）而摘掉乌纱，广东广西总督卢兴祖也因牵连被革职。

罢了官的王来任悲愤交加，一病不起，临死前留下遗疏一札，再次提到展界复乡之事，继续为新安百姓鼓与呼。

随后，山东巡抚周有德升任两广总督，内国史院学士刘秉权任广东巡抚。这两位官员并非不知道王来任的前车之鉴，但是他们不仅把王来任的遗疏上报，而且继续上疏痛陈"迁界"之害。

周有德，字彝初，汉军镶红旗人，康熙六年升两广总督。他在奏章中写道："界外民苦失业，闻许仍归旧地，踊跃欢呼。第海滨辽阔，使待勘界既明，始议安插，尚需时日，穷民迫不及待。请令州县官按迁户版籍给还故业。"

流离失所在外多年的迁民听到总督上疏请求复界的消息，无不欢欣鼓舞，满心都充满了感激。这年十一月戊申日，兵部议复周有德的上疏，康熙皇帝下了一道圣旨："着都统特晋等，与该藩、总督、巡抚、提督会同，一面设兵防守，一面安插迁民，毋误农时，致民生失所。"

康熙八年正月，清廷终于取消"迁界令"，准许居民回迁恢复原籍。同年七月，康熙皇帝下诏恢复新安县。至此，长达8年的北迁浩劫，终告一段落。

就在这个关键时候，周有德的父亲病故，按照封建礼教制度，他应该离职回家"丁父忧"三年。平南王尚可喜上疏称：沿海兵民，方赖经营安辑，请命在任守制。康熙皇帝指示同意，周有德就在任守制三年，也就是边工作边守孝。当周有德到广东各地勘展边界时，各地的百姓都涌到路旁，欢呼载道，群情振奋。

直到康熙九年，展界复乡的工作告一段落，他才被允许回京师为父亲治丧。此后，他先后调任四川总督、云贵总督，康熙十九年（1680年）病逝。

乡民为感谢王巡抚和周总督的大恩，好几个地方立祠祀奉。在今天的香港新界上水乡就建有王来任、周有德庙，除了年节祭奉以外，在当地太平清醮庆典上，还抬着王周二人的神像全城巡游，场面盛大热闹。

▶ 李可成与新安八景 ◀

深圳地处滨海，山与水相映，海与城相依，到处是迷人的独特风光。嘉庆本《新安县志》"山水略"开篇，就以优美的笔墨描绘了当时的山水风貌——

邑以梧桐山为巨，镇三峰，嵯峨矗立霄汉，其余如大鹏、杯渡诸山、层峦叠嶂，屏卫环列，指不胜屈。邑三面涉海，汪洋澎湃，烟云变灭，凡浈江、瑞溪诸水会珠江，屈折百余里。至蛇犀、合龙江经虎门，汇分流湖而注之东焉，诚一钜观也。至若唐人著海潮之赋，大易明井养之占则又不可不以类而及也。

而这些山水风光，又以"新安八景"为代表。

根据记载，"新安八景"的提法最早出现，是在康熙撤销迁海令重置新安县之后。从现存的康熙廿七年与嘉庆廿四年《新安县志》两个版本可以看出，康熙版本"艺文志"中有"八景诗"，每一景均配有一首七言诗。而嘉庆版本，卷首就有廪生陈棠绘制的新安八景图，系木刻版画。

具体来说，新安八景的内容是：

赤湾胜概：是指赤湾的天后庙而言。赤湾天后宫鼎盛时有数十处建筑，120余间房屋，占地900余亩，殿宇巍峨靓丽，庙貌气象万千。《康熙新安县志》记载："赤湾胜概，在南山之南，势耸丽，开展两翼，盘护葱郁，天妃宫殿在焉；前临海，洪涛万顷，一望无际，零仃数峰，壁立海中，为之屏案，海外奇观矣。天妃神甚灵应，船经此，必祷祠之。"其诗曰——

> 一望苍茫万顷波，海门神寺奠山阿。
>
> 圣朝雨露恩流普，远国梯航贡使多。
>
> 澎湃潮声飞白雪，郁葱树色绕青萝。
>
> 无边诗思来佳胜，□□河东意若□。

梧岭天池： 是指在深圳边境的梧桐山，南与大雾山（海拔958米）对峙，为珠三角第一峰。相传山顶有天池，深不可测，池中有绿毛龟，山下有赤水洞，洞中泉水为红色。今天，梧桐山脚的仙湖植物园园内共保存植物6200多种，还建有别具一格的园林建筑及景点。现园内有"弘法寺"，香火极旺。

《康熙新安县志》记载："梧岭天池，在六都梧桐山旁，产茏葱竹、龙须草。相传有绿毛龟，但少见之。"又云："梧桐山，在县东六十里，三峰秀拔，周匝数十里，山阴垂距东洋，山阳延袤境内，顶有天池，深不可测；多梧桐异草，山下有赤水洞。"其诗曰——

> 海国三峰插汉奇，最高崒嵂拥天池。
>
> 桐阴欲湿秋深雨，草色常留春在时。
>
> 好注醴泉传粤峤，堪巢文凤媲周岐。
>
> 自怜勺水他无美，挹取清风只赋诗。

杯渡禅踪： 是指杯渡和尚的事迹，今香港新界屯门青山（又名杯渡山，原名羊坑山）。杯渡山曾是古代新安县最高的山峰，韩愈等多位文人曾有赞咏。

《康熙新安县志》记载："杯渡山，在县南二十里，高峻插天，一名圣山，南汉时封为瑞应山；有滴水岩，有杯渡庵，有虎跑井，韩愈、蒋之奇各有诗。"其诗曰——

> 海上禅宗渡远山，掷将苇荻泛杯间。

泉依入定声俱寂，云绕参微影亦闲。

卓锡岩阿人杳杳，悬钟树杪□班班。

登临若解西来意，何事深居学闭关。

参山乔木：参山虽不高，但昔日乔木甚多，苍翠葱郁，山麓坐落着始建于南宋的云溪寺。晋代著名孝子黄舒的故事一直在这里流传。

《康熙新安县志》记载："参里山，在县西北五十里，《南越志》云："邑人黄舒有孝行，如曾参，因以名。"其诗曰——

山高此却藉人传，门内夸修勒简篇。

岵屺由来陟孝子，蓼莪端的颂名贤。

萧疏林木垂前代，寂历云□□昔年。

欲沂流风过故里，不禁凭轼寄□□。

卢山桃李：卢山位于现在的东莞市常平镇至黄江镇一带，山上有潭，名叫虎头潭。卢山当时桃李盛开，结果累累。《康熙新安县志》记载："卢山，在县北八十余里，上有虎头潭，潭边有线路，有田可耕；其山产仙桃、杨梅。"又载："卢山桃李，在七都卢山中。有桃李数株，入山，啖之则可，怀之则迷路。"其诗曰——

宫墙嘉植接蓬莱，秾艳繁华次第开。

雅宴有诗申倡和，芳蹊无语亦徘徊。

穿林叶向春明发，绕径香从烟雨来。

放眼桑麻村社后，声声布谷鸟频催。

玉勒汤湖：汤湖是温泉。指的就是玉律社区内的温泉，位于今玉律社区居委会办公楼斜对面。

《康熙新安县志》记载："汤井，在玉勒村，水温暖如汤，能疗疮疾；秋冬，泉有烟气，海防周希尹命砌以石。"其诗曰——

泉沸山椒出大津，烟腾雾绕石粼粼。

探幽何处无□壑，解愠还须问水滨。

宛向浴沂温似玉，恍来修禊暖于春。

愿将共涤尘氛去，时捧汤盘诵日新。

鳌洋甘瀑：瀑布上游是薄扶林村，因建村石屋密集，将水源阻塞，不易见到瀑布高悬景象，唯有连日暴雨，才有百尺甘瀑。相传，它是一个形如巨鳌的岛屿。岛上有甘泉飞瀑流入海中，"鳌洋甘瀑"由此得名。因为它是海上甘泉，外国船只驶经此处，远望飞瀑，遂停泊取水，发现食水甘甜，因而得名"甘瀑"。

《康熙新安县志》记载："鳌洋甘瀑在七都大洋中。有石高十丈，四面咸潮。中有甘泉飞瀑，若自天而下。"其诗曰——

六鳌浪说大洋中，片石巍然峙碧空。

潮汛翩翩浮玉乳，泉飞滴沥散清风。

春门每向笼烟雾，夏雨□□□蝴蛛。

天柱却疑留泽国，扁舟轻泛问蛟宫。

龙穴楼台："龙穴"是"龙穴洲"简称，指的是每年每逢年初三到初五，深圳人云集虎门的靖康盐场，等待观看岛上空的海市蜃楼。

龙穴洲现属番禺县沙田区，位于珠江出海口中心，深圳沙井西南约16公里海面上，是一孤岛，相传，这里是南海龙王的居所。其海岸线呈凹字形，海潮涨入港湾时，波涛滚滚，若蟠龙盘踞，故称"龙穴洲"。由于环境变迁，海市蜃楼早已经无缘再现。天气晴好时，如果站在沙井海上田园附近的堤岸上，可以望到龙穴洲上的青山。

《康熙新安县志》记载："龙穴洲，在西北，有蜃气，多蒸为楼观、城堞、人物、车盖往来之状，正月常见之。"其诗曰——

海不扬波三十年，蜃酋吐气幻云烟。

楼头景色能千态，市上纷嚣别一天。

蛟室由来频献瑞，瀛洲无计克留仙。

他时还拟探龙穴，好向乘槎学汉骞。

"新安八景"的出炉，与新安复县后的县令李可成密不可分。而上面八首诗的作者，也正是李可成。

李可成，辽东铁岭人，康熙四年任保昌知县，康熙九年任新安知县。他这一任的知县可不是好当的，因为他是在复县第二年上任的。下车伊始，他见到的情景可以说是疮痍满目，百废待兴："老幼委沟壑，壮者散四方。每登高一望，荒草颓垣，即欲闻泽雁之鸣，杳不可得，岂无孑遗。"

梧岭天池

[清·嘉庆] 舒懋官、王崇熙等编 《新安县志重印本·新安八景——梧岭天池》书影

[清·嘉庆] 舒懋官、王崇熙等编 《新安县志重印本·新安八景——参山乔木》书影

廬山桃李

[清·嘉庆] 舒懋官、王崇熙等编 《新安县志重印本·新安八景——卢山桃李》书影

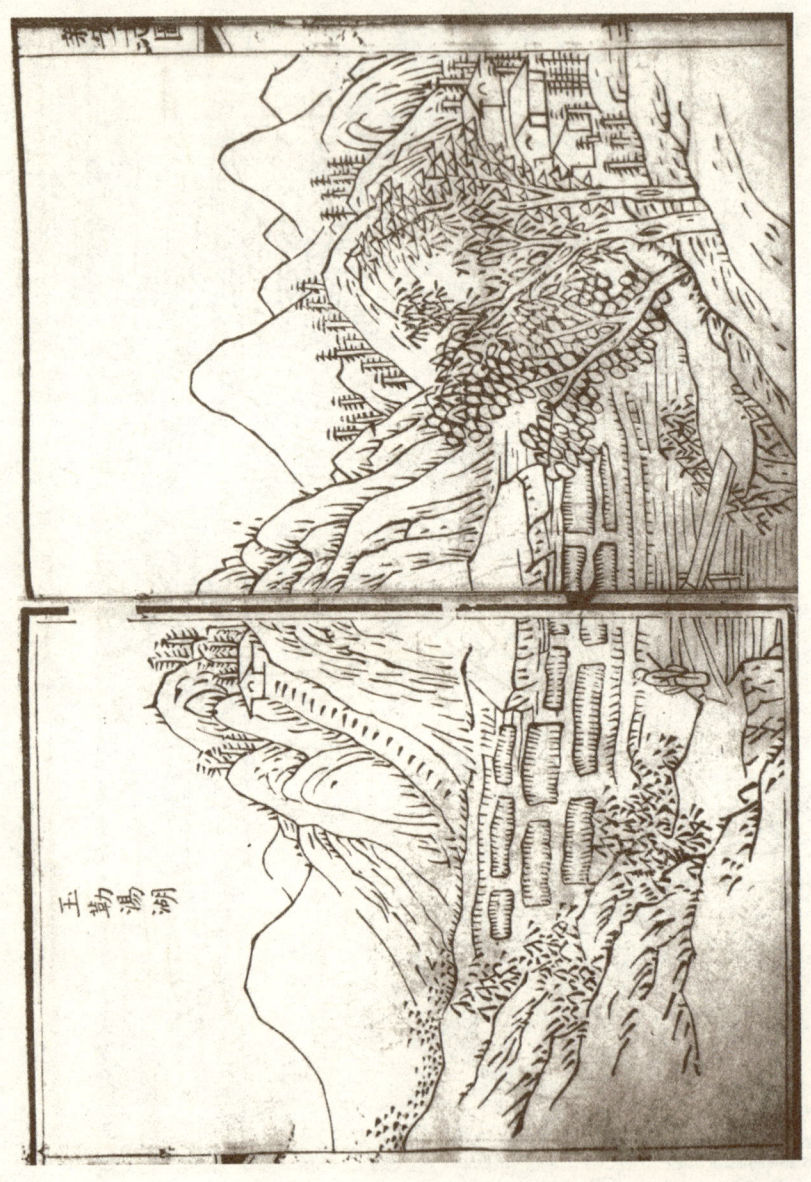

玉勒汤湖

[清·嘉庆] 舒懋官、王崇熙等编《新安县志重印本·新安八景——玉勒汤湖》书影

龙穴楼台
虞兆先陈崇绘

[清·嘉庆] 舒懋官、王崇熙等编 《新安县志壹壹印本·新安八景——龙穴楼台》书影

在三年的任期内，他派人到处去招复迁移人丁，督促百姓垦复荒地，捐资修葺城垣、县治、台寨、营盘。康熙十年（1671年）二月、八月接连遭到飓风袭击，城垣、东西南北城楼、窝铺、学宫、铳台、炮台、斗城小楼等城防设施被风摧毁，衙宇、民房也遭到不同程度的破坏，连耕地的牛群都吹到海里去了。

可在如此艰难的情形下，李可成怎么会想起推出"新安八景"呢？

原来，明万历元年（1573年）之前，深港地区还属东莞县，曾有"宝安八景"。复设新安县后，却一直没有自己的八景。新安县复县之初，人丁稀少，百废待兴。为了招揽更多移民，李可成上任后跑遍新安县的山山水水，与地方乡绅合议，推出"新安八景"，还亲自写出一组八首七律八景诗。

随着从广东各地招募人丁陆续迁居，新安县进入了一段相对平稳的发展时期，生产重新恢复，经济渐趋繁荣。在这一过程中，"新安八景"不仅为吸引移民做出了贡献，更成为一笔不菲的人文遗产。

▶ 丁棠发建宝安书院 ◀

清代时，新安县的大姓望族非常重视子弟的教育，提倡耕读传家的思想，鼓励族人参加科举，晋身仕途，为家族增光。他们在村内大设书室、学舍，并在宗祠、书室和家塾里，悬挂子弟的功名牌匾。

如今，在深港地区的老村落里，还能见到许多的书院、书室，如深圳地区西乡乐群村的绮云书室、南山向南村的义方书室和逢源书室、福永凤凰老村的顾三书室、沙井壆岗的智熙家塾、光明圳美村的德淳书室、公明玉律村的集芝书室等，香港地区锦田水头村的周王二公书院、二帝书院、屏山坑尾村的觐廷书室、粉岭善述书室、大埔泰亨乡善庆书室等。

但是由官方出面倡建于南头古城的书院，则只有三所：宝安书院、文

106

岗书院、凤岗书院。其中的第一家书院——宝安书院，是在丁棠发任知县时建立的。

康熙三十三年（1694年），丁棠发任新安县知县。丁棠发，字卓峰，是浙江嘉兴府嘉善人，戊辰进士。

丁棠发博览群书，喜好诗文，其所作《忆扬州》为时人传诵，被收入了徐世昌所编的《清诗汇》中——

烟花佳丽古扬州，隋帝行宫迹尚留。

锦缆船归杨柳岸，玉台花发广陵秋。

中宵明月闻歌吹，十里珠帘卷画楼。

油壁香车虚客梦，为言小杜未曾游。

他上任后，宽惠仁慈，清理丁粮，均平徭役，凡是有不便于民的事情，都把它全部废除。他发现南头城里还无社学，认为"惟是地斥卤近海，民轻于犯法，若不施教化，辄弃人于讯刺击断之间，是郅都、宁成贤于毕公、召伯也"，于是召集绅士，商量创建宝安书院。

经过商议，他们认为东门外学宫有山海拱卫的形胜，就将书院选址在它的右边。购买砖石木料以及建设经费需600金，丁棠发捐俸300金，承担一半，绅士和富人义助一半。请训导林垣、邑尉郭世巩负责筹划设计，请原任江南清河簿胡天麟与郑应祥、龙筠佩三人督理工程。

书院中间建有大堂，大堂正中悬挂着时任中丞的高公赐额"薪樵教泽"；前有大门，楔悬"宝安书院"。旁边为学舍，后面建有讲堂，最后又造学舍，共计40间。庖湢厨厕，一切具备。缭垣环匝，前凿大池，栽荷其中，绕堤遍植垂杨、桃李、桂杏之属。康熙三十四年（1695年）三月开工，十月落成。

书院建成后，丁棠发延请温泽孚主持宝安书院的讲席。

温泽孚字上汲，是新安县西乡人。幼年就十分聪颖，得到明末"岭南三杰"之一的张家玉的赏识。长大后，他博览群书，邑中士人都很佩服他的知识渊博。他对《易经》的研究尤为精湛，以《易经》中试，康熙二十九年（1690年）庚午科举人。他先任崖州学正，题升琼州府教授，未任而卒，时年77岁。他著有《四书纂要》六卷，《易经精参》四卷，《群

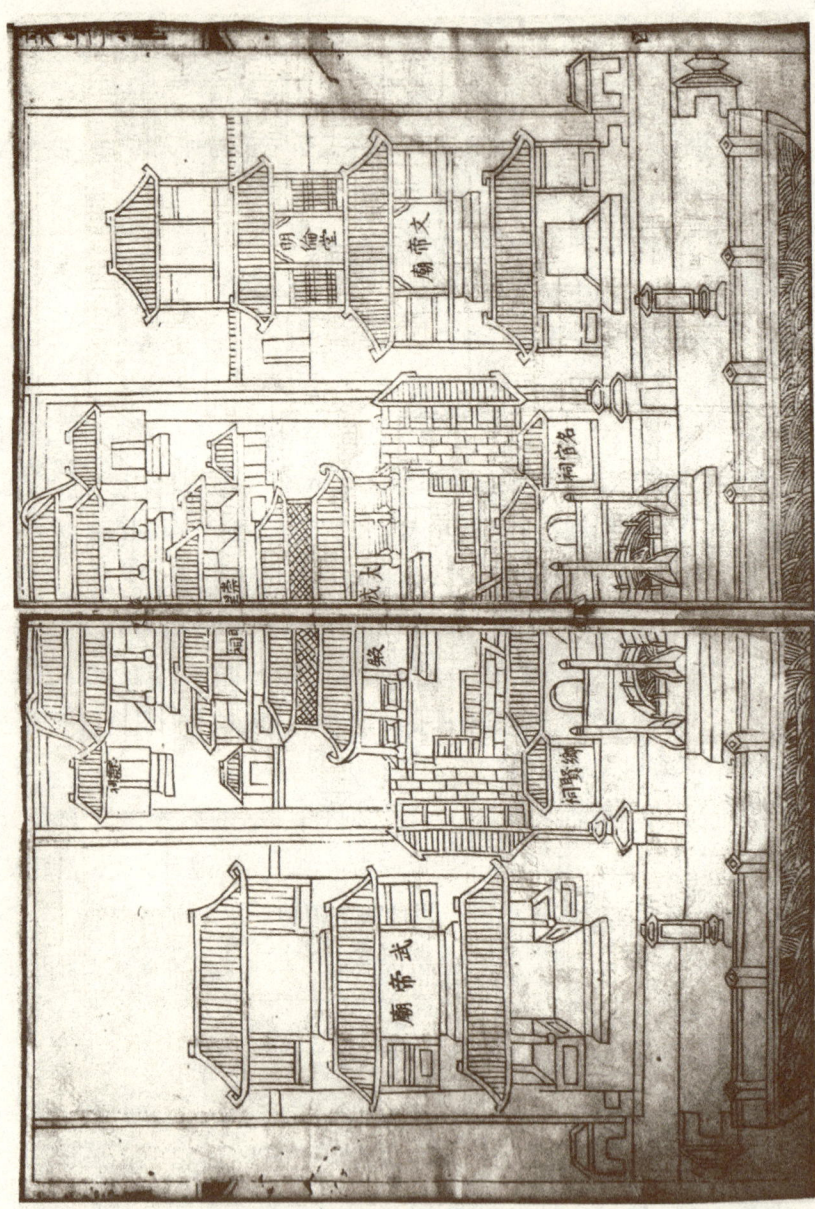

[清·嘉庆] 舒懋官、王崇熙等编 《新安县志童章印本·学宫图》书影

书辑略》五卷。

到丁棠发任满离开时，新安全县乡绅耆老为他立了一块去思碑，嘉庆年间这块碑还保存在南门内。此后，丁棠发一路升迁，做到了京畿道监察御史。

然而，不久后海疆寇警又多，宝安书院地处南头城的东郊，没有城郭的保护，很多子弟都不敢在那里就读。结果，书院日久就倾圮破落，嘉庆庚申年（1800年），旧址上改建了水仙庙。

▶ 戆直知县段巘生 ◀

段巘生，字相山，湖广常宁（今湖南常宁县）人。他年轻时勤奋好学，喜欢读书撰文，康熙四十四、四十五年（1705年、1706年）连捷举人、进士。

他在赴考时，诸考生见他那副穷酸相，歧视冷眼纷至沓来。巘生于是写了一副对联贴在门上：一间东倒西斜屋；两个南通北达人。其他考生一见对联，气魄很大，字对工整，不由对他刮目相看。

段巘生出仕后，奉派赴山东监考。山东举子以在孔圣人家乡自傲，看不起外来监考官。段看在眼里，但一言未发。开考之日，步入考场，发现一名考生挥挥洒洒，文不加点。他于是站立一旁，看他写完，一字不漏地默记下来，然后立即回房并翻印成书。阅卷时将该考生召来，脸一沉，把这本书掷给他道："你为何抄袭他人文章，该当何罪？"

考生翻开一看，书中文章和他自己所写的一字不差。他猛然忆及考试时，段考官站在身旁的情景，顿时心里明白，他扑通一声，双膝跪在段巘生跟前求饶。段巘生本无意害他，不过欲借此告诫山东诸狂生。他当即扶起考生，对他一笑说："安心回去等喜报吧！"

后来，段巘生考授中书，转任上杭知县。因为他待民诚恳，办事直爽，大公无私，不少污吏及豪绅都很惧怕，恨不得马上把他赶下台，但老百姓却喜欢他，他离任后，当地的百姓立生祠纪念他。

后来，他又因佐理河务成绩卓著，迁新安知县。在新安知县任内，他政简刑清，凡是鱼租田租、山征海禁，为民所不能负担的，都向上请示除免，上级官吏有不能同意的，初时他好言婉转地求情，最后则是愤然力争，不达目的不罢休。但他对新安最大的贡献，则在于倡建文冈书院。

段嶷生一贯好文，注重教化。他来到新安后，发现宝安书院已经废旧不堪，为解决新安子弟的读书难，便发起筹建文冈书院。

文冈书院的校址在城西五通街，原来是一个姓徐的守备购买的，只有13间房屋，他又从周围蔡、叶各姓那里买地建屋，共有29间房屋。徐守备打算将房屋转让给巡司周联甲、大使胡文焕，两人和段嶷生谈起。段嶷生于是就和他们商量："为何不让给我？我买下来办社学。"

两人听后一致同意。徐守备听说段买房是用来办学校，原来价值134两的房屋，100两就卖给了段嶷生。段嶷生于是请周联甲、胡文焕、廖九我为首事，邑庠生侯建邠、鲁学藻、王国斐为襄事，积极筹划办学。捕听鲁元臣、巡司施宏范、明经陈昌期、曾于祺、黄梦桂、曾大元、邑庠戴大礼、黄梦槐、冼瑢等人听说后，也积极参与筹建工作。

廖九我是本县上水人，将他家的良田捐为社田，每年收50石。廖亚安、廖杰祖，捐民米四石九斗一升九合九勺。刘壮华将官田捐拨给学校，每年收租21石，约存20石，作为修整房舍的经费。书院每年拿50石作为社师的束修（薪水），人役工食等办公经费拾陆两白银，靠买铺收租的收入来解决。

廖、刘等人热心捐助经费，一则是为了方便自己的族人和自家子侄可以到邑城去读书，以求深造；另则也是出于邑民对育才的向往，对培养后代的苦心。

学校建成后，取名为文冈书院。段嶷生亲自撰写《创建文冈书院社学社田记》，要求"嗣后文武各官，不得占为衙署；租石银两，不得私收颗粒分毫；当事往来，不得借为传舍，以荒生童学业，有负圣天子建立社学之至意。而奋志青云之士，务期砥砺切磋，明体达用，为名世、为良臣，庶于吾道，大有光也"。

在文冈书院先后担任过山长的有：冼攀龙，康熙二十九年庚午举人；黄梦柱，雍正四年丙午举人；邓晃，乾隆二十七年壬午举人；蔡珍，乾隆二十四年己卯举人；陈宗光，乾隆三十九年甲午举人。由上足见，文冈书院师资力量的深厚实力，及新安清代前期文化教育的兴旺。

雍正三年，段巘生由于戆直多言，得罪上司，被削职为民，返回湖广常宁故里。他离任时，新安士民攀车苦留，他没办法，只得绕道离去。虽然被解职，但他没有丝毫怨愤，在《和沧洲韵》一诗中这样抒发胸怀——

不须大药驻朱颜，膂力方刚鬓未斑。

塞外草肥谁牧马，燕然天远欲铭山。

应思我辈分阴惜，岂觅人生半日间。

壮士功成身始退，河清海晏待君还。

段巘生一生著述甚丰，有《易经纂义》、《靖变纪略》、《柱湖诗草》等传世。由于他文才出众，为人正直而又善于扶危解难，因此民间传说他是大义山至圣寺开山祖师净讷转世。

111

▶ 南头乡贤黄成元 ◀

黄成元，字辅两，别字竹楼，南头乡北头村人，乾隆三十年（1765年）以《易经》考中乙酉科举人，历任湖南东安县、益阳县、辰溪县县令，为官正直，士民称颂。

黄成元少时聪颖过人，不到20岁便考中秀才。其伯父黄宝轩见他聪明，就把世代珍藏的北头村《黄氏族谱》传授给他，嘱咐他将族谱重修刊印。成元翻阅族谱，得知祖先创业艰难，且得祖训，这对他日后的事业均有深刻的影响。

他考中举人后的第二年就修完族谱，成为村里甚有才学及德行的人。

他在《奉和十一世纪祖公原韵》一诗中，表露了他的志向：

细观族帙总神游，遥接宗灵天际头。

几篚诗书留颂读，一门仁义乐居由。

缵修真系磨金鉴，补辑残编集腋裘。

寄语后贤珍宝录，好教继述大贻谋。

黄成元具有传统的光宗耀祖的思想，想多读诗书，多为仁义之事，以名传青史。他很愿意为国效力，但官场并不顺利。赤湾是明、清新安八景之一，虽离南头的北头村不远，他也很少到那里去。有一次，他偶然随朋友来到赤湾，时已黄昏，他面对迷人的景色，触景生情，写了一首《赤湾晚眺》诗：

偶来闲步夕阳斜，拂袂新凉兴自奢。

宿树鸟窥潭底影，骑牛人隔陇头霞。

云归烟管遮山色，风拥湖桥走浪花。

尽听扣舷渔歌歇，满滩明月晒银沙。

诗中的迷蒙景色，甚至"渔歌歇"的扫兴场景，表现出诗人仕途维艰，只落得个冷清清的"满滩明月晒银沙"的凄凉情怀。

乾隆四十六年（1781 年），中举 16 年后，黄成元方被试用为湖南东安县令。上任之后，由于廉明勤政，附近州县，传为佳话。乾隆四十八年（1783 年）秋，黄成元调任益阳县令。他常抽空微服出行，城邑村落无不察访，风雪不避。

他发现当地经常有人宰杀耕牛谋利，而破坏生产，便擒捉为首者正法，对群众晓之以理。此后再也没有故意杀害耕牛的事发生。他平常听理诉讼，自晨至夜全无倦意，事无大小，全部当众裁决，从来不搞严刑逼供那一套，而且从来没有徇情枉法。

当地有个叫"枫林"的地方，来人告知有个盗贼因拒捕被杀。成元心想，尚无结案就已丧命，其中也许有蹊跷。于是，他亲自前往细察，用了五昼夜查出真凶，将当事者正法。人们都称赞是"包孝肃（包公）再世"。

黄成元知道要转移风俗，扶持人心，就要重视教育。他访得兰溪旧有乡学，因日久坍塌，于是倡捐修复，士民纷纷响应。

他在益阳不久，但为百姓办了不少好事。第二年春，成元改任辰溪县令，士民都伏于道上，请总制舒大人不要把他调走，当舒大人当众表彰黄成元政绩时，士民都很高兴，以为成元会继续留任。但当得知希望落空，乡士大夫男女老幼都纷纷泪下，在送别时攀辕挽留者数以万计。

为了怀念他，益阳县民事后勒石纪念，碑额上书："敕授文林郎邑侯竹楼黄明府去思碑记"，并刻诗赞颂："于赫我侯，清慎勤敏。其直如绳，其平如准。君子得道，小人得欲。无小无大，靡诅而祝。我侯来兮，我安寝处。我侯去矣，我则何怙。召伯之棠，莱公之竹。寿诸贞珉，勿推勿仆。"

黄成元调任辰溪县令四载，呕心沥血，励精图治，得到了郡守钱泮、布政使承恩的看重，称黄成元为"阖楚仅见"。

乾隆五十二年（1787年），黄成元积劳成疾病逝。送灵柩回故里之日，百姓有哭送达百余里者。

113

▶ 义海侠盗张保仔 ◀

张保仔原名张保，新安县人，广东沿海著名海盗，到现在仍为人所熟悉。

父亲张义，以捕鱼为生，因反抗清水师勒索，船被击毁，全家失散。张保仔靠渔民抚养，少时习武艺，操渔业。他15岁那年随众出海捕鱼，被大海盗郑一掳去。郑一见张保仔聪明机警，收留他在身边。这样，张保仔就被迫"落水"，成为海盗，后来当了小头目。

后来，郑一遇到台风落水溺死。死后，其妻石氏被属下拥立为首领。当时女性地位低，为巩固自己的势力，郑一嫂用张保仔为助手。后来张保因和郑一嫂结为夫妇，从此红旗派所有领导权遂交由张保承继。

张保仔做了船长，早期称霸珠江三角洲，曾经一次击沉葡萄牙海军18艘舰船。由于张保仔处事有度、有道，因而深得众人拥戴，队伍迅速发展壮大，全盛时期共拥有大船 800 艘、小船过千，徒众数万，活动于珠江出海口香港的大屿山一带，专劫官船、粮船和洋船，以获得粮食、装备和武器。他更以香港为根据地，开荒生产，标榜自己为"第二郑成功"。他还常与海外华侨往来，使当时荒凉的香港岛兴旺起来，居民达 20 多万。

据说，张保仔有一次在南海与葡萄牙船队冲突，全歼葡队，发现葡舰上的财物全是袭击掳掠中国客船得来。张保仔十分愤慨，于是常集结大队，袭击侵犯我国领海的葡、西、荷、英等国船舰，使殖民者提起张保仔都心惊。

嘉庆十四年（1809 年）九月十七日，张保仔掳获英国东印度公司商船，因船主索赎，得款万元及鸦片烟土两箱、火药两箱等，因而被清政府联合英、葡帝国主义者不断围攻。

后来，两广总督张百龄上任后，改变策略，立"禁绝岸奸策"，尽改粤粮水道为陆运；硝磺各厂改商营为官办；并加紧巡哨，遇"盗"船则炮轰，断绝张保仔的粮食、弹药供给。张百龄派口辩能言的张飞鸿向张保仔劝降，张飞鸿鼓起如簧之舌进行游说，勉张保仔以"大义"，归附清廷。

嘉庆十五年（1810 年）四月，张保仔被迫向清政府投降。张保仔决定出降时，内部分歧，反对投降的队伍相当庞大，骂他中途变节，是叛逆。张出降后，留在香港尚有六七万人，大小船只千余艘，不肯归附。而张保仔又引官兵到处进剿其他海盗，他们走投无路，纷纷扬帆奔向菲律宾、北婆罗洲、马来亚等地。

根据招安条件，清政府封张保仔为三品武官，派驻澎湖剿灭海盗。

张保仔投降后，幻想效法作国家的"栋梁"、"柱石"，先在七星洋歼灭黄旗帮海盗 200 多人，又在放鸡洋大破青旗帮船舰数十艘，更于儋州鏖战蓝旗帮，擒获其首领麦有金。张保仔因此升官晋爵，由千总衔擢升守备，又从顺德营都司，调任澎湖协等职。但因为他结怨太多，处处受排挤，最后怏怏而死。

纵观张保仔一生，有为盗之名，无为盗之实。"张保仔之性，不喜劫其乡人。是以往来香港、澳门各处，专劫欧人商船，夺其军火。"

从张保仔的"立法三章"看，就可以看见这帮"海盗"的性质。其法一曰，私上岸者，初犯割耳，再犯死刑；二曰，所得八成归公，二成作奖；擅取公物，死刑；三曰奸淫妇女者死刑。纪律如此森严，又是专门劫掠官船、洋船的举动，充满民族大义。他与其说是"海洋大盗"，毋宁说是"海上英雄"！（引自《南洋华侨通史》）张保仔被清政府授命封为三品武官后，全家到澎湖定居，育有一子张玉麟及一女。

张保仔为何沦为"海盗"，在他的降文中，有一段非常精彩的述说："今蚁等生逢盛世，本乃良民。或因结交不慎，而陷入迷途；或因俯养无资，而充投逆旅；或因贸易而被掳江湖；或因负罪而潜身泽国。其始不过三五成群，其后遂至盈千上万。加以年荒岁歉，民不聊生。于是日积月累，愈出愈奇。非劫夺无以谋生，不抗师无以保命……"

香港有许多与张保仔有关的遗迹，在长洲、塔门、南丫岛和春坎角都有张保仔藏金的传说，最为人所知的是长洲的张保仔洞。不过有人认为：张保仔洞极其狭窄，无法埋藏宝物，所以，张保仔洞可能只是躲避清兵追捕或放火药的地方。

此外，据许地山教授考查，现今香港岛的西营盘是当年张保仔营寨的旧名。在港岛歌赋山山腰，有张保仔旧时据守海岛、以青砖和蛮石镶砌而成的堑壕遗迹，而且相传今日荷李活道的文武庙，也是张保仔修建的。

▶ 舒懋官重修《新安县志》 ◀

据靖安县志记载：舒懋官，字长德，号萸房，靖安县西外太史第人，其父麟祥，靖安县木门楼（《白香词谱》的编纂者舒梦兰的出生地）人，是当地著名学者。舒懋官受其影响，学业颇有造诣。

清乾隆五十八年（1793年）舒懋官考中进士，嘉庆五年（1800年）开始，先后任广东英德、丰顺、新安、香山等县知县。英德任内，舒懋官将母亲接到身边抚养，嘉庆九年（1804年），母亲辞世，舒懋官辞去官职。壬申（1812 年）起，舒懋官复再选广东丰顺县。

典籍中记载，他"莅英五稔，士民爱戴如父母。扶榇归日，沿路板车祭送，有追至韶关者。归里宦囊如洗，车老父依然负米为养。修宗祠族谱一年，聘主婺源紫阳书院，四阅寒暑。婺固文物渊薮，佳士信从，类多通显，现任部郎俞君诵芬，亦一高足也。"

据史料记载：舒懋官任新安知县期间，注意考察名胜古迹、风俗人情，他发现康熙初年靳文谟所修的旧志，已不能反映新安当时的情况，需要修改补充，便决心编纂新志。

为了核实资料，他多次利用下乡处理公务的机会，"驾帆于鲸波骇浪中，危险莫测。查踏内外洋界址，海境了然于胸"、"暇则亲履四境、延访故老"，重新勘测伶仃洋航路。由于他在几年的任期内进行了反复调查研究，搜集了大量的资料，所以"修新安县志，考订绘图较若列眉"。

嘉庆二十四年二月（1819 年 3 月），舒懋官的好友王崇熙到广东游玩，便被延请主编《新安县志》，两人"相与考订润色"。当时的两广总督是阮芸台，亲自写序。

经过 3 个月的努力，这部 24 卷 18 万余字的史志终于杀青付梓。该志分门详细，取材严谨，史料确切，文字优美。清代著名学者、史志大家阮元认为，此志可与唐代史志巨著《元和郡县志》媲美。

重修《新安县志》的目录是：卷一沿革志，卷二、卷三舆地略，卷四山水略，卷五、卷六职官志，卷七建置略，卷八至十一经政略，卷十二海防略，卷十三防省志，卷十四宦绩略，卷十五至十七选举表，卷十八胜迹略，卷十九至二十一人物志，卷二十二至二十四艺文志，此外还有卷首训典。舆图方面，有县治四至图及沿岸岛屿海防形势图，县署及孔庙文武庙平面图。

书中还有新安八景图，是陈棠绘的。八景是：赤湾胜概，梧岭天池，杯渡禅踪，参山乔木，庐山桃李，玉勒汤湖，鳌洋甘瀑和龙穴楼台。

2004 年，香港地方志座谈会在香港岭南大学举行。会议主要就如何编修香港地方志及其对香港未来发展的作用问题进行了商讨。有人指出，目前在全国范围内（包括台湾省），仅香港和澳门尚未着手修志工作。香

嘉慶巳邜鐫

新安縣志

鳳司書院藏板

117

[清·嘉庆] 舒懋官、王崇熙等编 《新安县志重印本》封面书影

118

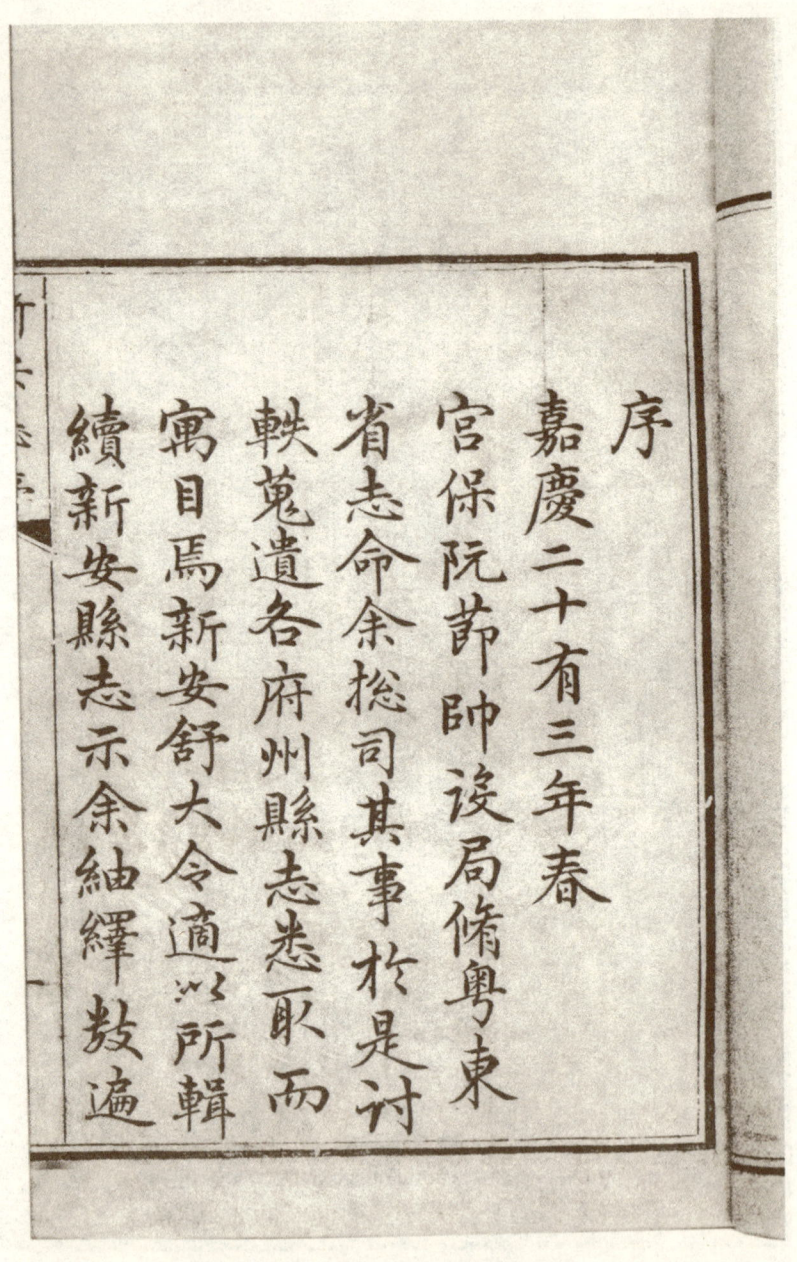

序

嘉慶二十有三年春
宮保阮節帥設局修粵東
省志命余總司其事於是討
軼蒐遺各府州縣志悉取而
寓目焉新安舒大令適以所輯
續新安縣志示余紬繹鼓遍

［清·嘉庆］舒懋官、王崇熙等编　《新安县志初刻本·卢元伟序》首页书影

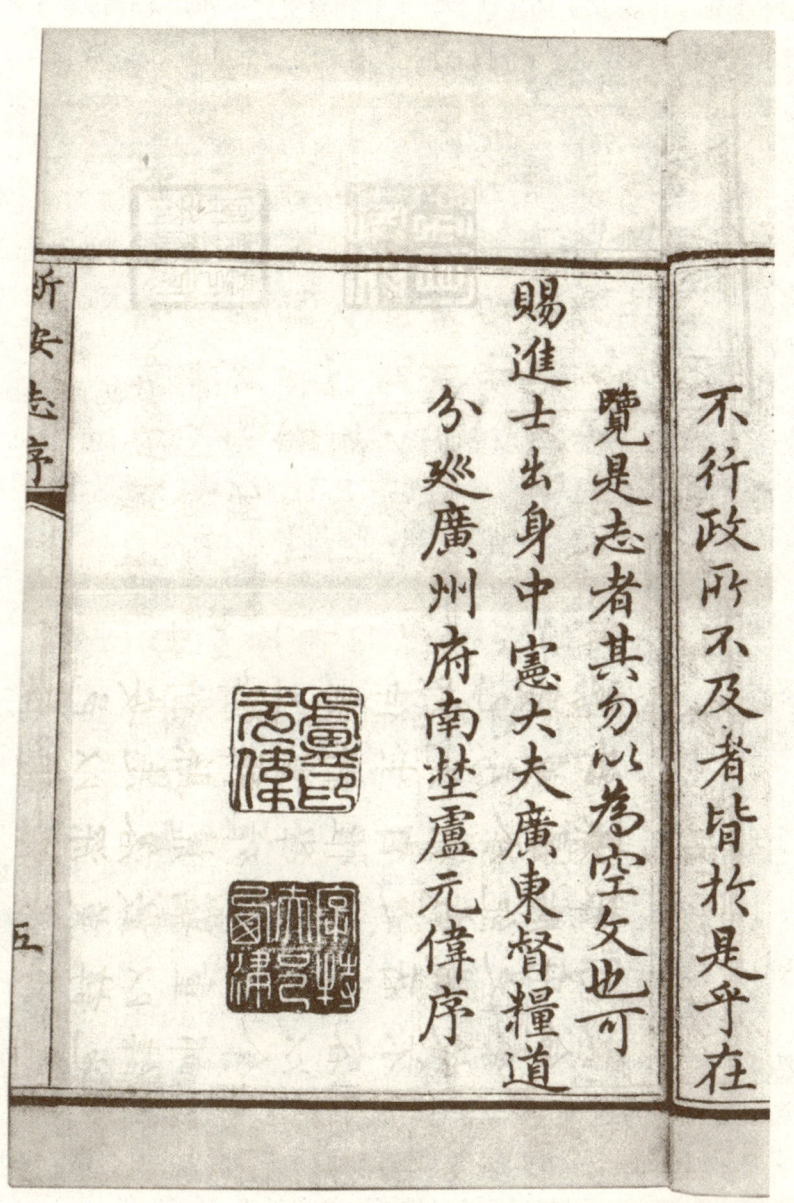

119

[清·嘉庆] 舒懋官、王崇熙等编　《新安县志初刻本·卢元伟序》尾页书影

港在清朝属广州府新安县管辖。涉及香港的地方志，目前仅有清朝康熙二十七年（1688年）的《新安县志》和嘉庆二十四年（1819年）由舒懋官主修的《新安县志》两种。有关香港古代史的知识，大多来自以上两部志书。

舒懋官不仅修巨著流芳千古，而且为官清正廉直，秉公执法，重调查，善疏导，清积案，平冤狱，深得民众爱戴。他在广东从政10多年，《新安县志》书成后，他觉得书已成功，于是辞官归乡："惟臣精已竭，愧无以报知遇。老父春秋高，乡思日切，决求引退，章再上而始得请遂初已赋，从者无荣进之思矣。"

舒懋官回到故乡后赡养老父，提携后进。"甲申终父养，力营窀穸，克遂二亲同穴之愿。"他文笔流畅，诗文俱佳，著作集有《道泉山房诗文遗稿》。辞官归里后，他曾受聘主修道光五年版《靖安县志》，主持修建靖安东外霁峰塔（即东门山宝塔）和县北河堤，并出资襄助。

120

▶ 摸夜将军刘起龙 ◀

刘起龙，字振兴，号云齐，大鹏所城人，在抗击倭寇保卫海防的"前后十八战"中，屡建奇功，清道光六年（1826年）升为福建水师提督，后因战功显赫，得以觐见道光皇帝。

刘起龙的个人品德是非常高的。当时大鹏所城出了十几位将军，经常要回来省亲。他们来的时候，当地的官员为了要拍拍马屁之类的，所以就夹道欢迎，每家老百姓必须张灯结彩。

然而，刘起龙经常摸着黑半夜悄悄地回来。意思就是，你们别那么劳民伤财迎接我了。结果，后来他得了个美誉叫"摸夜将军"。

有一次他"摸夜"的过程中，翻过城墙被一个士兵发现了，就把他们给扣住了。那个士兵没见过刘起龙，以为是小偷，就给关到所里待了半宿，第二天还带到督府那去了。

这个督府大人见到刘起龙将军，马上下跪。刘起龙回到家，又让人带话给督府大人说："你把那个小兵叫来。"那个兵丁来了以后，刘起龙赏了他 12 两纹银，表彰他忠于职守。

道光十年（1830 年），刘起龙于巡洋时去世，被赐封振威将军。

今天仍然遗留下来的刘起龙将军第，大约建于清道光六年（1826年），是典型的府第式四合院建筑群，长 30 米，宽 17 米，计建筑面积 510 平方米，门首横额匾题"将军第"三个楷书。将军第平面布局为侧门内进，当心间为住宅，二进三间，二厅一天井六厢房。左为后院，内有前后厢房四个，天井一个。前有长廊，当心间与后院有门相通，地面铺砖。墙石脚青砖结构，木架梁、石柱础。屋顶结构为硬山顶，中有灰脊，檐板雕刻花鸟草木、人物故事等题材画。

另外，在今天的大鹏所城的街心，有一口红花老井。红花老井原叫将军井，是刘起龙将军在大旱之年替家乡人开的。在这海滨所城打井，不是一件容易的事，近海处打井会打出咸水，山边打工程太大。刘起龙凭他的阅历与识见，分析地下水脉，当街打井，一举成功。

▶ 赖恩爵将军 ◀

赖氏的源流，出于黄帝轩辕二十九代，至颖公为周武王弟，封赖国，后其子孙以国为氏，战国后姓氏合一，遂以赖为姓。

随着朝代时局的变迁，赖氏从河南迁入江西、福建，又进入广东。明朝时，赖以厚从陆丰迁入归善县淡水碧甲司鹤山乡，后来在荣丰围立村。而鹏城的赖氏，就是鹤山乡赖姓的一个分支。清朝乾隆年间，赖吾彪从广东紫金迁居鹏城，成为深圳赖氏的始祖。

今天古鹏城赖氏后人最津津乐道的，是"三代五将"的先祖创下的显赫战功，以致当时有"宋代杨家将，清代赖家帮"的美誉。而赖家将领中最著名的，就是振威将军赖恩爵。

赖恩爵（1795～1848），字简廷，新安县大鹏城（即现在深圳市龙岗区大鹏镇）人，是深圳历史上最为有名的将军之一。

位于大鹏所城内的赖恩爵振威将军第，祖堂上高挂"颍川堂"，参照赖氏族谱表明，赖恩爵与所有客家人一样，都是从河南古颍川郡（赖氏祖墓位于今河南息县）经江西、福建进入广东。

赖恩爵祖籍广东紫金县（属客家人聚居地），清乾隆年间，高祖赖吾彪兄弟三人出外谋生，时正值新安县复界，大量的客家人涌进新安县，赖吾彪随着复界移民大潮，迁徙至新安县（今深港地区）大鹏所城，以竹篾手工艺为生。后娶城外乌涌郑氏为妻，至孙赖世超（赖恩爵祖父）投笔从戎，官至广东琼州镇总兵官，封武功将军，赖恩爵为赖世超长孙。

赖恩爵出生于军官世家，祖父官至二品都尉，父亲赖英扬任浙江定海总兵。他少年随父从军。在广东信江当兵。连升把总、千总、守备、都司、游击。18岁任门营参将军，为清道光一代最年轻的战将。

道光十九年（1839年）春夏之交，赖恩爵奉钦差大臣林则徐之命，率领三只水师船，巡查阻止英军贩运鸦片进来，中午时分与五艘英国军舰相遇。正在双方派士兵传话时，英舰突然不宣而战，向我方开炮。

赖恩爵立即指挥三船和九龙炮台还击，双方持续战斗了将近五个小时，大鹏营牺牲了两名兵丁，两名重伤，四名轻伤，却击毙英军十多人，并击沉其双桅舰一艘，取得以少胜多，以弱胜强的战绩。这就是史称中英九龙海战。

1839年农历9月，英军船舰前来香港挑衅。林则徐召众将商议，准备应战。众将见英国军舰又大又坚固，枪炮又利害，都不敢请战，只有赖恩爵奋勇请战，并向林则徐立下军令状，誓死抗英。

赖恩爵足智多谋，又善于选择战机。他下令征用一批民船武装起来，使我方船只达500多艘。在每个船两旁排立稻草人进行伪装，装上一口铁炮，配两个炮手，十个兵，准备出战。适遇接连三天大雾，看不清是人是物，赖恩爵亲自率军出战。闪电般把英军包围起来，百炮齐发，打得英军晕头转向，击沉英舰一艘，击死 30 多人，击伤无数，把英军主帅的胳膊也打断了。

同年 9 月和 11 月，中英之间又爆发了穿鼻之战和官涌之战。赖恩爵奉广东水师提督关天培之命，带兵移守大屿官涌炮台，分兵五路于尖沙咀截击英军。经过 10 天的 6 次战斗，击沉英舰两艘，英军被逐出尖沙咀海面，取得了中英穿鼻海战的胜利。

赖恩爵也因此战得到了道光皇帝的嘉奖，被赐予"呼尔察图巴图鲁"（勇士）称号，晋升副将（从二品）。

1840 年 10 月，清廷免去林则徐职务后，英军又猖狂起来，再向虎门进攻，守将关天培以身殉国。不久，赖恩爵接替防守不力的原水师提督吴建勋，任广东水师提督、正一品。皇帝连下三道圣旨，召他进京做官，他三次上表辞谢。

1844 年，赖恩爵开始在大鹏所城修建他的府第——赖府。四周高筑围墙，场地宽敞，规模宏大，三进四合大院，雕梁画栋，金碧辉煌。大门上悬挂着道光皇帝御笔赐匾额"振威将军第"，大门左右两旁，贴上道光皇帝赐的对联"秀一鹏山开泰运；重班凤阙迓鸿麻"。

1848 年，赖恩爵病逝，终年 53 岁。他在逝世前，叫五个孙子到他的床前，留下遗愿"希望有朝一日，收回香港岛"。

148 年后的 1997 年 6 月 21 日，散居世界各国的百多位赖氏后人，纷纷回到大鹏古城。在赖恩爵将军第，悬挂了一幅红色纪念碑，上写"还我祖愿"。9 天之后、香港回归祖国怀抱。

▶ 游击将军潘耀扬 ◀

深圳潘氏的历史，从南宋末年至今有好几百年。明洪武初年，潘宏子的第三个儿子潘礼智考虑到家族人口逐渐增多，于是举家从怀德迁居深圳万丰村一带，成为现在万丰村潘氏一世祖。

潘耀扬，小名耀孚，新安县万家萌（今沙井镇万丰村）人，道光十四年（1834年）出生。他的父亲潘济清在墟市里替商家担盐为业，后来在万家萌开了一个绞蔗糖寮，家道渐殷。

当时，有一个年近30岁的女子流落到万家萌东坑岗，帮人种番薯。潘济清娶她为妾，一年后生下耀扬。潘耀扬天资聪颖，习文勤奋，习武刻苦，用150斤重的大刀练功。1850年，年仅16岁的潘耀扬考中了武秀才。

1851年，太平军起事，北王韦昌辉的族弟韦昌邦盘踞惠州城，蜕变为匪，横行珠川，百姓怨声载道。清廷任命潘耀扬为"农民节烈军"先锋，到惠州剿灭韦昌邦。潘耀扬英勇善战，获"旨赏戴蓝翎"顶戴，擢升为三品游击将军，咸丰皇帝还赐他"将军第"御笔匾额。

同治元年（1862年），曾国藩的湘军分出两路大军直逼两广和琼崖，潘耀扬受命率兵出击琼州顽匪——诨号"南海魔王"的邝金龙。邝金龙打着"太平军"的旗号，流窜海上，把鸦片运往广州、惠州、大鹏等地，从中获取暴利。他将周边四股土匪收编，在琼崖（即海南岛）为非作歹。

潘耀扬接到命令后，在万家萌征集百余名习武后生加入清军，高举"保国安民"旗帜，率上万人马渡过琼州海峡。

时值盛夏，潘耀扬决定火攻制胜，命令侄子潘齐育率200精兵，杀向邝匪的水源——山腰松林深处的一口"龙潭"，用炸药炸塌悬崖，巨石顷刻滚落填满深水"龙潭"。邝金龙见水源被毁，直奔野牛湾海港，被逼至绝路跳崖，摔死于龙潭的乱石之中。

潘耀扬和潘齐育因剿匪有功，分别被任命为琼崖统领、统带。上任还没半年，数百土著山民在邝金龙的余党区健雄和土匪骆孝斋唆使下，围困潘耀扬。后来多亏琼山富户黎鸿才舍万金之巨，方得解围。黎鸿才赏识潘耀扬为人之品格与英武，将爱女许配给他。

不久，潘耀扬出师进剿盘踞惠州的山寇温飞虎的"飞虎军"。他来到惠州鹅岭与金盆湖之间，与温飞虎顽匪相遇。由于征途疲惫，又乏后援，一时被温飞虎困于两湖之间的黑石山上，陷于绝境。

潘耀扬率500壮士退至山头最高处，绝望中见一棵老树之下有七块花盆大小的黑石乌金发光，便跪下祈祷。温飞虎登上山头，三面包抄，结果被潘耀扬击败。后来，潘耀扬按照自己当日的誓言，将七块灵石运回家乡万家萌，置于大钟山，受村民及八方香客的膜拜。至今当地民间尚流传这样一首民谣：

金龙落龙潭，飞虎滚下山，

灵石镇邪魔，永世保民安。

同治五年（1866 年），潘齐育被授予"旨赏戴蓝翎"顶戴。慈禧太后风闻潘耀扬乃"金丝猫"降世，降旨宣他上京任殿前侍卫。潘耀扬报称慈母病逝，丁忧在家，没有进京，而是归隐故里。

后来，潘耀扬在福永海边筑海堤围田，开辟"仁信围"，开围海造田之先河，开垦农田数百亩，发展生产，造福桑梓。他在新桥、凤凰等处购买山岭，广种荔枝、龙眼。他派家人到省城广州去开火药厂，赚了大钱。后来看到风头不对，叫家人将厂关闭，从省城运回十几袋白银，放置在"静山书室"，把半壁墙都照亮了。据说这些白银装了 12 瓮埋到地下，至今未被发现。

至今，万丰村仁爱里南还保留一座二进的"将军第"旧宅。当年潘耀扬修建的"将军第"是一座有大包院的大宅，占地近 1000 平方米。人称为"大厅"，即大宅院。"大厅"正门为二层高牌楼，颇有气势，被称为"衙门"。门额上悬挂咸丰皇帝亲笔题写的"将军第"匾额，长两米多，高一米，柚木质地。牌楼上，还有作警戒用的"望风窗口"。

每天深夜，村中民团的巡兵走到"衙门"牌楼前，习惯干咳两声。潘耀扬安排好的厨子，就从窗口吊下饭菜给巡兵吃。"大厅"分前院，后院。前院是屋宇，坐西向东，分南、北、中三行。

中为"静山书室"，此室之命名是为纪念潘耀扬的父亲。此宅为三进，有正厅，壁挂潘耀扬戎装巨幅照片，为迎接宾客而设，内有琴房、书库，广藏图书。"静山书室"南侧挖有一口水井，井旁植一棵梧桐树。"大厅"的南、北两侧是住宅。

此外，潘耀扬雅好赏曲听戏，一年四季招戏班到万家萌演唱，并专门建有一座二层楼阁，也就是当地著名的"八音楼"。"八音楼"台前是一块空地，置一条条又粗又长的圆木，供听众看戏时就座。

前院南边，除住宅房屋外，有一排马房，据传潘耀扬派"兵"到云南等地去采购，运回的红色麻石作建屋筑基用，美观、坚牢。"大厅"的后院是花圃果园，种植名贵花卉。"大厅"有翅廊，从前院延伸到后院。

潘耀扬逝世于1898年，享年64岁。他为纪念生母，生前嘱咐家人死后安葬在"东坑岗"，因为当年母亲就是流落在这里种番薯的。

▶ 词人江逢辰 ◀

　　遁迹江村学隐沦，杯盘且醉草堂春。

　　门无过辙知因拙，家有藏书不算贫。

　　拔剑王郎歌斫地，耽诗杜老句惊人。

　　年才弱冠忧天下，潜为长沙泪满巾。

这首广为流传的诗名为《纵笔》，作者为诗人江逢辰。他作此诗时刚19岁。

最初，人们以为江逢辰是惠州归善县人，然而在深圳步涌江氏大宗祠不足十米处，却立着他的进士旗杆石。旗杆石用一块条石制成，顶上雕刻成鼓形，正面刻着"光绪十八年壬辰科进士户部主事江逢辰立"的字样。这充分说明，他的祖籍是新安县大步涌（今沙井步涌社区）。

江逢辰，字雨人，又字孝通，号密庵、密盦。他自幼聪颖好学，就学于丰湖书院、广雅书院。广雅书院山长梁鼎芬对他颇为欣赏，赠联中称赞说："行尽江山见此才"，并且给他改了个名字"孝通"。受梁鼎芬举荐，他又受到清末名臣张之洞赏识，与梁鼎芬同为张的幕僚，曾任教于湖北尊经书院。光绪十一年（1885年）中举，光绪十八年（1892年）中进士，任户部主事。

八国联军进京，慈禧、光绪帝西逃，达官贵人也各自逃窜，唯有江逢辰，岿然不动，为国忧愤，以致咯血。最后，他被迫离开北京时，朋友写了《送江孝通归里》二首诗相赠，诗里有"忧愤终何补，倾危势已深"和"未应从屈、贾，歌哭损天民"的诗句，表达了对祖国前途和友人命运的关切之情。

光绪二十一年（1895年），他任会试弥封官，掌管粤册，有人送3000元求为通风报信，江逢辰以"缘是益贫"婉言谢绝，不为金钱动心。

江逢辰还是出名的孝子。他曾遵照母亲的要求，与地方当局和外国教会据理力争，避免纪念北宋著名文学家苏东坡的苏祠成为教会学校。当得知母亲生了重病，他即刻向朝廷请假回乡，日日夜夜服侍在母亲病榻旁，"号泣露祷，形神俱瘁"。母亲死后，他更加悲哀，以致"疏食益颓，冬不裘、夏不帐、哭无时、夜不睡"，最终去世。

江逢辰去世时年仅41岁，葬在惠州鳄湖边的紫薇山上。人们都为他的孝心和孝行而感动，1915年，南海人梁志文等在惠州西湖西面的丰渚建了一座孝子亭来纪念他，就是现在的荷花亭。

江逢辰工书，书学北魏，尤工篆隶。现桥东桃子园尚存他的篆体书刻；主讲赤溪书院，在附近"危崖绝壁大书深刻，字径二尺余，奇险峻劲，见者骇绝"。他还善画山水、花卉。

江逢辰精于诗词，文词瑰丽，吸收和综合了李白、杜甫、韩愈、苏轼等名家诗词的精华，又自出新意，著有《孝通诗集》、《孤桐词》和《华鬘词》。他诗词文作甚多，每到一处，多有诗词题识，抒发忧国愤俗之情，赞美河山景物之美，甚至于平凡百姓日常生活也入其诗，充满了民间生活气息。清末大词人王鹏运称其词"于宋人白石、碧山为近"，江也自题其宅为"追白揖碧之居"。

江逢辰十分敬仰宋代文豪苏东坡，在惠州专门去白鹤峰寻访苏轼旧居。他写的"一自坡公谪南海，天下不敢小惠州"，更成为歌颂惠州的名句。

▶ 华侨义士钟水养 ◀

钟水养，中国民主革命的先驱。是南宋镇蛮大将军钟天柱第二十三世孙。

钟水养字国柱，广东新安县龙华乡横朗村人，早年到檀香山谋生，其间加入三合会。他与孙中山在美国旧金山相识并很快成为知己，长孙中山一岁，孙中山以兄称之。据称，孙中山早先加入洪门，就是由钟水养介绍的。

1898 年，钟水养和夫人潘氏从檀香山回乡。钟水养回乡后被推为洪门首领，前来"拜会"人员日众，于是联系博罗、归善（今属惠州，当时的大鹏、龙岗、横岗等今属深圳）、东莞的会党领袖，组织队伍，购置火炮、大刀、长矛，于当年夏天在龙华乡牛地埔村乌石岗率先起事，喊出了"反清灭洋"的口号。

得到钟水养在龙华乌岗起义的消息，驻守虎门的广东水师提督何长清带兵 1000 多人急赴龙华，与地主武装联合剿捕。钟水养率领会党与官兵展开激战。潘氏也参加战斗，突围时因体弱走不动，又不甘落入敌手，要求丈夫给她一枪。钟水养杀出重围，再经香港返回檀香山。

返回檀香山后，钟水养在华侨中进行反清宣传活动，支持国内的反清斗争。1900 年 6 月，孙中山亲自到香港部署起义事宜，决定向菲律宾独立军借军火，一批由陈少白押送至白石洲上岸，经车公庙至梅林交给钟水养；另一批由郑士良押送至三洲田。钟水养挑选出最精锐的 800 人马，随时准备听候孙中山的调遣。

这一年的中秋之夜，钟水养领兵攻陷清军南头城，并派先头部队乘胜赶赴三洲田（今惠州）配合起义。钟水养本人只带了陈奇、陈通（孙中山指派给义兄的贴身保镖）回横朗，准备收拾文件后赶到三洲田。

不料消息走漏，钟水养在横朗被 2000 清兵包围，钟水养本人虽然在陈奇、陈通的保护下通过羊台山的一条小路侥幸逃脱，但妻儿却没能逃出虎口，遭到了清兵的杀戮。

随后，三洲田起义也告失败，钟水养去了香港，孙中山则去了日本。起义失败更兼痛失妻儿，钟水养忧愤交加染上重病，于 1901 年去世。

▶ 革命豪杰江恭喜 ◀

在孙中山发动的反清运动中，江湖豪杰成了最初武装反抗的重要力量。在这个行列中，就有当时新安西部绿林的头号人物、新安三合会的首领之一、江湖上人称"盲公喜"的江恭喜。

江恭喜，又名公喜，深圳新安县大步涌（今沙井镇步涌村）人。

清末，广东农村的经济已露破产端倪，在贫困压力下，有的乡民背井离乡下南洋，有的干脆铤而走险，落草占山，成为绿林豪杰。江恭喜就是在被清廷悬红缉拿的情况下，打出了"劫富济贫"的旗号公开反抗。

1895 年乙未广州起义失败后，孙中山继续策划第二次反清武装起义。1899 年秋，郑士良奉孙中山之命来到三洲田，为起义进行宣传和组织工作，很快就与附近三合会党的首领黄耀庭、江恭喜等取得联系。

1900 年爆发了义和团运动，西方列强开始联合武装干涉，孙中山认为"事机已发，祸福之间不容发，万无可犹疑"，决定再次发动武装起义。他决定由郑士良督率黄福、黄耀庭、江恭喜等赴三洲田准备发动起义。

江恭喜时任中路统兵司令，率三千绿林聚集新安西路，拟接应义军，攻袭新安及虎门。但是，由于义军改路东向突围，江恭喜前功尽弃，只好就地解散部队，逃亡香港。

当时，香港成了革命党人逃避清政府镇压的避难所。杨衢云曾是香港辅仁文社领导人，1895 年加入香港兴中会，任会长，负责香港方面的军务和联络工作，是乙未广州起义和三洲田起义的重要人物。这引起某些势力嫉恨，因此派陈林等人前往香港执行暗杀活动。

江恭喜得知消息后，先赶到与其认识的陈林寓所，劝诫陈林放弃暗杀，但陈林置若罔闻。他又马不停蹄赶往杨衢云的英文学校报信。杨衢云听完江恭喜的话，镇定自若地说：人之死者，天命也。抑吾人行革命，亦久置死生于度外矣！昔李鸿章不尝有是举耶，何能为？

江恭喜再三相劝，也没动摇杨衢云继续留在香港的决心。当天下午，江恭喜便乘船前往泰国。

1901 年 1 月 10 日，陈林突然闯入英文学校，向正在上课的杨衢云开枪，杨中弹倒下，经抢救无效去世。

在南洋一带流亡期间，江恭喜继续宣传革命。武昌起义爆发后，江恭喜与邓荫南、卓凤康、何玉山等分头在新安组织起义。1913 年讨袁失败后，江恭喜被龙济光逮捕，后在龙济光离开广东后获释。

1918 年，江恭喜任职于粤军许崇智部，参加援闽之役。1920 年江恭喜参加粤军回师之役。1924 年，江恭喜追随孙中山北伐，不久就因积劳成疾解职归农。

▶ 刘铸伯的故事 ◀

在内地与香港的交往史上，曾有"刘铸伯的面，霍英东的钱"说法，这里的刘铸伯，名列龙岗历史名人首位，居赖恩爵、刘起龙等前面。

刘铸伯（1870～1926），又名刘金祥、刘鹤龄，男，1870 年生于平湖，平湖镇新南元屋围村人。

依据传说，刘铸伯原本并不姓刘，也不属于述昌围人氏。他的母亲伍氏是平湖伍屋围的女儿，出嫁到东莞县的大坪村，新婚不久，便喜孕刘铸伯。

但横祸飞来，丈夫竟意外身故。为了身上的这点骨血，伍氏回到了自己的娘家平湖伍屋围。然而按照当时的乡规习俗，伍氏带着遗腹子回来，村民们很不乐意。这样，在家中小住数日后，伍氏便被安顿到附近的述昌围，而述昌围的乡亲很大度地接纳了她。

1876年，刘铸伯到了该受教育的年龄。母亲带着他到了香港，靠做零活维持生计。天资聪颖的刘铸伯学业十分优异，先后就读于当时香港著名的"圣保罗书院"和专门招收中国学生的"中央书院"。

毕业后，成绩优秀的刘铸伯被已经出任香港天文台台长的原"圣保罗书院"校长聘为天文台翻译。有位姓潘的缉差头（高级警官）结识了刘铸伯，并将自己的女儿许配与他。由此，在天文台长的推荐和岳父的资助下，20岁的刘铸伯又前往英国牛津大学深造。自牛津毕业后，香港天文台台长已迁任中国烟台大学任校长之职，这样，刘铸伯又被推荐任烟大教授。

当时，国内及香港都发生严重水灾，刘铸伯带头发起募捐救灾，将募集到的十万龙洋寄给香港慈善会。

当时有一家原名香港药房的"屈臣氏"公司，力邀刘铸伯出任"屈臣氏"总长。他接手集团总长后，发扬光大公司精神，业绩上升很快。随后，刘铸伯又出任"大成公司"总理和澳门好几家公司的负责人，逐渐成为工商界名人，并三度出任香港中华总商会主席职务。在政界，刘铸伯是香港清净局局员，香港定例局局员（即现今立法局议员）；在慈善机构方面，曾被选为育才书社司理，东华医院总理。他的著述有《自治须知》、《西礼须知》、《社会主义平议》等书。

1910年，刘铸伯回到平湖，在旧墟以北两里处兴建平湖墟（即现在平湖镇的"守珍街"）。后在新墟市开办一间装机50多台的织布厂，并招收附近青年乡民当工人。同时，建造清奇坑花园式"守真园"别墅，修筑平湖火车站至"守真园"约两公里公路。

1916年，他又分别在平湖墟建造"纪劬劳"学校和"念妇贤"医院，为平湖的文化教育、医疗卫生建设做出了很大贡献，被人们誉称为"乐善乡贤"。为表彰刘铸伯热心公益的精神，中华民国总统黎元洪赠予其"乐善好施"的题匾，广东省督军陆荣廷、广东省省长朱庆澜、宝安县知事周德馨等也为之立碑褒表。

▶ 女中翘楚郑毓秀 ◀

　　她曾经是近代中国第一位获得博士学位的女律师、第一位省级女政务官、第一位地方法院女院长与审检两厅厅长和第一位女外交特使。她还参与起草了《中华民国民法典草案》，并将妇女婚姻自主权利第一次写进了法律条文之中……

　　这位开风气之先、集诸多"第一"于一身的女中翘楚，就是近代著名社会活动家郑毓秀。

　　郑毓秀 1891 年出生在新安县西乡镇屋下村。1903 年，12 岁的郑毓秀随母亲从广州经香港辗转至北京，入崇实女校学习。郑毓秀学习了中国语言、历史、地理、算术等方面的知识，增长了见识，开阔了眼界。1906年，郑毓秀随姐姐前往日本留学。在廖仲恺的介绍下，郑毓秀加入孙中山先生领导的同盟会。几年后，郑毓秀回国。在辛亥革命爆发后的一两个月，郑毓秀曾为革命党人秘密运送军火，传递情报，并两次参与革命党人组织的暗杀清廷要员的活动。

　　1914 年，郑毓秀远赴法国，化名苏梅（Soumay），进入索邦大学（法国巴黎大学的前身）攻读法学专业。经过 3 年学习，郑毓秀在 1917 年获得巴黎大学法学硕士学位，并继续攻读，于 1924 年取得了巴黎大学法学博士学位，成为首位获此殊荣的中国女子。

　　求学期间，郑毓秀加入了法国法律协会，成为该会第一位中国会员。她为人热情，风度优雅，且能说一口流利的法语，成为法国巴黎华人女性中的活跃人物。在法国大学成立中法协会时，她面对数千名听众发表演说，宣扬中国的文化和爱和平、重信义的传统美德，闻名巴黎。

　　1918 年，郑毓秀接受吴玉章主持的外交委员会委派，在法国进行民间外交活动，成为"民间外交大使"。次年 1 月，在法国巴黎凡尔赛宫召开

"巴黎和会"。郑毓秀被任命为巴黎和会中国代表团成员，担任联络和翻译工作。同时，她还是留法学生组织的重要领袖，发动留学生到中国代表团驻地游行、请愿。

1920年，应吴玉章的邀请，郑毓秀从法国回国。1925年，她被聘为北京女子师范大学校长。1926年，她与魏道明在上海法租界开设律师所，成为近代中国第一位女律师。同年，郑毓秀与魏道明结为伉俪。以后，郑毓秀积极参与一些重大的社会活动，成为家喻户晓的女律师、社会活动家。

大学教授杨杏佛在上海被捕，郑毓秀利用她的关系和方便，向法租界当局疏通辩护，使杨杏佛获得释放。1926年底，郑毓秀被任命为上海法政大学校长，该校原是孙中山先生为培植革命建设的法政人才所建。郑毓秀接任校长后，着手制订改进校务与扩展计划，除保持自由研究的优良学风外，并注重司法业务，以理论与实际结合。1928年，该校改名为私立上海法政学院。

此外，郑毓秀还曾担任多项重要职务。1927年，郑毓秀历任上海审判厅厅长、国民党上海市党部委员、江苏政治委员会委员、江苏地方检察厅厅长、上海临时法院院长等职。1928年11月，国民政府立法院成立，郑毓秀获任第一届立法委员，为最初的51名委员中仅有的两名女性之一，亦成为只有5位委员的"民法起草委员会"成员，她将妇女婚姻自主权利第一次写进了法律条文之中。

抗战期间，郑毓秀担任国民党教育部次长。魏道明因为郑毓秀与汪精卫、宋美龄、王宠惠等国民党要员的关系，屡获升迁，先后任南京市市长、驻美大使、台湾省主席等要职。1942年，魏道明接替胡适任驻美大使，郑毓秀成为大使夫人，协助丈夫开展外交工作，曾任美国援华会名誉主席。次年，郑毓秀陪同宋美龄访美，其表现赢得了罗斯福总统夫人的称赞："具有政治头脑，不同于历任中国大使夫人。"

魏道明出任台湾省主席期间，郑毓秀曾定居台湾。1948年，郑毓秀夫妇移居美国，脱离波谲云诡的政治中心。他们曾一度前往巴西，从事商业活动。但由于经营不善，外加人脉生疏，郑毓秀夫妇在巴西逗留数年后又复返美国，过着旅居生活。

此刻的郑氏夫妇想回台湾，蒋介石又"缓发"他们的通行证。1954年，郑毓秀被发现癌变症状，被迫切除左臂。1959年12月16日，郑毓秀因癌病逝于美国洛杉矶，终年68岁。

中国名城掌故丛书

◉ 深圳掌故
Shenzhen Zhanggu

名胜古迹

▶ 南头古城 ◀

在深圳南头半岛的腹地,有一座有着 600 年历史的古城池——南头古城。这座承载着丰富历史文化底蕴的古城,堪称是深圳历史的根。

南头,一直是粤东南地区的经济和军事重镇,也是深港澳地区的政治中心。汉武帝为攻打匈奴,开设盐税、铁税,当时珠江口的盐业比较发达,朝廷就在今天深圳的南头设立了一个番禺盐官收税,史称"东官"。这个职位是全国 28 处盐官之一,属于中央直辖,职位正三品。从这个时候,深圳地区就已经建立了重要的行政管理机构。

三国吴甘露元年(265 年),又在东官设立司盐都尉,建起了一座"垒城"。这便是深圳最早的城。

深圳真正的城市开端,应是东晋咸和六年(331 年)东官郡城和宝安县城的创建,其所在地就是南头古城。当时的东官郡辖六县,包括今潮汕、梅州、惠州、东莞、中山、珠海、港澳等广大地区。

明洪武二十九年(1396 年)南头古城为东莞守御千户所城,目前南头古城的样子是当时所建。万历元年(1573 年)开始,深圳和香港从当时的东莞县分离出来,单独设立新安县,县府所在地也是南头古城。

据测量,南头的城基是用黄泥沙土堆筑的,呈不规则的长方形,四周有壕沟围绕,整个城看上去就是一个莲花形状,反映了古人建城时的巧妙构思。

城址范围东西最长距离为 680 米,南北最宽处为 500 米。现南北城墙尚存基址,南城门保存完好。南门底宽 10 米,高 4 米半,城楼已毁。拱形城门上有一块长方形石块,上用小篆阴刻"宁南"二字。古朴雄伟的南头古城,是岭南古文化的宝贵遗存,它经历并记录着深圳地区的历史变迁。

古城南门右侧紧邻深南大道处是一座两进的关圣帝庙。庙内雕梁画栋，古朴威严；常年香火不断，可见人们对于关帝的敬慕之情。

由古城南门进入中山南街，首先进入眼帘的是右手边的接官厅，掩映在葱郁的树木之下，别有一番清幽。沿街一路行去，依次是陶朱公钱庄、新安烟馆、义利押当，烟馆与当铺紧邻，可见清末鸦片对人们生活的影响。

一路前行，就可以见到昔日的东莞会所，往日的故事似乎都被室内精美的木雕所隐藏。始建于清同治七年（1868年）、重修于光绪三十三年（1907年）的会所，是当年在此做生意的东莞籍商人商量生意、协商价格的聚会场所。

中山南街的尽头，即是当时的广州府新安县衙，当时的严肃与阴森早已荡然无存，留下的只是对历史的记忆。

紧挨着新安县衙的是坐落在中山东街的报德祠，这是一座保存较为完好的清代祀庙。该祠是一座二进两廊庑的土木建筑，屋脊两端灰塑云龙纹屋，檐板雕刻花鸟草木。

在祠内右廊庑的壁上镶着两块碑刻，其中一块是同治十年（1871年）立的《重修报德祠碑记》。碑中载："报德祠奉祀天后圣母，泊官斯土，凡有功于民者，列东西两室立碑位配享焉。"

《嘉庆新安县志》也记载："报德祠在县治前聚秀街中，祀天后，凡知县有功于民者，其禄位牌悉祀于此。乾隆四十二年重修"。从碑记的地方志记载可知，它的作用一是奉祀天后，二是为"有功于民"的官员等歌功颂德、树碑立传。

另一块碑是光绪三年（1877年）提督水师军门示谕新安、东莞两县商民、铺户、各乡渡艇人等，务须遵照安分守法贩运贸易的告示。可能是地方官吏感到走私漏税严重，故刻碑石于此。

沿中山东街一路直行，不久即可见到修竹掩映下的信国公文氏祠，"人生自古谁无死，留取丹心照汗青"，这两句诗正是信国公文天祥一生的真实写照，也是人们追忆他的最好的心情写照。中山东街尽头即是古城东门，上书控制南疆四个大字，可见当时南头古城的重要。

出东门北行，不远处即见一所小学。该小学所在地，原是意大利天主教育婴堂，建于1913年。育婴堂现基本保持原状，只是礼拜堂等建筑被

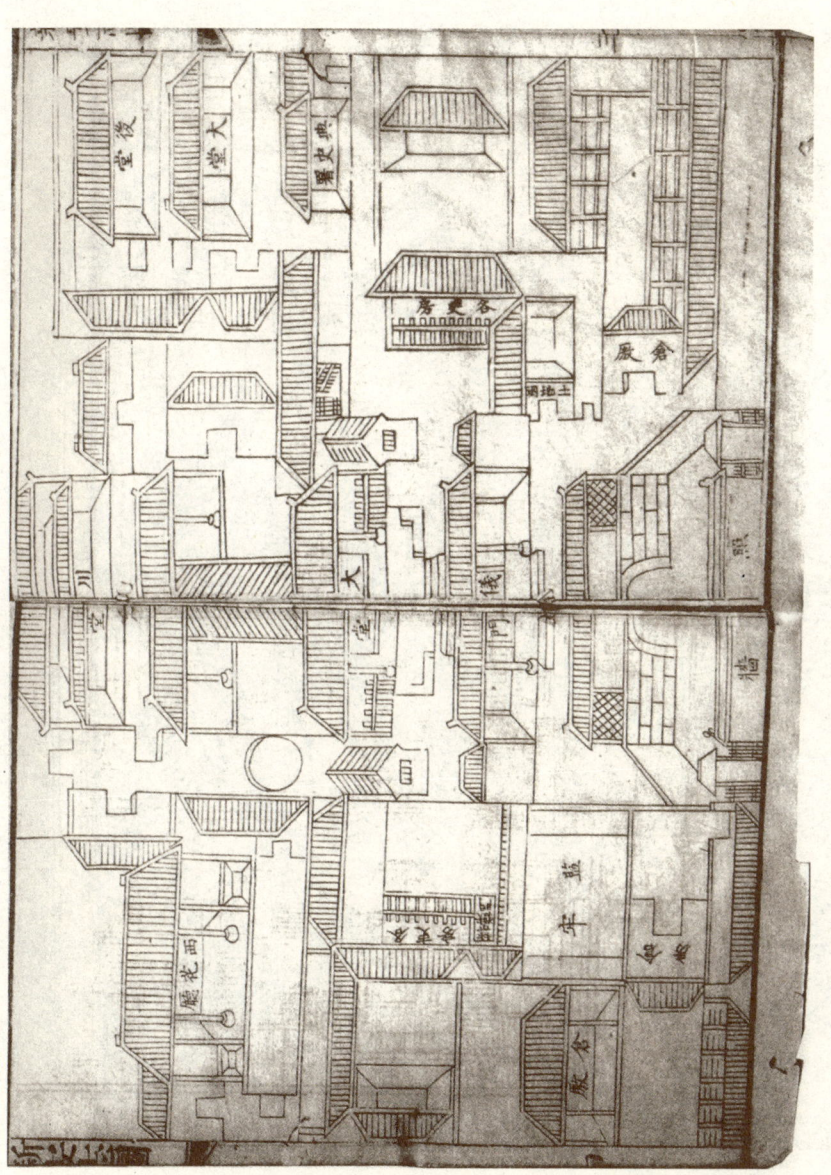

[清·嘉庆] 舒懋官、王崇熙等编 《新安县志重印本·县衙图》书影

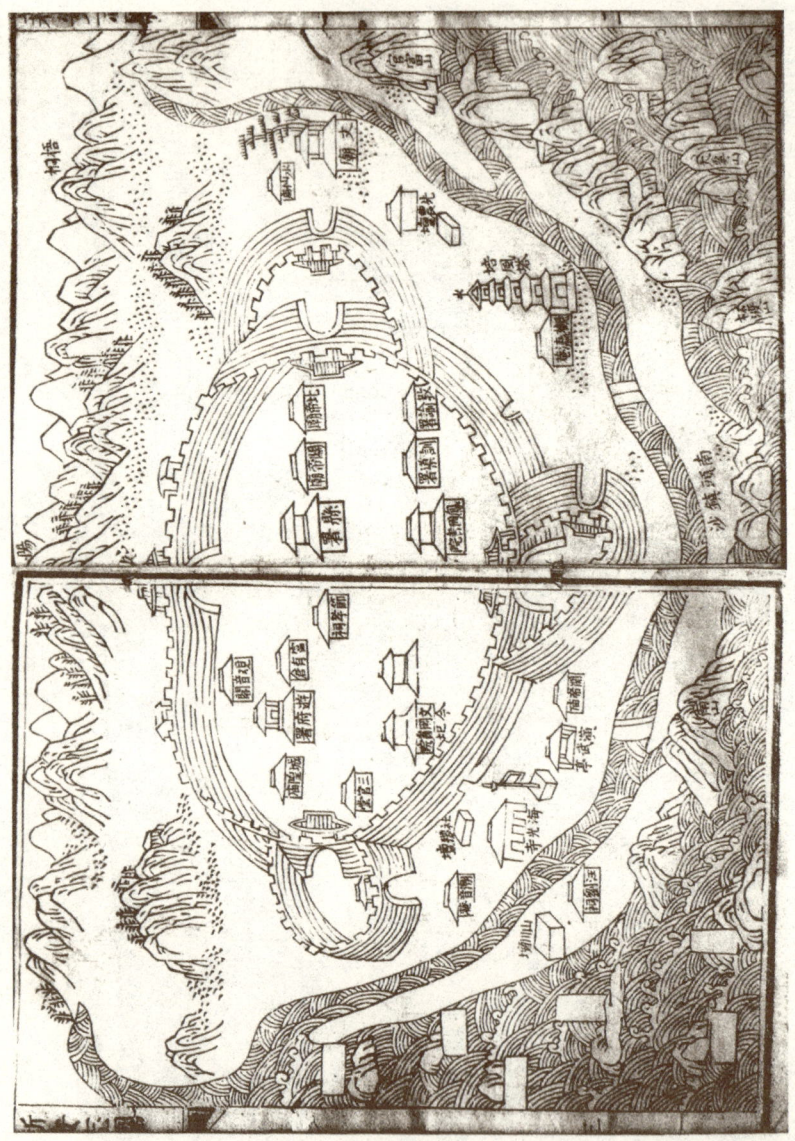

［清·嘉庆］舒懋官、王崇熙等编 《新安县志重印本·县城图》书影

改作教室。育婴堂一大门和一小门，现小门已堵塞。大门呈长方形，顶上两边有三条竖线花纹，两侧各一根圆柱。圆柱间有一拱门，其上有十字标志。大门里面是一条尖顶长廊，长廊两侧是花团锦簇的庭院。

值得一提的是两边庭院各有一棵十几米高的棕榈树，据说是建教堂时种的，至今仍枝叶繁茂。长廊尽头处便是教堂，它是一座红砖砌的凹字形建筑物，高两层，楼正门顶有十字标志，周围饰以花纹，两旁有壁龛的柱子，柱头是尖的。走进一楼正门，抬头便可见到一块大理石上刻着几行意大利文和中文，大意是招入育婴的小孩，要给予优惠待遇。

教学楼梯是硬杂木制成，一边为雕有花纹的栏杆。二层有过廊，西厢房是礼拜堂，可容百人左右。东厢房是教徒住宿及工作的地方。这里是西方天主教最早在深圳传教的地点。

南头古城是深圳历史的见证。漫步古城，犹如翻阅一部深圳历史的长卷，不禁使人浮想联翩。

141

▶ 大鹏所城 ◀

在深圳的东翼，有一条翩翩伸向大海的海湾——大鹏湾。大鹏湾内开阔、水深，岸线曲折。亚热带海洋性季风气候，使这里全年温和暖湿，夏长而不酷热，冬暖偶有阵寒。在山间和海滨零星分布着的宽谷小平原，风小浪轻，十分适宜人的生活。

在大鹏湾北岸，雄踞着中国18000多公里海岸线上保存最完整的明清海防城之一——大鹏所城。

"所城"是明代最基层的军事单位。明清时，在深圳地区建有两个所城，一个是南头的"东莞守御千户所"，一个就是现在的大鹏所城。大鹏所城始建于明洪武二十七年（1394年），全称为"大鹏守御千户所城"。深圳被称作"鹏城"即源于此。

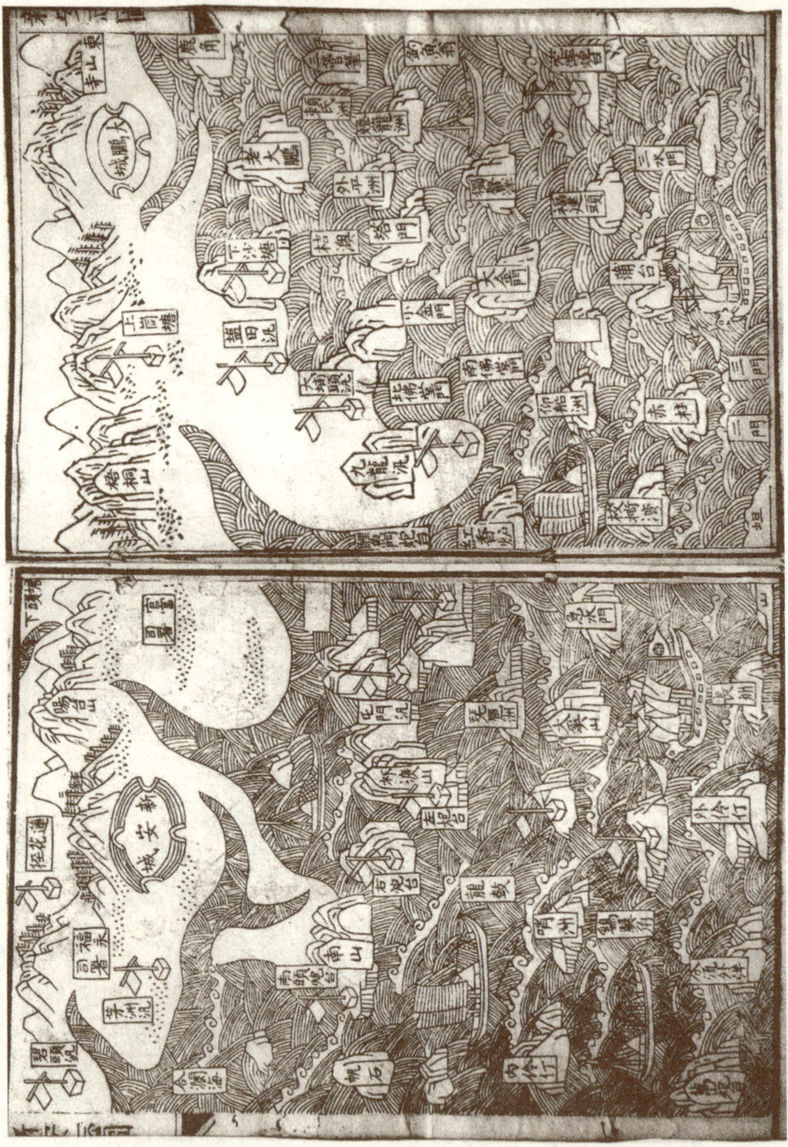

142

[清·嘉庆] 舒懋官、王崇熙等编 《新安县志重印本·海防图》书影

　　康熙《新安县志·地理志》记载，大鹏所城为"广州左卫千户张斌开筑，内外砌以砖石，沿海所城，大鹏为最"。大鹏所城平面呈近梯形布局，占地约 10 万平方米，城墙高 6 米、长 1200 米，上设雉堞 654 个，并辟有马道。全城分东、西、南、北四个城门（北门于明万历年间被堵塞），每个城门上建有一座敌楼，两边各设两个警铺。城外东、西、南三面，环绕着一条长 1200 米、宽 5 米、深 3 米的护城濠。

　　大鹏所城自建成以来，经历多次战火和风雨，也曾多次修葺：康熙十年（1671 年）八月二十一日，一场罕见的飓风袭击了大鹏城，毁坏了城楼四座，城角窝铺四间，雉堞 58 个。后来，知县李可成、大鹏营守备马玉成等捐助修复。康熙二十年以后，城里建筑日渐朽破，各任知县相继修补，但终因年深日久，"东、南、西、北四座城楼及城墙、马道、垛子日渐倾圮"。

　　自明初建城以来，大鹏所城一直守卫着深港地区的海防安全，多次抵御和抗击了葡萄牙、倭寇和英国殖民主义者的入侵，是明清时期反抗外侮、捍卫主权的主要海防堡垒之一。大鹏所城涌现出抗英名将赖恩爵、刘起龙和抗日勇士刘黑仔等一批爱国民族英雄，所城因此享有"将军村"的美誉。

　　清初，大鹏所原设防守千总一员，兵 300 名。顺治十三年（1656 年），新安县知县傅尔植奏请改设大鹏所防守营，官兵 500 名。康熙七年（1668 年）并大鹏所防守营入惠州协，归惠州协副将管辖，时该营官兵凡 400 名。康熙四十三年（1704 年）改大鹏所防守营为大鹏水师营，官兵 931 名，防所大炮共 168 位。

　　雍正四年（1726 年）裁游击，改设参将一员，添设外委千把总七员，改隶广东水陆提标统辖。

　　嘉庆十五年（1810 年）水陆区分，广东增设水师提督，驻虎门，设五营，大鹏为外海水师营，设参将一员，兵额 800 名。

　　道光十一年（1831 年）以该营所辖之洋面宽广，难于防卫，遂分设左右二营。左营即原大鹏营，兵额 505 名，右营驻东涌所城，兵 482 名。1839 年 9 月 4 日，由赖恩爵将军指挥并取得六战六胜的九龙系列海战，是中国近代抗击英殖民主义者入侵并取得辉煌胜利的第一仗。

道光二十年（1840年）以鸦片走私盛行及英人威胁日大，遂将大鹏营提升为协，增设副将一员，移驻九龙。咸丰十年（1860年）九龙地区转归英属，大鹏协所辖部分汛台位于英界内，故被废置。

同治八年（1869年）该协左营实存兵430名，右营实存兵320名。光绪二十四年（1898年）英人租界新界及离岛地区，该协所辖汛台全被裁撤。光绪二十五年（1899年），九龙寨城内清朝官兵被英军驱逐，该协两营也因而被裁。近百年来，大鹏所城没有驻军，成为一处民居。

虽然历经600多年的风雨沧桑，大鹏所城主要格局、街道及建筑至今保存相当完整。目前，体现城外观的部分城墙及东、南两城门保存完好，城内现存有赵公祠、天后庙、华光庙、侯王庙和十余座清代将军府第以及一批清代民居，其中尤以赖恩爵的"振威将军第"保存最为完整和突出，对研究中国古代建筑史、城镇规划建设史、明清民俗文化及岭南地区古建筑发展史等，均具有重要的价值。

此外，古城还保存了独特的民俗文化，是领南文化的重要组成部分。所城的语言"大鹏话"非常独特，是研究古代"军语"的"活化石"。

大鹏话初听是白话和客家话的混合体，在语音、语法、词汇、措辞等方面和广州话很接近，又有和客家话类似的地方。大鹏话至今还保留一种独特语调，当地人称"千音"。因为所城长期作为军营驻地的原因，来自北方的将士及家属和当地人在交往中，逐渐形成当时的"普通话"，也就是后来所谓"军语"。经过时代的变迁，就形成现在的大鹏话。

▶ 赤湾天后宫 ◀

在古代深圳及周边地区，崇祀最多的神明之一是天后，又称林夫人、灵惠夫人、天妃、妈娘、圣妃、妈祖等。民间以三月二十三日为天后诞，渔民视为一年中的大节，迎神出游，请亲戚朋友来吃饭等，平时出海也要到这里来烧香磕头。

据说，天后是开都巡检林惟悫的第六个女儿，名叫林默，福建莆田湄洲人。

林默的父亲林惟悫其时任都辽检之职，这个职位有点同现在的海关关长相似，专司闽海缉捕走私茶、盐。林惟悫的妻子王氏分娩时，左邻右舍都见到湄洲岛上空出现一道红光，直射入林府内室，光辉夺目。就在这时，王氏在内室生下一个女婴。奇怪的是，这个女婴自出世到满月，不啼不哭一声。因此，林惟悫夫妇给她取名单字一个"默"。

林默一生只度过了短暂的 28 个春秋，在这短暂的生命里，她一直行善济人。她精通医术，治病救人，专心慈善事业。她通晓天文气象，熟悉驾舟操舵，水性娴熟，为乡亲排难解忧，引导人们避凶趋吉。

145

在公元 987 年农历九月初九，林默因抢救海难而献身。人们感其恩、念其德，称她为"通贤灵女"，在湄洲岛建庙奉祀，这就是世界上最早的妈祖庙。湄洲妈祖庙建成后，人们用不同的方式进行祭祀，乡民祷求必应，航海者崇拜显圣的神话时有传闻，形成了早期的妈祖崇拜和祭祀。

此后，其事迹在民间开始广为流传，人们把妈祖作为一位救困扶贫、伏波降魔、保佑海上平安的女神，妈祖信仰迅速传播到包括广东在内的各地。

事迹传到朝廷后，帝王们为顺应百姓祈求安定的愿望，也大力推崇对天后的祭祀。历史上，从宋徽宗宣和五年（1123 年）开始到清道光十九年（1839 年）为止，天后受历代皇帝褒封 28 次，封号由"夫人"、"妃"、"天妃"、"天后"，直至"天上圣母"。现今世界上约有一亿多人信奉天后，有 20 多个国家和地区建有天后宫，足见其影响的深远。

在深圳市南山区赤湾村小南山，有一座赤湾天后宫，是我国沿海地区最大的天后宫庙，也是深港地区历史上最负盛名的人文景观，为新安八景之首。

赤湾天后宫坐落在珠江口东岸向西南伸展的南山半岛上，北倚大南山，南面伶仃洋。这里历来是由珠江口出发向外洋航行的起航地，门前是一个可停泊千余艘渔船的天然良港，与香港、澳门隔海相望。

［清·嘉庆］舒懋官、王崇熙等编 《新安县志重童印本·新安八景——赤湾胜概》书影

这里属于亚热带海洋性气候，年平均气温 22.4℃，夏长冬暖，气候温和，日照充足。过去珠江沿岸居民大多是以捕鱼为生，出海时必途经赤湾，明代时因航海业的发达，赤湾同时也成为过往航船驶出外洋前的重要锚地，并逐渐成为珠江口的一个重要港口。

赤湾天后宫始建于宋，至清代中期，占地 900 余亩，建筑巍峨，有 99 道门，120 多房间。追溯当时的规模，我们可以从《宝安县志》的记载中窥见一斑：有屋大小 100 间，里面有许多大小不同的佛像，计有山门、牌楼、日月池、石桥、钟楼、鼓楼、前殿、正殿、后殿、左右偏殿、厢房、长廊、碑亭、角亭等建筑 20 余处，加上附属建筑、庙产及祀田，其殿宇巍峨宏伟，庙貌气象万千。

据翰林院学士黄谏于明朝天顺八年（1464 年）所撰《新建赤湾天妃后殿记》中记载：永乐五年，郑和奉明成祖朱棣之命，率领舟师第二次出使西洋，出了珠江口在赤湾前的海域遇到狂风暴雨，请祷天后。天后显灵，救助郑和。当时郑和许下大愿，若能平安回朝，将在此修建天下最大的天后庙。

永乐七年，郑和平安归来，把在赤湾遇险的经历奏明皇帝。第二年，郑和的副帅张源出使暹罗（现泰国），行前奉旨到赤湾天后庙祭祀，平安归来后亲自率人整修赤湾天后宫。重修完毕后，张源亲手在庙里植下了一株榕树。后来，这棵榕树被当地百姓当作许愿树。

明宣德六年（1431 年），郑和第七次下西洋前，在已重修的赤湾天后庙立下《天妃灵应之记》的碑文，碑文详细记载了天妃灵应的故事和郑和七下西洋的时间与经过。《天后志》亦生动地记载了郑和在今深圳南山的赤湾海域遇险，天妃显灵救郑和的故事。

该庙经明清两朝多次修葺，规模日渐扩大，成为当时沿海最重要的一座天后庙宇。朝廷颁文规定：凡朝廷使臣出使东南亚各国，经过这里时必定停船进香，以大礼祷神庇佑。他们行前要举行隆重的典礼，祈祷天后庇佑。使船安全返回，又要到此答谢天后的庇佑。当时中国出海的运输船、商船、水师船、海盗船、民船以及外国来华的贡船、商船等，出入经过珠江口时也要到此朝拜。

　　然而到了顺治十八年（1661年），赤湾天后宫和新安县人民一起遭遇了一场生与死的洗礼。当时的清政府颁布"迁海令"，在沿海30里划地为界，强令界内居民迁往内地，禁止片帆出海，造成无人区。由于广东与福建是执行"迁海令"最严厉的地区，其中新安县还进行了两次强迁，是强迁中的重灾区，初迁划界就将新安县境土的三分之二包括县治南头都划进去了，续迁又划进24个村围，至使沿海一带渔、盐业废置，田园荒芜，村寨破落，一片凄惨景象。

　　赤湾天后宫也成了一片废弃的院落，那棵寄托了无数人希望的许愿树也枯萎而死。直到康熙八年（1669年）正月，清廷才下令允许康熙三年的迁界民众恢复原籍。雍正初年，地方政府采取一系列的拓垦政策，尤其是两广总督何克敏，以能否"劝垦"作为州县官升降的考核标准，地方官吏更积极地采取各种优待政策进行拓垦。致使河南、江西等内陆居民整家整族迁移至此垦荒，昔日的荒野也因此有了生机。

　　有趣的是，赤湾天后宫这棵已经枯萎了60多年的许愿树，此时在空洞的树根里发出了两根连理枝。人们更加将这棵许愿树神化，前来赤湾天后宫拜祭的信徒更多了。

　　香港的鲁言先生曾经撰文载述："由于赤湾天后古庙宏伟，每年农历三月二十三日天后诞，港九水陆居民都前往赤湾天后庙去贺诞。因此，九龙油麻地、香港干诺道中的海旁，都有数以万计、挂满彩旗的船只到赤湾去。同时，上述两处地点也有很多临时营业的渡船，载客到赤湾天后庙去参拜。当时，人们称赤湾天后庙为大庙，热闹的情形一直维持到广州解放前夕。到1950年，人们因不能到赤湾去拜天后，才改向佛堂门的天后庙去。"

　　对此文有力证明的是，现香港博物馆、档案馆内至今还保留大量农历三月二十三日港人前往赤湾天后庙参拜的历史照片，这些照片生动地再现了赤湾天后庙昔日的繁荣景象。同时，直至今天，香港的天后信徒们大多尚称天后为"赤湾娘妈"，可见赤湾天后庙的影响之大。

　　1950年后，赤湾天后庙遭到了严重毁坏，祭祀天后的活动亦被列为迷信活动不准进行。1995年，赤湾天后宫得以修复，世界各地的信徒开始有人前来。值得一提的是，1999年天后诞前夕，有香港天后信徒送赤湾天后

148

庙"天后龙床"一副，现存于大殿之内，如果你渴望添丁发财，不妨也前来赤湾天后庙抚摸一下龙床。

今天，赤湾天后宫内的这棵榕树仍然昂首屹立，它的两根连理枝盘根错节古朴苍劲，形似游龙，冠硕叶密。盘根错节的枝丫上，挂满了红黄相间的布条，上面写着人们各种各样的愿望。

▶ 观澜老墟 ◀

"观澜"这个地名，最早出现在清代嘉庆二十四年（1819年）《新安县志》。观澜属官富司管属。其来历有很多种说法。

相传在200多年前，一位名震岭南的风水先生经过羊台山下，看见一条清澈的河流经过此处时波澜壮阔，便大叫"好风水、好风水"，于是人们就把这方宝地称为"观澜"。

另一种说法是，观澜原来叫"官难"。在建立观澜墟之前，附近居民赶集都到附近的清湖墟，后来，东莞知县派人勘定了观澜墟的地址，它坐落于新安、东莞两县之间，而新安、东莞各自都在墟内设置了地方治所。由于当官的互相牵制，所以，老百姓称此墟为"官难"作为讽喻。

后来，风水先生邓坤云游到此，看着波澜壮阔、绿水盈盈的河水，从此留恋此地，在这里建起了观音庙，取名"观澜"。于是"官难"墟也就改名为"观澜"。

时间倒流到100多年前，深圳最热闹繁华的地方就是观澜。这里的观澜老墟，与东门老街、沙井清平墟、沙头角老街一起，并称为深圳"四大名墟"，素有"小香港"之称。

墟市是乡村社会生产生活用具和农副产品的贸易集散地。明清以来，随着农村商品经济的发展和各大姓氏的壮大，深圳广府和客家地区的农村墟市逐渐形成。墟市有固定的地点和墟期，邻近墟市的墟期互相错开，方

149

便群众"趁墟"、"投墟"。观澜墟的墟期是逢农历的一、四、七日,每旬三期,一般上午八九点钟开市,下午四五点钟收市。

每逢墟日一大早,农民、商贩、手工业者肩挑车拉,带着各种农副产品、手工制品以及土洋日杂、布匹服饰等赶赴墟市。街上除了商铺、作坊和摆卖摊档之外,还有神庙、算命卜卦摊,一些地方戏剧、杂耍也粉墨登场,开锣表演。人们从四乡八里涌入,万头攒动,人声鼎沸,熙熙攘攘,热闹异常。老百姓终年劳碌,"趁墟"除了交换或购买生活用品之外,还是会亲访友、交流信息、休闲娱乐的一项重要活动。

观澜老墟被认为是"深圳近代民俗历史第一街",距今已有260多年的历史。观澜老墟由观澜大街、卖布街、新东街立新巷等十几条街道、巷道组成,至今仍保存了许多清代中期到民国时期的建筑,有商铺、酒楼、民居,还有十多座形式各异的碉楼,是目前深圳保存最完整的老墟市。今天走在老墟,仍然能感受到浓郁的岭南特色和客家风情。

在观澜老墟,中西合璧的红楼特别引人注目。红楼又叫"公益酒家",是华侨万启年在民国初花费白银两万两所建。其红色外墙、华丽的罗马柱、圆拱形的阳台都是显著的西洋建筑风格,然而其内部装饰、摆设又是典型的中国传统风格,并开创观澜将酒家与旅馆联合起来经营的先河。

历史上的观澜镇是客家人聚居的地方,客家人迁入此处时,常被土匪"光临",于是修建炮楼抵御土匪的抢劫。最初,炮楼楼体的构造很简单,防卫功能极强。到了后期,炮楼的功能逐渐演变成显示主人的财富和地位,炮楼的功能以防御和居住相结合,炮楼楼层较高,每层开有窗户,楼顶有装饰性图案。

能建造这样高大坚固炮楼的人,非富即贵,都是有钱有权势的人物。也正因如此,当时许多客家人也都把建造炮楼作为人生奋斗目标之一。据统计,观澜目前还保留着114座炮楼,其中牛湖社区是炮楼最集中的地方,有31座。

文秀公炮楼是整个观澜建筑时代最早的炮楼,建于清朝时期,有两三百年的历史,被称为"宝安第一碉楼"。观澜最高的炮楼成昌楼,建于民国初期,多达八层,共20多米高,斑驳的历史遗痕更为它平添了几分古朴和沧桑。

据观澜街道办的《百年观澜》文献载，1948 年 10 月，东宝惠游击队 5 名情报员被国民党军队围困于此楼，5 人在火烧成昌楼后仍未逃出，高踞楼上坚持 6 天后，因饥饿被敌人抓住枪决。

1931 年，观澜划归宝安县第六区管辖，新中国成立后分别改为人民公社、区公所；1986 年 8 月初撤区设立观澜镇。2004 年 6 月 15 日，广东省正式批准撤销观澜镇建制，设立观澜街道办事处，由深圳市宝安区管辖。

▶ 龙田世居 ◀

客家文化是深圳本土文化重要的组成部分，具有独特的民俗风情。

深港地区的客家人大多迁自闽、粤、赣山区，宋末已有少量徙居，而大量迁入则在清初"迁海"、"复界"后。康熙元年至三年，新安县两次迁界，境内仅剩 2172 口人，全县十室九空。

康熙八年（1669 年）"复界"，准许原居民复归故里，并大量招垦。到嘉庆二十三年（1818 年）的 150 年间，新安县的人口增加到 225979 人。如果将当时主要属归善县（今惠阳）的今深圳市龙岗区计算在内，"复界"后招垦而来的客家人不下 30 万之众。深圳客家人保留了大量原居地闽、粤、赣，特别是粤东梅州地区的传统习俗，其民俗事务与原居地大同小异。

自清代以来，客家人迁居新安县后，陆续修建大型客家围楼。深圳龙岗地区现存 100 余座大、中型的客家城堡式围楼。"聚族而居"是客家人的重要居住模式。深圳的客家围是在继承粤东、粤北客家围龙屋和四角楼的基础上，吸收了广府"斗廊式"单元房建筑的优点，形成的一种城堡式围楼建筑，具有规模大、防御性强、居住舒适的特点。

它们大多前有月池、禾坪，正面有门楼、倒座和前、后天街，后有望楼，四角有碉楼，主体建筑是堂、横屋，集闽、粤、赣客家围之大成，俨然是壁垒森严的城堡。一座客家围，就是一个大家族聚居的小社会，可称为"夯土的史书"。

在深圳市的客家围中，位于龙岗区的黄氏"龙田世居"建筑精美，保存完好，可以说是很有特色的一个。

龙田世居，又称龙田围，上田围，因地处田野之中，故又叫田心村。它建于清道光十七年（1837年），主楼面宽65米，进深73米，占地面积4745平方米，是龙岗区目前保存最为完整的客家围龙民居之一。与别的客家围屋不同，龙田世居三面环水，水面宽约16米，呈半圆形，另一面是高大的围墙，水面上一座小桥，通往对岸的一个亭子。想来那是当年迎客的接风亭，或者是警惕外敌的瞭望哨所。由此可见当年的守卫十分森严。

这个半圆形的河岸与外墙构成"龟背"状图案，为外地围屋所少见。围屋四周的花园曲径通幽，走进花园犹如走进欧洲中世纪的古堡花园，绿树鲜花散发出来的芬芳令人陶醉，这是典型的岭南客家式的地主庄园。

龙田世居屋内梁柱、屏风和门窗为彩绘木雕。门前有禾坪，三面环水，屋后有茂密的风水林，充分显示了客家围的传统特色。

围屋坐北向南位于花园中间，由三堂、二横、一外围、四碉楼、一望楼组成。围屋外两侧傍河处各建有一排房子，围屋前有宽敞的晒谷场及与围河相通的池塘。整座围屋四周壁立、高不可攀，正面有一大门、两侧门和旗杆夹。

大门上有一石匾，上刻"龙田世居"4个阳文正楷大字，旁阴刻落款"道光十七年丁酉岁仲夏谷旦隽卿建立"，墙上的对联"龙门得意揭春榜，凤诏新颁建立田"，寓意着龙田世居名字的来历。从对联字意来看，当初黄氏家族十分重视教育以及人才的培养。大门设栅门、板门，非常结实。围屋四角及北面正中设有四层楼高的炮楼，炮楼间连以跑马廊。阁楼、围墙与跑马廊相互贯通，组成灵活的防守和联系网络。

大门楼内建有一座精美的牌坊，三间三楼，灰砂夯筑，形制高大，其上雕刻有各种人物故事、亭台楼阁和动植物等，精细异常，务求奢华，可见大户人家的气派。牌坊的正面写着"众山一览"，当是指世居的门前盛景，倚门而立，完全是一览众山的景象。牌坊背面的"履泰晋升"，字体刚健有力。意思大概是期待出门而去的海内外黄氏子弟，能够吉星高照、平步青云。

高达四层的角楼和龙厅，均在两侧墙上建有镬耳形风火山墙，使整个建筑显得格外高大雄伟，这是客家围屋中比较体现建筑美学的地方。

走过牌坊，一道天街青石铺地，与左右的跑马廊相连，迎面是世居的祠堂，供奉着黄氏祖先，对联为"湘水绍家声，肯构肯堂，位叶巽乾钟地脉；颍川传世泽，善继善述，序分昭穆振人文"。左、右侧门额书"树德"、"留耕"。

祠堂内有"玉燕石麟"的匾，字句出自宋代词人吴泳的《摸鱼儿》，应是黄家人祈降祥瑞之意。天井中有两道小游廊，门楣上一刻"留耕"，一刻"树德"，自然是祖先对后辈的训导，德于心以修身，耕于斯以齐家。相邻的私塾，为黄氏后人的学习成长提供了绝佳的场所。

祠堂在围屋的中心位置，祭祀活动也是黄氏家族最神圣的活动之一。直到今天，黄氏后人无论走得多远，都会回来拜祭祖宗。据介绍，每年都有不少旅居海外的黄氏后人，回龙田世居寻亲问祖，祭祀黄氏先祖。

据介绍，龙田世居是由梅县迁来的黄氏族人所建，黄氏家族在此落地生根、开枝散叶，围屋内居住的人口最多时曾超160多人，如今他们中的一部分人已搬进楼房，分散在各个小区，另有近20户人家、80余人旅居港澳、马来西亚吻思布和厄瓜多尔。黄氏一脉的发展壮大，靠的就是龙田世居这一枝粗壮的根。

龙田世居虽然是龙岗区保存最为完好的客家围屋之一，但因年久失修，目前一些墙面已脱落、倒塌，一些古旧的牌匾和字画浮雕需要维护翻新，一些房屋、牌匾等也需要恢复它的历史原面貌。

▶ 大万世居 ◀

　　在深圳市龙岗区坪山大万村的一个半月形水塘前，矗立着一座占地15000平方米的客家围屋，雄伟高大的门楣上，"大万世居"四个阳文大字赫然醒目。

　　深圳地区客家人大部分是清初"迁海复界"时由江西或福建迁入，经潮州、惠州南下深圳，且主要集中在龙岗地区。经调查，龙岗地区目前存留的约100座客家民居，大都在清代乾隆、嘉庆年间兴建。初时，由于人口较少，先迁入的移民多在沿海一带。沿海一带地势较为平坦，对于农耕之发展颇为有利，由于较早迁入者已占尽地利，故后来者，除向其佃地耕种外，只能向山地迁徙拓荒，大万世居便建在坪山山峦环绕的盆地之中。

　　深圳民俗学家彭全民先生在坪山大万围村，发现一本民国年间抄录的曾氏《联记家谱》，其中记载，其十九世祖曾据，汉代封为关内侯，"不仕王莽"，举家迁徙到江西庐陵。七十五世祖曾简辉，迁徙到坪山龙背开基，清朝初年，他的儿子曾元恭从龙背移居三洋湖（在后来的坪山墟旁）。至第十五世祖曾传周时，于乾隆五十六年（1791年）开始兴建大万世居。

　　曾传周，字端义，年轻时在三洋湖村与父母分家，靠放养鸭子和给人推独轮车运石灰维持生活，染上了赌博的恶习，输掉家财后痛定思痛，用刀自断右手拇指，立誓戒赌。

　　曾传周后来做生意发达，在坪山、龙岗、淡水等地开办油糖厂和许多店铺。发迹后的曾传周开始建围屋大万世居，前后30余年才建成。工程费时之久，耗资之巨，令人难以想象！

　　大万世居所费人力物力财力非同小可，仅大墙就需将近5000多立方米泥沙灰石。所用石头重者达数十斤上百斤，这些石头都是从几里外的大山陂和铜锣潭运来的。大万世居共有400多间房间，堪称是一座城堡。

至于"大万世居"的"大万"二字的含义，当地民俗学者认为，大万是众多、兴盛的意思。《汉书·刘向传》云："营起邑居，功费大万百余。"唐颜师古注释："大万，亿也；大，巨也。"这是大万世居"大万"溯源的依据，表明曾传周既彰显自己家财巨大之意，同时又祈求家族兴盛、福泽绵长。

据曾氏族谱记载，曾传周晚年仗义疏财，乾隆末年惠州水患，曾传周和儿子曾光斗积极捐纳赈灾，义举还受到朝廷的嘉许。在曾传周辞世当年，族人立了"急公好义"、"惠济桑梓"的牌匾来纪念他。

从平面布局来看，大万世居整个建筑成长方形，以祠堂、中楼、后楼为中轴线，两侧对称分布两排硬山顶建筑形式、格局、大小一样的二层式房屋。四周围厚约80公分的院墙，墙外有护城河，围墙四周有碉楼，整座建筑物前有半月形风水物池。

走进大万世居，镌有"东鲁旧家"四字的匾额跃入眼帘。老辈客家人认为自己先祖来自中原，出身高贵。"东鲁"即山东曲阜，始祖是曾参，即孔子学说的主要继承人和传播者曾子，曾氏族人在昭示自己特殊的"血统"。

世居的大门上飞檐高挑，门额浮雕上的各式人物、飞禽花鸟雕画得栩栩如生。围屋有内、外两重围墙，外墙俗称大墙，用泥沙、石灰和大石夯建成，内外墙四角都有3层高的楼阁。这种城堡式"宝斗"形的建筑，是客家人抵御外侵、防盗的实用主义建筑思想的体现。

整座大万世居仅有正门楼三个门可以出入。中门为牌楼，牌楼上装饰飞檐及灰塑，木构件雕刻精美，左右又有两侧门。

正门楼为二层建筑，白天有人站岗放哨，夜间三个门全部关闭，有人在阁楼值班。整座建筑的四角都有高达十余米的碉楼，昼夜有人瞭望。院内中楼两边，也建有碉楼以防不测。正门楼上还凿有许多枪孔、炮孔。每当与外界发生纠纷，大门一关，用枪、炮进行抵御。这种结构，除了御敌外，还用以防御野兽。这种防御性的建筑充分体现其自我保护的文化心理。

经过门楼进入庭院，可以发现整个建筑群自成一体，形成"八阁走马楼、九天十八井"的格局，天街布局为纵六横三，间有小巷，纵横交错，井井有条，街巷地面全用灰沙或鹅卵石铺砌。更妙的是各天井有地沟，与

155

天街排水沟相通，排水沟有涵管，与围屋外的半月形大池塘相通，池塘有出水闸，排水极为方便，整个围屋布局科学合理。

由于围屋是全封闭的形态，所以在三堂的前后两个横向铺开的露天内院特别重要。这儿又称上天街、下天街，是族人休闲、孩童玩耍的公共活动场所，还有公共厨房、厕房、仓库和完整的排水系统。其中牌楼下正方形广场可容数百人围观舞狮、比武或筑台演戏，体现出客家大户人家的昔日生活。除了公用水井之处，家家户户屋内还设有水井。族人日出而耕，日入而息，过着自给自足的生活。

穿过牌楼进入宗祠，灰塑的匾额上"端义公祠"4个大字十分醒目，这就是围屋的核心地带。一般而言，祠堂是凝聚宗族力量，增强族人团结，抵御外族入侵，处理内部事务之场所，是一个宗族的政治、文化中心。祠堂在大万世居群体建筑中为中心之重，曾姓家族的先祖灵位设在正前方，祠堂格局为三进二天井二厢廊，三进分上、中、下厅。上厅悬"光宗耀族"、"燕翼诒谋"木匾。中厅是当年曾氏族长和元老们开会议事的地方，两旁墙及正梁分别悬挂三幅弘扬族人高风亮节，德高望重之匾额，如："赞政宏才"、"急功好义"。后厅中间设置神龛，上刻"追远堂"神龛，供奉曾氏家族族先历代之牌位。

祠堂后隔一天街"魁星楼"设在旁边，这是围屋的最高点，称为"魁星点斗"。

"大万世居"有大小房间约400余间，每间房之间都是相通的，两排房子通过廊庑、夹壁相通，同一排房屋间有门相通。客家人向来注重团结。这跟客家人从中原历尽千辛万苦迁徙到岭南这一历史有很大的关系。他们不但在路上需要族人的互相帮助克服困难，到了新的地方定居下来，不免与当地人发生冲突甚至"械斗"，更需要族人们团结起来，一致对外，这种传统也体现在房屋的建筑上。

此外，客家人原为中原汉族，汉族历史上的宗法制度，在客家人建筑和格局中得到了很好的体现和保存。房间严格按照长幼尊卑秩序分配。中轴线上的房屋为嫡子嫡孙居住，庶辈按亲疏居于偏房。200多年来居住于此的客家人，自觉地遵守着这套祖宗遗留的嫡庶制度。虽然子孙满堂也绝不会分家，房子不够就在院内增建新房。祠堂和中楼等建筑的屋脊，是用瓦垂直堆砌而成的。据族人讲是恐后人家业败落时，尚可用于修补漏瓦之屋，可见祖宗用心良苦。

大万世居兼有北方四合院和南粤民居特点，是中原文化"客家化"的经典建筑，对我们了解客家文化有重要意义。

▶ 凤凰古民居 ◀

凤凰古民居位于宝安区福永街道的凤凰明清古建筑群，是文氏宗族的祖居，占地 30 万平方米，建筑面积 18 万平方米，已有 400 多年的历史。凤凰村古建筑群主要包括保留至今的 64 座明清时期古建筑，民国时期至新中国成立之初的 189 座建筑，以及依附于该建筑群的其他古建筑类型，如古井、古塔、古亭、古匾、古石碑、古遗址等。经考证，凤凰社区的明清古建筑群是深圳市目前保存最完好的古建筑群。

进入了凤凰古村，映入眼帘的是一大片青砖黛瓦的古建筑群，青黑的墙体已长出了岁月的青苔，厚重的古瓦已爬满了青藤。

每栋大屋都是流线形的屋顶，弯曲的屋顶两端直指天穹，吉祥的瑞兽在屋顶上张望。这些大屋大都是二进三开间院落，二厅一天井二廊房，四周山墙和瓦面下的滴水遮檐雕有各种人物花草图案，以百合花图案装饰的墙体清新自然，是典型的南方广厦文化风格的建筑物。

进入古村的小巷，青石板的路面干净整洁，旧屋门口常有一两个老人在做着手艺，巷中的古井以及那扭着长长的绳子在井口慢慢打水的人，似乎与外面喧哗的世界毫不相干。

小巷三五纵横，但路路相通，有完整的排水系统，大屋门前有精细的石刻与木刻，这些雕刻成人物、花草、动物的浮雕有彩色的，也有原色的，形象逼真，再现了古代传说中的故事，只是大部分浮雕已被岁月侵蚀得斑痕累累。据不完全统计，在这个建筑群落中，共有灰制雕塑人物和动植物图案约 2000 多个。

在古村里，有很多的书室和宗祠。以阳文楷体红砂石做成横匾的"茅山公家塾"始建于明代，匾额为清嘉庆巳卯年桂月重修时刻制；"顾三书室"，阳字楷体花岗石横匾，始建于清代，匾额为清光绪八年（1882 年）始修时刻制；其他的还有"巽岭公家塾"、"拔茹书室"、"康宸祖家"、"伯元公家塾"、"四胜祖家祠"、"协和公祠"、"梁庆祖祠"、"梁任祖祠"等，体现了文氏一族重视教育、"唯有读书高"的书香传统。

▶ 沙头角 ◀

在深圳历史上有"四大名墟"，它们分别是位于今天东门的深圳墟、沙井新桥的清平墟、沙头角老街和观澜墟。其中的沙头角，除了是一个老街和天然渔港，更是中国南大门的一个特殊的边陲小镇。

沙头角的得名，源于一个颇富诗情画意的传说：相传在清朝，有位大臣巡视到这里，天未明即由深圳东行登梧桐山。太阳喷薄欲出之时登上山冈，他的面前渐渐显出一片海滨，波光粼粼，银沙如带。此刻，日月同时当空，这位大臣忍不住诗兴大发，即兴吟出"日出沙头，月悬海角"的诗句，从此就有了"沙头角"这一名称。

1662 年，清朝康熙政府推行"迁海令"，包括沙头角在内的沿海地区变得荒无人烟。1669 年新安县复界，自清初复界以后，大量源自广东东北嘉应州、江西以南、福建以西的客籍人士，迁移至沙头角一带定居。海边没有淡水，客家人的第一件事便是打井取水。至今在沙头角中英街的街口有一口保存完好的古井。

由于复界后沿海治安不好，当地客民乡村于是组织"约"，以守望相助。

　　沙头角共有十约，其中两约位于今日深圳市范围内，八约在香港特别行政区范围内。今天的沙头角，基本上可以看成三部分的组合：香港的沙头角部分，包括以下地方：周田村、中英街、沙头角村等；深圳的沙头角街道：大鹏湾、梧桐山、红花岭、沙栏下、东和社区；深圳的海山街道。深圳的沙头角街道及海山街道在过去合称为沙头角镇，但现时已撤销并分拆为两个街道。

　　1840 年，鸦片战争爆发，战败的清政府签订了《南京条约》，香港被割让。1898 年，英国又强迫清政府签订《展拓香港界址专条》，将深圳河以南的、原新安县所属 975.07 平方公里土地及广阔水域，扩展为租借地（新界），租借期 99 年。

　　1899 年 3 月 11 日，中英双方分别任命新界北部定界委员，两广总督谭钟麟任命广东补用道王存善为中方委员，香港总督卜力任命骆克为英方委员。

　　在勘界谈判过程中，英方提出无理要求，即把中英界线"从沙头角海到深圳湾最短距离地直线为准"，更改为以"自然界限"的山脉河流定界，将整个新安县划入租借地。此提议遭到中方强烈反对，英方未能得逞。

　　3 月 16 日，王存善与骆克出发，勘定深圳河源到沙头角西边大鹏湾的界限，沿着梧桐山下的小河（沙头角河）竖立木质界桩，界桩上书"大清国新安县界"（后来改为石碑）。18 日勘界结束，中英双方签订《香港英新租界合同》，作为《展拓香港界址专条》的附件，具体划定界线。

　　该《专条》规定了从大鹏湾至沙头角这一段的边界线的划定：东起大鹏湾北岸东端，东经 114 度 30 分，"潮涨能到处"，向西沿北岸水线一直至沙头角，这一段海岸线长 51 公里。在沙头角沙栏吓村西侧（今 1 号界碑石附近），沿河沟直上至今海关桥头拐弯沿河底之中线直上至径口村南，然后沿山边小道迂回到伯公坳顶，之后由山沟右侧小道而下，从右边绕过径肚村，以下就由河道直下深圳。

　　勘界后，沙头角的土地和居民被"劈"成了两个部分，东侧为华界沙头角，西侧为英界沙头角。

　　沙头角镇内早期的商贸活动，是以东和墟为中心开展的。商贩以渔、盐贸易为主，通过水陆交通，把批发来的鱼、盐贩运到内陆地区，又从内陆带回土特产品和日用百货，然后又把这些日用品集中起来摆在墟市进行交易。

当时英国人操纵的九龙海关，在沙头角设有关厂，名叫"洋关分厂"，由英国人充任的总头目叫"厂总"，协助"厂总"的叫"通事"，由华人担任。

清光绪三十二年（1906 年），沙头角的厂总咪喇和通事卢守中狼狈为奸，对当地商民随意扣留勒索。对新界百姓来墟市购买土布杂货，即使数量很少，卢守中也要勒索银半毫或一毫（当时银元和铜币为通用货币，铜币分多少毫、多少文钱），才肯发给放行条，否则动不动便扣物打人。

对于墟中各间店铺的主人，或出售猪只，或从附近各村购买小猪回去饲养，报关检验时，也要给厂总、通事勒索"挂号钱"，每头猪计收 40 文铜币。每逢节日，附近各村妇女孩童来墟购买少量生油、土糖，也要缴交"规例钱"五六十文至百二三十文，才给他们验单放行。

至于双方过境耕作的农民，无论由华界到新界，或由新界至华界，关厂对耕牛也以没有凭单为名，除加重处罚外，还要将耕牛没收充公。在谷物收获季节，农民挑谷挑过境时，也要被他们任意截留，说是抽取一定的成数充公，实则被他们独吞。关厂的种种恶行，曾激起民愤，造成罢市。

沙头角客民后代经大规模繁衍，遂分支到宝安县其他地区，或者迁居到石湖墟、联和墟以及九龙、香港岛，甚至接受港英政府安排，远赴英国谋生。

1911 年初，大埔理民府向港英当局建议修筑铁路连接沙头角。港英政府采纳建议，并于 1911 年 4 月开始，使用由于改用标准轨而从九铁英段（现在的九广东铁）拆下来的窄轨铁路物料修建这条支线。由于当时铁路所在没有道路可达，因此材料都是用牛车和人力运送，并搬迁多个坟墓。建筑工程用了 1 年便完成，并于 1912 年 4 月 1 日通车。

通车初期每日只有 4 班列车，配合九广铁路的时间表行驶。因为设备和线型比较低规格的关系，走完全程需要 55 分钟。除了客运，支线也兼办货运，主要是运送砖和煤。

1927 年，沙头角公路通车，沙头角支线的营运大受影响，最终于 1 年后的 1928 年停驶。

自 1950 年代起，沙头角被港英政府列作边境禁区，加上战后乡郊生活的式微，沙头角的人口数十年来一直都下降，常住人口变得愈来愈少。相反在内地的一边，由于改革开放，贴近香港的沙头角反而吸引较多人流。

▶ 中英街 ◀

1898 年，英国人正式占领香港新界，以沙头角河作分界，划分边境禁区，其中河尾一段成为今日的中英街。

沙头角镇内的"中英街"，虽然仅有 250 米长、三四米宽，却闻名世界。街边店铺林立，街的北侧属于深圳，南侧原属英治下的香港，故名"中英街"。1997 年香港回归祖国后，在"一国两制"下形成"一街两制"的特殊人文景观。

"中英街"的前身，只是一条河沟。小河从今天的桥头对面约 30 米的地方拐弯流入，经过今天港方部分店铺的后面及一些店基下流出，直通沙栏吓村西侧的河流入海中。

在这条河的东畔，有一条用麻石铺就的沿河小道，当地人称为"鸬鹚径"。后来由于河流改道，人们把旧河床的一些草地垦为菜地，把一些低洼地改为水田。再后来，河道两侧逐步有人填土整基盖起房屋做生意。

继香港、九龙割让给英国后，1898 年，英国又强迫清政府签订《展拓香港界址专条》，将深圳河以南的、原新安县所属 900 多平方公里土地及广阔水域，扩展为租借地（新界），租借期 99 年，"中英街"就是在《专条》签署后勘界所形成的。

双方勘界后，沿"中英街"至海关桥头，依次每隔若干距离竖一块界碑。第 3 号至第 7 号共 5 块，竖立在已经干涸的河床底的中线上，桥头河中那块为第 8 号。后来，第 8 号界石因被水流冲倒，经双方同意，在河之两岸各竖标志石一块，以指明第 8 号界石的位置。

中英街形成后，在很长一段时间并没有成为一条商业街。20 世纪 30 年代，"新界"沙头角墟首先兴旺，中英街受其影响开始繁荣，一度商号林立，盛极一时。"鹧鸪径"小道的面目已基本消失，代之而起的是两边建筑物中间有一个个界碑石的街道——"中英街"。

当时，中方的商店仍以经营农副土特产品为主，而港方的商店则更多地经营舶来品，货色时髦，品种繁多。英、美、日的一些洋烟、洋火、洋布等商品也随之流入中英街，吸引着远近的乡民。

在 1949 年以前，中英街比较大的商店有怡兴隆、新昌、仁兴店等四家，他们主要经营百货、布匹，老板均是盐田乡人。老字号药店共有五间：宁生堂、济生堂、天寿堂、杏春堂（属英方）、茂生堂。还有专门经营鱼类的小市场"鱼栏"，类似钱庄的"缴家"和专门从事鱼类加工的"标家"。

1941 年 12 月，日本侵略军占领香港后，把"中英街"改名为"中兴街"，并以所谓"妨碍交通"为名把中英街头第 3 号至第 7 号界石拆除。1945 年 8 月日本投降，又复名"中英街"，中英双方代表踏勘后，重新将界石竖立原处，并在该 5 号界石上刻明"中华民国三十七年四月五日重竖"字样。

1949 年 10 月，沙头角解放，中英街成为两大阵营对垒的前沿。1950 年，港英当局首先设立宵禁地区，沙头角一带首当其冲，宵禁时间从凌晨 0 点到 6 时。而内地在同年出台出入国境办法后，包括沙头角中英街在内的边防也都变成了"军事边防"和"政治边防"。1952 年"红色前哨连"进驻沙头角。随着中英街变成了边防禁区，历史上一条独特的客家小镇街道形成了。

沙头角的老人都记得，当时界碑一侧的乡民要赶着耕牛去另一侧"过境耕作"。"文革"时，由于这道界限，分住界碑两侧、原为乡亲邻里的人们即使擦肩而过也低头不语，生怕落个"海外关系"的罪名。

在很长一段时间，在中英街中方一侧，只有三四间经营粮烟酱醋之类的小商店和一间专供港人购物的"友谊"商店。直到 20 世纪 50 年代，中方一侧才出现了"沙头角日用百货商店"这样较大规模的国营商店和供销社，经营的商品一律由国家统一配给，商品价格也必须按国家规定标价。

到了 1978 年，百货商店更名为沙头角进出口公司，商品人民币和港币都可以购买，这也是全国第一家经过批准可以使用两种货币进行交易的公司。这个时期，深圳开始出现逃港潮。主要原因是两地贫富悬殊。《中英街的形成与变迁》一书记载：1978 年深圳农民的年收入是 134 元，而香港新界农民同期年收入是 13000 港元。华界沙头角不通电，夜里只能用蜡烛和煤油灯照明。而街的那一边，照明工具是 48 支水银灯，明晃晃照过来。

改革开放初期，很多内地居民涌入中英街大采购。当时中英街除黄金饰品之外，雨伞、味精、尼龙布、肥皂等日用百货都供不应求。那时 40 元人民币可兑换 100 港元，某些沿海地区的农民，甚至带着麻袋前来购物。一些跨越界限购物的游客，马上会被值勤哨兵强拉回来，还要检查身份证明。因为游客进入中英街的边防管制较严，一些居民便将价格低廉的商品运到镇外，去赚取差价，这种从镇内到镇外的短途交易，被人称为"跑桥头"。

不久，深港合作对中英街进行整修。当地许多乡民弃农从商，这条 250 米街道两侧，高楼如雨后春笋般的出现了，商铺鳞次栉比。不变的只是那棵老榕树，风雨不改地见证着"中英街"的百年沧桑。

163

▶ 福永望烟楼 ◀

位于宝安区福永街道的凤凰山，海拔 306 米，自宋元以来便是风景名胜。抗元名臣文天祥在这一带留下许多故事，福永对面，即是留下"人生自古谁无死，留取丹心照汗青"名句的零丁（伶仃）洋。而凤凰山下的凤凰古村，是文氏家族的开居之地，已有六七百年历史。这个小村里有 60 多座由明清民居构成的古建筑群，是目前深圳乃至广东地区现存古建筑最多、最集中、面积最大、保存最好的村落之一。

据记载，南宋危亡时，文天祥起兵勤王，由于力量悬殊，他带领义军一边向南败走。一边让胞弟文璧占领广东惠州，并由朝廷下旨任命为惠州刺史。文璧字天球、宋珍、季万，号文溪。

文天祥带着义军与元军周旋，在五坡岭不幸被俘。这时，有人劝文璧固守惠州，积粮练兵抵抗元军，但是文璧没有听从，而是举城降元。当时宋王朝已基本灭亡，以惠州城几千饥兵抗击元军十万铁骑，最后只能是玉石俱焚。文璧的选择是明智的。

后来，文天祥被元军押解北行。到了燕京，文璧前去探望，文天祥作诗《闻季万至》送给他，表述自己的心情：

去年别我旋出岭，今年汝来亦至燕。

弟兄一囚一乘马，同父同母不同天。

可怜骨肉相聚散，人间不满五十年。

三仁生死各有意，悠悠白日横苍烟。

文天祥让文璧带走自己已经整理好的诗文稿，还请求文璧把一个儿子过继到他的名下以继承香火。文天祥两个儿子文道生和文佛生都战死于抗元沙场，六个女儿被元军杀害。香火无继，按当时的伦理观念是一件非常痛心、难以弥补的憾事。于是，文璧把自己的次子文升子过继给了文天祥。

文天祥死后，文璧处理后事，保存了文天祥的遗物文稿。后来，他又做了元朝的谏议大夫、上车都尉、秘书卿，追封雁门郡邑，谥文惠。

文璧的长子文隆子，号中训，元初曾经特授平阳县尹，不久就辞职，在一个叫鹤仔园的地方居住下来。于是，文家一支血脉终于在宝安这块土地上得以保存下来。据后人考证，"鹤仔园"即现在的松岗蚝涌村，此处北距"文氏大宗祠"不足1华里，这片南海之滨的延伸地带，是鹤与海鸟成群栖息的地方，故称之"鹤仔园"。

文天祥能谅解兄弟文璧，文璧的孙子文应麟却无法宽恕祖父的变节。据《嘉庆新安县志》人物志里记载："文应麟，宋丞相文天祥从孙，倜傥尚志节，景炎（1276～1278）中，丞相弟璧守惠州，兵至，璧以城降。应麟耻之，携二子起东、起南，遁于邑之东渚，遂家焉，今称名族。"由这一记载可知，宝安的文氏应该是文应麟从惠州迁来的。

文应麟从惠州曾任归德坊官，后来迁居宝安，隐居在山下，终生没有进过县城，不与当时的官府来往。来到当地以后，文应麟为救贫苦百姓，在大茅山顶（今凤凰山）的最高峰建了一处瞭望楼。他每天站在山顶上望见山脚附近村落家家断炊，无米下锅，于是就派族人送粮到户，接济贫民。

邻里乡人都称赞文应麟为"义士"，称望烟楼为"烟楼晚望"，以纪念文应麟。凤凰山成为游览景区以后，"烟楼晚望"就成了凤凰山八景之一。

此外，从凤凰山飞云顶沿山脊向北行的一个小山坳里，有几块石头恍如磨刀状，虽历经岁月沧桑、风吹雨打，上面的累累的剑锋仍清晰可见。据传，这几块石头系当年文应麟试剑所致，后人称之为"试剑石"。

文应麟生了两个儿子：长子文起东、次子文起南；

文起东生了五个儿子：长子文仁、次子文义、三子文礼、四子文智、五子文孚；文起南生有两个儿子：长子文垂统、次子文垂献。这就是后来所说的"文氏七房"。

后来，文起东居住在岭下，其次子出继文起南，迁居白石厦村；另一子于新田置业开村，繁衍至今。因此，在福永形成凤凰（岭下）、白石厦、新田三村文姓系列。

《宝安文氏族谱》录有一首"七房歌"：七房毕竟数谁先，长称报美次新田；岭石潭溪递国泰，门尾涌头最后言。此歌表明，今日居住在宝安、东莞、香港的文姓，均为"七房"的后人，但长期以来"七房"的顺序却颇有争议。近年来，文氏后人多方查找历史文献资料，对照有关文物，认为"七房"的排序是，一房报美村（今松岗东方、红星村）；二房岭下（凤凰村）、白石下、新田（均为今福永）；三房新田（今香港新界）；四房西山、上头田、潭头（均为今松岗）；五房岗厦（今深圳市内）、泰亨（今香港）；六房山门、山尾（今松岗）；七房涌头（今东莞长安镇）。

明朝以前，文氏都过着隐姓埋名的生活，没有多少人知道他们是文天祥的遗族。明代初年，才公开身份。到了清代嘉庆年间（1796～1820）才开宗祭祀，在南头城建信国文公祠，至今有200多年的历史，保存完好，成为南头城中保存最为完整、规模最大的古建筑。

▶ 麻篮仙印 ◀

巍巍凤凰山，名胜古迹颇多。历代文人墨客登临之际，都不免诗兴大发，挥毫留字。曾经担任新安知县的郑文炳，就曾经写过一首长律《秋日游凤凰岩》：

浮岚飘渺留芳迹，远隔尘环开绝壁，
烟光一片接沧溟，万仞芙蓉削天碧。
奇情胜概近蓬瀛，石室玲珑紫云盈，
松风涧水调丝管，瑶草琪花照眼明。
凤翔千仞周八极，一览德辉暂栖息，
轩鸾宁同凡鸟群，文采欲绚青山色。
何时振翼五云边，梧叶秋风漫自怜，
只今佳气复缭绕，丹穴应知胜昔年。
登临竟日穷幽境，惊风飒飒轻裾冷，
菊丛缀玉带晴晖，古峡寒潭照秋影。
徘徊展眺物华新，脚踏芒鞋破绿茵，
扶筇直上飞云顶，举手不觉摩苍穹。
醍醐漫倒和烟吸，带醉狂歌山鬼泣，
达人对镜须旷观，牛山何必空于邑。
仙岩灵秀岂寻常，英髦接踵争翱翔，
赓歌杂还叶韶华，群美海邦多凤凰。

而在凤岩古庙右侧"净瓶洒露"景点的下方，一块方圆七八米、高五米的大石台上，有一个麻篮印，旁边并有脚印状凹坑，后人称之为"麻篮仙印"，这又是谁留下的呢？

宋末元初，文应麟因不满元朝的统治，从惠州来到福永大茅山（即凤凰山）脚岭下村居住。远离政事，文应麟一时不习惯闲暇的日子，常和一帮旧友游山玩水，练剑习武，生活渐渐有些寄托。

一日，文应麟闲游凤凰岩，当晚梦见观音大士（当时观音为男士）叮嘱他在凤凰岩处建一座寺庙，就叫"凤岩古庙"。后来，庙建成后，前来参香拜佛的人群如水如潮，大茅山的人流也兴旺起来。

文应麟立志继承文天祥反元的遗志。他组织志同道合的义士，练武习剑。为了避开当地元朝官府的猜疑，他把练习场地搬上凤凰山的山坳处。练武场边有块刀状大石块，被他磨剑试剑。石块因此称"试剑石"，成为凤凰山的一处名胜。

这天，文应麟又和一位好友闲游凤凰岩。分手时已近傍晚，文应麟不知不觉又来到望烟楼，凭高眺望，但见各村各户炊烟袅袅，田野金黄，稻浪滚滚。

文应麟一边吟诗一边向山下走去。当走到凤岩古庙右侧时，看见前面大石台上有一白衣妇人正坐在那里编麻纺线。文应麟没有在意，喃喃地念着刚刚想出的诗，文应麟念道：

"雨顺风调庆有年，喜见四野走炊烟……"

这时，白衣妇人一边继续编纺麻线，一边接口念道：

"烟楼只望百里远，更有饥寒逾万千。"

这分明是说虽然望烟楼一带老百姓的生活稍有改善，但远在广袤大地的黎民百姓仍是缺衣少食，处境艰难。文应麟一听，不禁肃然起敬：一个妇人，竟有如此博大的胸怀和高远的境界，真是难得啊！

只见白衣妇人慢悠悠地站起身来，手握纺好的麻线，扯出一段，轻轻一抖，抛向天空。这段麻线一离这妇人之手，就立即变成一大片黄灿灿的麦苗随风飘向北方。白衣妇人又扯出一段麻线轻轻一抖，这麻线变成一叠一叠的衣服、被褥，白衣妇人扯啊扯啊，麻线变成许多许多的麦苗和衣物，飘向遥远的天际。

文应麟看得呆了，半晌才想到，这白衣妇人一定是大慈大悲普度众生的观音菩萨呀！

文应麟怔怔地站在那里，发现原本平整的大石台上印出了一个麻篮和一行脚印。文应麟当即朝着这些脚印跪拜。凤岩古庙由此仙名远播，后人便把此印称为"麻篮仙印"。

▶ 清湖三界庙 ◀

　　清湖至今有 700 多年历史，是羊台山东麓和龙华河的终点处天然形成的一个大湖泊。湖泊有几十亩，由无数小湖组成大湖，不论暴雨连绵或是干旱之年，湖水都不增不减，清净如镜，因此得名清湖。

　　清湖人多姓廖。廖姓的祖宗可追溯到黄帝第六代裔孙舜帝时大臣叔安，性善属龙，深受舜帝的喜爱。后来，舜帝封叔安于凤琴，其后裔以祖名为凤琴姓，后将凤琴字的凤除去，加上广字头，演变为现今的廖。

　　提起清湖，不得不说起三界庙。三界庙的传说在清湖地区广为流传，富有浓郁的地方特色。

　　明朝中期，清湖出了一位能人叫廖继祖，练就一身好本领，文武双全，品学兼优，皇帝钦点为武举人职位，后升为兵部尚书。廖继祖为官 30 载，告老还乡后怡情山水，性好交游，与罗浮山高士三界道人结为好友。

　　一天，继祖和三界同游惠州西湖，见到一位怀有身孕的少妇在湖边打水，三界心下顿悟，对继祖说："此妇乃是我来生之母，是我托生之所矣！明日我即要西行，与君从此永别也！"

　　继祖明白三界所说之意，盛情邀他回到清湖。当晚，两人对坐品茶聊到深夜。三界沐浴后对继祖说："吾幸生五旬，与君结缘甚厚，只是相见恨晚，而今缘已尽，限已到，只得永别。"

　　说完后，三界写诗一首送给他——

　　半百年来体性空，怡情山水乐心胸，

　　今朝惜别故人去，火焚尸骨谢情隆。

　　立地为神护清湖，赐福清湖报廖公。

写罢，三界便倒地而逝。继祖含泪将三界遗体火化，并选地立庙，起名为"三界爷庙"。

清湖古村廖氏一脉才俊辈出。近百年来，他们中不少人走出清湖，遍布内地、远涉港台地区乃至欧美，无论经商读书，大都相当成功。

▶ 湮没的四侯祠 ◀

清代中期，沙井云林墟侧也曾建有一个纪念馆，名字叫"四侯祠"，里面供奉的是曾在新安县任过知县的曾孔志、陈毅、彭允年和李铉四人。供奉的是牌位还是塑像，不得而知，因为早就湮没了。

曾孔志是福建闽县人，号泗台，因中举而授知县，于明万历四年到任。

曾孔志是新安建县以来的第二位知县，任职四年中，宽恤百姓，严管胥吏，判理了许多多年悬而未决的案子，清除了容易产生贪污腐败的办事章程和惯例，办事奉法循理，使百姓能安心地过日子。

他礼敬本地德高望重的长者，逢年过节不忘问候，凡事虚心听取他们的意见。他还重视当地教育，倡议兴建学校。为了加强县城的防御功能，他于万历五年（1577年）在罗城的城墙上增建东、西、南三门，在子城城墙上修筑御敌的谯楼。谯楼以砖石为壁，极为坚固，站岗放哨的子弟兵既能将其作为平时的栖息之所，又能作为飓风来临时的避难所。

由于他的口碑极好，屡膺卓荐，后来被提升为高州府通判。

陈毅，字式洲，福建同安人，由举人授新安知县，到任时正好是明代最后一个皇帝崇祯登基的那一年（1628年）。他的性情刚直廉平，不避权贵，到任后雷厉风行，整顿吏治，对于横行乡里的恶霸和贪赃枉法的官吏，严惩不贷。他爱民如子，将原来巧立名目乱收的各种农业税费一律免除，大大减轻了农民的负担，史称"积蠹宿弊，厘剔殆尽"。

被他触犯了既得利益的官官吏吏们，纠结起来，左一封匿名信右一封请愿书，硬是将他搞下来，到任才一年余，便以忤权贵而摘下顶戴。他离开新安县时，"行李萧然"，只是一些日用的衣物而已。尽管不见容于权贵，他却深受新安百姓的爱戴，听到他去官的消息，百姓倾城而出，纷纷涌到他要经过的官道上挽留。据说他乘坐的车子被堵住，久久不得前行。后来他还是被朝廷起用，被派到湖广蓝山县去做官。

李铉，字伯韩，福建漳平人，崇祯八年（1635年），由进士知县事。他一到新安，便颁发一系列的整顿措施，严厉打击危害百姓安宁的一切强盗和地痞流氓，体恤盐业工人"灶丁"的艰辛，整顿盐埠，减免强加在百姓身上的苛捐杂税和不合理收费，应该说是大得民心。然而没等他将整顿措施推开，一纸调令就把他调到更为偏僻的海丰县去了。

在这四人中，刚才讲的三位都是福建人，而彭允年是贵州石阡人。

彭允年，号鹤廷，崇祯十年（1637年）以举人的资格到新安任知县。方志中记载，他为人"质朴宽和"，体谅百姓的艰辛，尽量力所能及地减轻徭役。他重视教育，常到学官视察，勉励学子好学上进，并经常拿出自己的工资赞助教育经费的不足。

他任期结束离开新安时，"行李萧然"，来时多少东西，去时多少东西，没有利用手中的权力刮过当地地皮，也没拿走一件不属于自己的东西。

从四位知县政绩来看，他们确实算得上是清官。可是按道理，他们的纪念馆应该设在县城才是，为什么竟然将四侯祠建在沙井呢？

这就不能不说到倡议修建的潘甲第。潘甲第是明代邓家蓢（今沙井万丰村）出来的一代名贤。他于嘉靖三十七年（1558年）戊午科以《春秋》考中举人，历任保昌县教谕、海丰县教谕、湖广衡州耒阳县知县、福建都转运盐使司、广西浔州府贵县知县等职。

他为官清廉，颇有声誉。万历戊午年（1618年），正好是他考中举人60周年的纪念，按照惯例为他举办"重宴鹿鸣"的典礼，他发表了勉励后进的演说。这件事轰动了全县。一个人考中科举，又经一个花甲，非要到80岁左右，这在"七十古来稀"的古代是很难想象的。而潘甲第就活了90多岁，因此方志里记载的"重宴鹿鸣"只有他一例。

潘甲第退休后，便回到沙井邓家蓢居住。他听到不少关于曾孔志勤政的故事，就倡议在云林墟旁建一座纪念馆，并买了一块名叫"将蛇坑"的中则田六亩八分，所产作为供祀之用，粮税入潘永昌家，由其负责管理。后来，陈毅、李铉、彭允年也被批准入祀该纪念馆，也就成了所谓的"四侯祠"。

四侯祠所在的云林墟，即今天沙井中学附近，明清时期这实在是十分繁荣的墟市。松岗、石岩一带的人们，全都会乘船驾车赶来出售自家出产的农副产品，购回日常所需的生活用品。

到了清初，为了防止据守台湾的郑成功，朝廷下令东南沿海的边界一律退后50里。在这场浩劫中，四侯祠湮没了，只是在清代嘉庆廿四年（1819年）所修的《新安县志》发黄的书页中留下一段文字，帮我们记忆起沙井曾有过四侯祠这样的名胜——

四侯祠，在邑三都云林墟侧，祀知县曾孔志、陈毅、彭允年、李铉。万历年间潘甲第等建。买置土名"将蛇坑"中则田六亩八分供祀，粮税入潘永昌户，碑记尚存。

▶ 世外桃源金龟村 ◀

山青林密，溪流纵横，鸟叫虫鸣，这些便是位于深圳市坪山新区东南部的金龟村。

金龟村方圆13.8平方公里，现今保留有7条自然村，160多户人家和525位村民。每条小村依山而建，顺着地势的起伏，从山脚下一直延绵到田心山（深圳第六高山）海拔300多米的地方。

金龟村的历史可以上溯至清道光年间，是古商路上的一个重要村落，无数的传奇行走其上。因为附近有一座山形似金龟，当年古商道上路过的人在歇脚时，看到这个位于龟肚子的村子，便给它起了个名叫金龟肚。

　　久而久之，"肚"字被省略，由此有了金龟村。在这个有着 400 年历史的客家古村落，金龟村人不断地书写着人与自然最亲近的关系。

　　最能闪射出历史痕迹的地方，是村里一段斑驳的青石古道。这段古道有将近 200 年历史，由一块块椭圆形的石头铺成，因为日久年深，石头上长满了青苔，青苔融入石头，石头里包裹着青苔。

　　这条石板路，是 19 世纪葵涌一家潘姓大户出资修的，潘家有一祖先被朝廷任命为盐运史派驻广东，卸任后回到故乡，朝廷将大鹏半岛至葵涌的土地都划给了他。当年关于潘家的显赫，曾经流传着这样的说法："龙岗罗，淡水古，唔受葵涌一个潘"。这句话的意思是：当时龙岗的罗姓（罗瑞合村）、淡水的古姓（古志合村）两个家族，都比不上葵涌潘氏的兴旺。

　　这条路建成后成了当时重要的商旅之路，连接着坪山墟镇到龙岗、横岗，石井到淡水，最终到达沙鱼涌，而沙鱼涌是当时宝安、龙岗、坪地、淡水往香港通商的唯一口岸。当地百姓把本地种养作物沿着此路挑到山外去卖，直到新中国成立前，这条路还在发挥作用。新中国成立后，新修了公路，这条几公里的石板路也被破坏了，现在只剩下十几米长。

　　金龟村在清末民初时是兵家必争之地，加上山上"阿保头"（山匪）横行，分帮林立，小小的金龟村就建了十几座碉楼，至今尚存的有 6 座。村里保存最好的一座碉楼高达 3 层，每一层都有三个小小的窗洞，几个炮眼，一楼有一个大的门庭。碉楼是由当时村里的大户人家修建的，既保护自己也保护周围的村民，村里的男丁要轮流到碉楼去值班，形成村里的武装组织。

　　金龟村有一幢保存完好的客家民居，由冯孝明祖上所修建。与龙岗的多数客家民居一样，这座老房子的门楼修建得很气派，虽然历经风雨，但是仍然能看到门楼上方雕刻的几幅花鸟画，斑驳的图案难掩精细画功。

　　一进门，便可看到一面很大的"屏风"，仔细一看，这其实是四扇可以打开的门。只有发生大事的时候，这几扇门才会打开。绕过这个"屏风"，才看到院落。

　　院落中央有一个矩形的水池，水池四边都留有凹槽，寓意着"四水归田"，团聚祥和。这些凹槽在下雨时就承担起快速排水的功能。环顾房子四周，梁、檐、墙壁上都有精细的雕刻壁画。

▶ 蔡屋围 ◀

拥有 620 年村龄的蔡屋围，是深圳历史最悠久的老村之一。

蔡屋围最早的名字叫做"赤坎"，本来没有蔡姓居民，原居民都姓陈。

明朝时，"卫所"制度在全国推广，广东最初设立 28 个卫所。当时的深圳地区归"南海卫"和另 5 个卫共同管辖。"南海卫"当时占据"月岗屯"（最早设立的军屯之一，位于今天的蔡屋围地区），后来"月岗屯"划归东莞所。蔡屋围真正建立，就是由此时开始的。

深圳蔡氏的先祖，原籍福建汀州。一世祖名蔡安。因北方战乱，全家迁到南雄珠玑巷，那是在南宋末年；元初，蔡氏家族再迁到东莞，在今天的东莞虎门长安沙头墟下居住，后来元朝局势混乱，蔡氏族人开始四处散居。明末清初，蔡氏到了深圳，在宝安松岗沙蒲建村立业，这是在深圳的最早落脚点。

清康熙年间，陈氏从松岗沙埔围村，雇了一名姓蔡的青年长工，专门养鸭。蔡姓青年后来利用"月岗屯"的旧址建村，成家立室，买田起屋，子孙后代日益增多，而沙埔围村的蔡氏人家也陆续迁居到这里。蔡姓人慢慢地开始"反客为主"。

根据 1986 年罗湖区蔡屋围村所抄录的《蔡氏分谱》所记，蔡基俊为蔡屋围的开基之祖。如果上则传说是真实的，那么这名养鸭的青年，就是蔡基俊。

明末清初，蔡屋围经过较长时期的"老陈家"、"月岗屯"和"蔡家围"三名并存阶段。后来，逐渐"老陈家"和"月岗屯"的叫法都转化为"蔡家围"，这也是蔡屋围的最早叫法。

蔡屋围曾建两座宗祠，分别有两副对联，其一为：

西山理学

东阁家声

其二为：

家学溯西山，渊源百代

祠堂环赤水，俎豆千秋

蔡屋围与海外的关系十分密切。在几百年的历史中，蔡屋围居民由于天灾人祸、耕地不足等原因，多闯荡异国他乡，足迹遍及全球。新中国成立前，据不完全统计，蔡屋围一支共有族人近万人，其中在内地仅有1000余人，其余均散落在香港和世界各地。

在今天的深南大道蔡屋围天桥旁边，曾经有一间颇为引人注目的破旧宗祠，它就是蔡屋围的蔡氏怀慄公祠。怀慄公祠，乃蔡屋围村主要的家祠之一，为两进五大间天井的宗祠式建筑结构，建成于清咸丰丙辰年（1856年）冬天。因其与另一间古建筑培英堂（已拆毁）距离老深圳铁路货运站不远，地当其冲，故而在历史上扮演了不少重要角色。

这间公祠，曾经与中华人民共和国第一任总理周恩来有密切关系。1924年8月，怀慄公祠曾经作为蔡屋围农会的会所，成为轰轰烈烈的农民运动的发起地。次年，时任黄埔军校政治部主任的周恩来，在祠堂前的广场上发表激越慷慨的演讲。

1961年，蔡屋围用全村百姓的集资和海外华侨的款项共8000元，从香港买回一台英国产"福克森"牌拖拉机，这也是宝安县的第一台拖拉机。在上世纪70年代初中期，蔡屋围偷渡去香港的村民很多。蔡屋围在深圳河以南有耕地，但是蔡屋围村民却没有一张过境耕作证。

1975年，蔡屋围从香港取得在境外土地的分布图，据此向县里申请过境耕作证，给村民过境耕作，最多的时候，蔡屋围有125张过境耕作证。1979年前，凭着这百多张过境耕作证，蔡屋围的经济实力大大增加，挣来的外汇被用来购买推土机、泥头车和化肥等。

125张过境耕作证，不仅让蔡屋围不少村民得以自由出入香港，完成了蔡屋围村的资本原始积累，更让他们开阔了视野、解放了思想。

1995 年 6 月 9 日，总高度达 383.95 米的地王大厦矗立在蔡屋围的土地上，成为当时的亚洲第一摩天大厦，取代了 1984 年封顶的国贸大厦，成为诠释"深圳速度"和深圳精神的新地标。2011 年 4 月 23 日，京基金融中心封顶，以 441.8 米的高度成为全国第三高楼。

今天，以蔡屋围为中心半径数百米的范围内，集中了人民银行深圳中心支行、保监会深圳保监办两大金融监管机构、数十家银行机构以及中国外汇交易中心深圳分中心、深交所和几十家证券保险机构总部或分支机构。据不完全统计，区域内集中了深圳市 74% 的银行机构、80% 的保险机构和 40% 的证券机构，集中了深圳市 60% 的金融资产、90% 的外资银行。

这些，构筑了"深圳华尔街"雏形，确定了蔡屋围在全市经济发展格局中的地位。

▶ 王屋围 ◀

1276 年的一天，一个年轻貌美的妇人，牵着一个 8 岁的小孩，在一群人的簇拥下，从大亚湾海滨上岸，急匆匆地向前走来。那妇人泪挂红颜，云鬓零乱，那小孩脸色蜡黄，双眼无神。随行的人们也个个衣衫褴褛，疲惫不堪……

这并不是一队普通的旅客。那位泪挂红颜的妇人，就是南宋朝皇帝的母亲——太后杨淑；那脸色蜡黄的孩子，则是当时的皇帝赵昺；簇拥在皇帝母子周围的，是文武大臣和随从将士们。

就在这年春天，南宋王朝的都城临安被元军攻陷了，皇太后杨淑带领小皇子沿海一路西逃至王母围地区，终于摆脱了逃兵。皇帝母子与众人在这里只歇息了一会儿就又急急匆匆前行。

但是有许多人却走不动了：受伤的士兵、年迈的老人、累垮的民夫、娇弱的宫女……皇母杨淑只好让他们留下来。据说留下来的后来都活了下来，而随皇帝母子走的，则几乎全部死于之后不久的崖山之战，成了南宋王朝的殉葬者。

留下来的人们在这里歇息养伤，捕鱼打猎，开荒种粮。他们慢慢地垒墙盖房，形成了一个村落。后来，人们为了纪念杨淑，就把这个村落称为"皇母围"。

由于王母人讲话"王"、"皇"不分，于是"皇母围"三字传来传去，就成了"王母围"了。居住在王母围里的人姓氏复杂，有李、林、蔡、陈、王、张、秦、郑、胡、熊、曾、叶、欧阳、廖、郭等姓。许多居民即便同姓甚至名字相似，也没有任何血缘关系。

在今天的王母围，偌大一个围屋有近千人居住，出出入入却只有一个南大门。据老人们说，只留一个出口的目的，主要是为了用于防御外敌。这一点，还可以从门两侧的巨大石门柱的特点推断出，门柱上面有十多个圆而大的孔，贯通厚石。据记载，这里原来曾经用粗木横叉石柱，而且都有加固的设施，敌人很难进入。曾经的硝烟年代早已经远去，那些用于保护家园的粗木也不知哪里去了。

围内房屋特点不一，一层或者二层的房屋无规律间隔着，大部分都保存完好，只是从屋上的青瓦，就可以看得出年代久远。王母围的建筑布局规整，整体朝向南偏东，呈矩形，街道格局清晰，围内南北4条巷道，东西向9条巷道，共10排建筑约200多间老屋。

清嘉庆道光年间，以王母围为中心，形成了与平湖墟、深圳墟等并列的36墟之一。每个墟每3天一个墟日，邻近墟市墟日相互错开。而新中国第一面五星红旗是在这里升起的。

1949年9月，深圳还没有解放，当时我军在此驻扎一部分队伍，又有一批在此待命准备接管广州的干部和学生。9月30日那晚，这里的干部接收到香港传来的电稿，电稿上介绍10月1日将在北京举行开国大典，介绍了首都、国旗、国歌的情况。时任粤桂边纵队参谋长杨应彬组织大家按照电稿说明，制作了一面五星红旗，准备举行升旗仪式，以迎接新中国成立。

10月1日早上6时许，近千名部队干部、学生和群众在王母墟的光德学校举行隆重的升国旗典礼。事后才知，北京的开国大典是在10月1日下午 3 时开始，王母墟的升旗比北京天安门广场早了 9 个小时；也是后来才知道，大家动手制作的国旗，在形制、大小、五角星的位置等方面，和真正的国旗基本一致。

后来，深圳博物馆约请著名油画家周小愚，创作了《王母墟升旗》，用中西绘画的技巧，再现了那一历史时刻。如今，这幅画作悬挂在深圳博物馆新馆二楼"近现代深圳"展馆的墙壁上。

中国名城掌故丛书

◉ 深圳掌故
Shenzhen Zhanggu

民俗文化

▶ 广府系民俗文化 ◀

广府源流

深圳的本土原著居民，主要由西部的广府人和东部的客家人组成，是历史上形成的汉民族中的两大民系。

广府民系，是最能代表岭南文化特征的民系。它是由古越人和南迁的中原移民融合而成的，在岭南三大民系（广府、客家、福佬）中最早形成。

在中国历史上，中原人较大规模地进入岭南，大致有四次：第一次，是秦朝时发兵 50 万戍五岭；公元前 221 年秦始皇统一中国后，为了政治和军事的需要，派兵"南征百越"。南下的秦军，从闽粤赣边入抵揭岭（即揭阳山，今揭阳县北 150 里），直抵兴宁、海丰二县界。公元前 214 年，秦始皇再派 50 万兵丁"南戍五岭"（今两广地区）。这些兵丁长期"戍五岭，与越杂处"。秦亡后，两批南下的秦兵都留在当地，成为第一批广府先民。

第二次，是汉武帝派伏波将军率领南征的数十万大军，留守岭南九郡。

第三次，是南宋高宗南逃，部分中原人随隆佑太后散落珠江三角洲。

第四次，是南宋末年皇室南逃，北方的大批将士及庶民随从南下，流散于珠江三角洲一带。

这些中原移民，构成了广府民系的主流。他们所居住的地域，主要是珠江三角洲，还有粤中粤西的一些县市，所操语言为汉语粤方言，属壮侗语族。这是以古越族语为主，融会了中原古汉语成分的一种方言。

由于珠江三角洲一带土地肥美，水系纷繁，为农业发展提供了有利的条件，又有得天独厚的贸易港作依托，所以在两宋时代，开发已初具规模。到南宋时，已成为著名的粮食产区和经济作物基地，明代后期开始向商品化的方向发展。

广府民系与其他民系共同在原新安（宝安）县生活，除了保留自己的传统民俗文化之外，还互相融合，在生产和生活中形成"你中有我，我中有你"的共同区域民俗文化，实际上是汉民族传统文化的反映。

商业文明的发达，决定了广府民系的群体性格：不怀旧，不拘泥于过去，富于冒险，勇于开拓，容易接受外来新事物，善于融合、消化、吸收，商品意识浓，价值观念强。他们精明能干，善变兼容，淡泊政治，讲求经济实效。

在日常生活中，他们一方面对于西方物质文明大胆追求，尽情享受，另一方面又不忘本土文化。广府地区处处是中西文化撞击的火花，又体现出经过中原文化哺育，并有百越古族遗风的韵味。

最能体现广府民系风情的地方，是茶楼。精巧的中西美点，清淡鲜嫩的粤菜，都是其他地方所少见的。茶楼不仅是广府人果腹消遣的地方，更是交朋聚友、洽谈生意的场所，可以说是窥见岭南世态民俗的一扇窗户。

万丰粤剧

粤剧，俗称"大戏"，具有300多年的历史，主要流行于两广、港澳以及东南亚的广府人聚居区。唱粤曲、演粤剧是深圳广府人的传统习俗，是最受他们欢迎的娱乐项目。周恩来总理生前曾说过："昆曲是江南的兰花，粤剧是南国的红豆。"

元末明初的万丰村潘氏四世祖潘礼敬，号乐静，生于元至正三年（1343年），自幼颖悟过人，好学上进，胸藏万卷，尤通音律。每每酒酣兴发，常击节高歌。在潘礼敬的墓碑上，铭刻着这样一段由沙井人陈琏所写的描述：尤通音律，好吟咏，酒酣兴发，常击掌高歌，倚声度曲，有绕梁之音，听者欢然。

万丰民间有迎神赛会演戏的习俗，每遇祭祀、喜庆、宗族活动，都与演戏相结合，请戏班成为当地的家常便饭。民间艺人与戏剧爱好者，农忙务农，农闲从艺。因此，热爱粤曲的传统更是不断继承和发扬，能编能演，唱家辈出，万丰村的粤剧艺术能经久不衰而流传下来。

再到后来，万丰人的兴趣已发展为"学问"了。明代的潘氏九世祖潘楫，号钟冈，约生于明弘治十五年（1502年），是明代新安理学先贤。他以治《春秋》为本，治学态度严谨，著有《钟冈诗集》、《文房余稿》等书。

他最大的成就是研究音乐，为此他花费了毕生的心血，著有《律吕图说》一书。律吕，是古代正乐律之器。中奉大夫承宣布政使游应乾对此书颇有好评，并作《律吕图说序》评价说："有真见，可以破千古不决之疑，可以索千古不传之绪"。

至清代，十九世祖三品游击将军潘耀扬，在万丰村万家荫"将军第"（今万丰村仁爱路）之侧，修建了一幢"八音楼"，经常招来戏班前来演戏，为万丰人构筑了浓郁的粤曲、粤乐氛围，渐而养成了万丰人对粤曲的雅好。

之后粤剧形成，万丰人对粤剧更是情有独钟，几乎个个爱看，人人会唱。万丰村的粤剧高手如云涌现，连剃头匠都是粤剧好手，至今万丰村还流传着剃头匠多次救场的故事。

民国期间，潘氏粤剧人才辈出，享誉港澳及东南亚，并出现一位集大成的粤剧演员潘有声。

潘有声是万丰三村潘太福之第三子，生于民国二十七年（1938年），原名潘有成，是万丰潘氏二十二代传人。因家贫，他出生后送给本村潘永辉抚养，旋即随养父移居香港。童年时代就显示出其演艺天才，读了两年书便去学艺，并改名为潘有声。潘有声9岁时便以"神童"的姿态出现在舞台上，10多岁与黄金爱搭档，在香港的"普庆"、"高升"两大戏院的舞台上扮演女童，受到观众的关注。13岁时，曾与广东著名粤剧名家新马师对打擂台。

1949年，潘有声随团到广州演出，艺惊四座，声名鹊起。他曾在多部粤剧中担任主角，并拍成电影，风行世界各地，并随团远涉越南、新加坡、马来西亚、泰国、新西兰、美国、加拿大等国家演出，誉满梨坛，驰名中外。

新中国成立后，粤剧在万丰村得到了同样的发展，成立了粤乐社，出色的演员有潘荣耀、潘强恩、潘吐金等等。1993 年该村成立万丰粤剧团，1998 年领取营业执照，成为全省第一个村级农民专业粤剧团，并逐渐从一个村办业余文艺团体发展为全国知名的专业文艺表演队伍。

1998 年 9 月 27 日，应文化部的邀请，万丰粤剧团携粤剧《大潮》晋京向中央领导和首都人民汇报演出，受到中央首长李瑞环、李铁映、罗干、王光英、吴阶平的接见并给予高度评价。李瑞环同志亲手颁发"讴歌改革开放"奖牌，与全体被接见人员合影留念。

1999 年元旦，万丰粤剧团参加广东省粤剧演艺大赛，演出《放裴》、《断桥》等粤剧折子戏，获铜奖殊荣；粤剧小品《一件羊皮褂》获 2001 年 11 届国家文化部"群星奖"金奖；大型粤剧《风雨茅洲桥》获第十届中国人口文化奖金奖；小粤剧《移民情》获深圳市鹏城金秋艺术节银奖。

万丰粤剧团的出色表演，被誉为"深圳市第二粤剧团"。万丰村拥有两次荣获国家金奖的村办专业粤剧团，组织了群众粤乐社，还重修"八音楼"，积极开展群众性粤剧活动。2004 年，获广东省命名为"广东省民间艺术（粤剧）之乡"。

可以说，万丰粤剧是由深圳市沙井镇万丰村潘氏一脉兴起与传承的。这对一个村的一个姓氏而言，能坚持这么多年，是很难得的。

福永醒狮

福永是深圳的文化名镇，原来叫"三姓堂"。

两宋时期，陈姓、梁姓相继从江西迁徙至广东南雄珠玑巷，再迁至福永村落户开村。与此同时，庄姓先祖也从福建跟随文天祥随军抗元，兵败后迁至福永村定居，福永村三姓合村——定名"三姓堂"。三姓族人长期和睦相处，相敬如宾，"三姓堂"又被称为"三星堂"。

元代初年，福永村人感叹三姓族人长期以和为贵、邻里相依，福分不浅，又都盼望幸福永远，大家遂将"三姓堂"称为福永村，并报当时官府备案批准。明万历三年，官府在福永村处设立福户巡检司，清朝因袭，辖今西乡、福永、松岗、公明、石岩一带地方。福永的名字就在一段历史佳话中被固定下来。

在福永，有一项久负盛名的民俗活动——舞狮。几乎村村都有狮队，每逢春节、元宵、端午、重阳等节日盛会和迎亲嫁娶、企业开张等重大活动时，都要大张旗鼓地舞狮庆贺。因此，福永又有舞狮之乡的美誉。

福永醒狮属于"南狮"，基本是由当地德高望重的老艺人制作，它额高而窄，眼大能转，口阔鼻塌，面颊饱满，牙齿能隐能露，背宽腿健，花纹图案富有传统工艺美术特色，集观赏性、艺术性和竞技性于一体，具有浓烈的吉祥喜庆色彩和气氛渲染力。

凡新狮初舞之前，按照传统的俗规，都要举行一个庄重的仪式，叫做"开光点睛"。舞狮程序由起鼓开始，伴奏乐以打击乐为主。相对于北狮，南狮表演较为多姿，能表现出喜、怒、哀、乐、醉、动、静、惊、疑、猛等表情和神态。在表演中，要求舞者不仅能模拟狮子的生活习性，将它的喜怒、惊疑、敏锐、威猛、柔驯等神态和动作表现得惟妙惟肖，还要有扎实的武术功底，能娴熟配合，表演各种惊险的高难度动作。

舞狮过程以"采青"内容最为精彩，这也是舞狮的高潮部分。技艺表演有"狮子上楼台"、"狮子花灯"等，一招一式融入礼仪教化的内蕴，遒劲挥洒，雄风猎猎，步法眼神、身位神态、鼓乐舞狮均配合默契。

在福永，舞狮习俗可上溯到清嘉庆（1796～1820）年间。那时的福永，因地处珠江三角洲、紧邻珠江口，物产丰富，商贾云集。一些渔民便以竹、木、布或纸扎成狮子，敲锣打鼓，翩翩起舞，庆祝丰收和祈祷出海平安，于是舞狮活动逐渐作为一种喜庆和祈福的活动，开始兴盛起来。福永桥头、塘尾、福永、怀德、白石厦五个村的醒狮队，便是其中的佼佼者。

自清嘉庆（1796～1820）年间以来，这五个村就已有醒狮武术的传统，100多年来一直保存了下来，特别是在新中国成立前及"文革"时期也没中断过，持续至今。

1979年改革开放以后，经济发展了，各村对醒狮高度重视，并拨出专款，扶持醒狮武术队的活动和发展。他们晚上定期训练，节日活动，成为吸引和凝聚本村青年、开展健康有益民间传统艺术活动的一个广阔阵地，也使福永醒狮武术队伍不断壮大，每个村参加醒狮武术队的人数都接近或超过100人。

从 1993 年起，当地政府高度重视群众文化活动的开展，特别是福永的醒狮表演。每年，政府都组织他们参加元宵群狮汇演和比赛，至今已成功举办了 14 届。特别是每年春节期间（年初一到元宵），他们到各村及附近地区开展狮子拜年活动，遇有区、镇组织的节日活动和单位企业的庆典活动，都能积极参与，使舞狮活动成为福永的一个传统和品牌。

2005 年 12 月，福永举办全国龙狮邀请赛，福永的桥头醒狮队技压群雄夺得冠军。在 2010 年年初举行的第八届全国龙狮锦标赛上，福永的怀德醒狮队代表深圳队赴广州参赛，与来自全国的 25 支队伍角逐，最终荣获亚军。2009 年 10 月初，福永醒狮团代表国家参加"欧罗巴利亚—中国艺术节"，是此次开幕仪式唯一特邀并献技的表演团体。

下沙大盆菜

骏马堂堂出异方，任从随处立纲常。

年深外境犹吾境，日久他乡则故乡。

朝夕莫忘亲命语，晨昏须念祖宗香。

惟愿苍天垂庇佑，三七男儿总炽昌。

在位于深圳中心区的下沙村，许多孩子在很小的时候都背这首诗——父兄们说，凭这首诗，就可以认出千百年前是一家的兄弟。在这个有着 800 年历史的古村庄里，基本都是黄姓一族。

黄氏发源于江夏郡安陆（今湖北云梦东南），因此祖祠称"江夏堂"，俗称"江夏黄"。据《念恭堂·黄氏家乘》记载，下沙黄氏为"江夏黄"的一支，始祖黄峭山生于唐懿宗咸通十三年（872 年），卒于后周广顺三年（953 年），曾任浙江、两广的军务，宋朝时先后被追封为侍正学士、刑部尚书、太子少保。黄巢之乱，他举家迁入闽南邵武和平镇。

黄峭山共娶上官、吴、郑三位妻妾，生了 21 个儿子。人丁兴旺虽是好事，但当时天下群雄逐鹿，兵连祸接，为了保全家族，晚年的黄峭山命三房各留长子一人，其余儿子各带家产一份和《黄氏家谱》一套，各自外出谋生，并写下了本节开头的那首诗，作为日后黄氏后裔相认的凭证。至今海内外黄氏后裔相认，仍以背诵此诗为凭。

在 800 多年前的南宋，黄峭山的第十五代嫡孙黄默堂辗转迁徙，来到深圳下沙建村，成为下沙黄氏的一世祖。由于这里近海，古时海水把这里冲击成一个很大的沙滩地，村子建在这个沙地上，所以围绕"沙"取名。为了在这块土地上更好地繁衍生息，后代族人在此种植了红树林防御海潮。

黄默堂生于南宋孝宗淳熙十年（1183 年），卒于南宋理宗淳祐八年（1248 年）。墓位于现深圳市内莲花山西北坡，建于南宋淳祐八年。该墓 2002 年 9 月 15 日公布为广东省级文物保护单位。村内现存的九世祖"黄思铭公世祠"始建于明代，现为深圳市级文物保护单位。下沙黄氏从黄默堂算起，现已传至第 29 代。

提起下沙，就不能不说到大盆菜。

环珠江口一带流行元宵吃"大盆菜"的风俗。吃"大盆菜"源自宋代，明清时被称为"新安盆菜"。

"大盆菜"原来用木盆，现在用不锈钢盆，通常包括蚝、鸭、猪肉、鳝鱼、鱿鱼、油豆腐、支竹、牙菇、鳝干、肉皮、云耳、冬菇、芹菜、萝卜等 15 种菜，用煎、炒、煮、焖等多种方法烹制而成，层层叠叠装在大木盆中，最上面是鸡鸭，寓意"百鸟归巢"。一桌一盆，四条长凳，八人一桌，欢聚围坐享用。

这个习俗跟一个传说有关。相传南宋末年，元军挥戈南下，9 岁的宋少帝以及追随他的一众兵将，在元兵的追杀之下向南逃。逃到香港九龙一带时，已经到了半夜而且天又下雨，士兵们又冷又饿。当地的老百姓于是把自己家里的食物都拿出来倒在一口大锅中，让宋兵们饱食了一顿。

以后，沿海一带的南宋遗民为了纪念这一历史事件，每逢年初，都会从家里拿来各种各样的食物，倒在大盆里面一起吃，久而久之便形成了吃"大盆菜"的习俗，并演变成民间凝聚宗族、维系感情的节日盛会。明、清两代称"新安盆菜"，后又称"大盆菜"。

1994 年，下沙村恢复了正月十五闹元宵吃"盆菜"的传统，盆菜宴在村里的黄思铭公世祠前举行。此后，"大盆菜"逐渐成为下沙响当当的文化名片。

2002 年 2 月 23 日，下沙村举办了具有浓郁南粤风情民俗的"黄氏宗亲会"元宵节，摆下盆菜宴超过 3800 席，除深港黄氏宗亲外，还宴请了中外嘉宾 6 万余人，同时还有粤剧、舞麒麟、舞龙、舞狮等各种民间艺术表演。

这次盆菜宴规模庞大，场面壮观，被载入"世界吉尼斯之最"，轰动一时。

开丁节

在深圳市南山区蛇口渔二村，农历正月十三是传统民间节日——开丁节。渔二村位于深圳市南山半岛最南端，居民均是祖籍广东海丰的移民，过开丁节则是源于海陆丰的旧俗，在他们心目中胜过大年初一。

100 年前，渔二村还是一片野草横生的荒地，但由于是珠江的入海口，咸淡水交界，盛产浅海鱼类，于是汕尾市海丰县红草、梅陇、联安等地的渔民前来捕鱼。先是季节性地捕捞，清明一过到蛇口，临近春节回海丰。1949 年，蛇口解放，渔民登岸搭建草棚，接来家眷，形成村落。不过，蛇口老街一带原居民分为渔一村，渔二村，只有渔二村有过开丁节的风俗，邻近的渔一村没有。

关于开丁节的起源，在民间有两种说法。一种说法是，元朝初年，异族统治者取消了汉人集会的权利，甚至规定每十户人家只能共用一把菜刀，于是一些寻找反元机会的汉人们商定，哪家添了丁（即生了小孩），人们就聚到哪家吃"开丁茶"，趁机躲避元兵耳目。后来，喝"开丁茶"的习俗流传至今，人们把吃"开丁茶"的日子集中到一天，即每年的正月十三，演变成广东潮汕地区的特有民俗。

在民间还有另一种颇为盛行的说法：当时，生男孩要庆周岁，凡生男孩的家庭，要于次年正月元宵节前后在神座前焚香点烛，祭拜祖先，并点上灯笼，挂在祠堂或家门口，祈求人丁兴旺，俗称挂灯、上灯，还要邀请同宗长辈家长，亲朋好友到家中吃开丁茶（当地又称菜茶），以庆祝添丁。后来，逐渐形成了正月十三过开丁节，吃开丁茶的习俗。所以，开丁节又叫开灯节。

为什么要在正月十三呢，因为春节期间正是当地捕鱼的好季节，许多在外打鱼的男人不能回家过年，直到正月十三，所有奔忙在外的亲朋好友才纷纷返回家中，互道平安吉祥。不过，今天的渔二村除了名字中有一个"渔"外，已经没有打渔人家的生活迹象了。

渔二村的先辈 100 多年前移民至蛇口以后，早年生活艰难，人生地不熟，更期盼家中人丁兴旺，同时，过开丁节也成了人在他乡相聚祝福，增强团结的好办法，沿袭至今。

饮开丁茶是"开丁节"里最重要的内容之一。"开丁茶"虽然名为茶，但是它和大家理解的茶截然不同，而是添加各种杂菜的靓汤。

一般是正月十二先搞好费工时的材料，正月十三上午 8 时备齐料，下午 3 时开始制作。早年的开丁茶，选用菠菜、包菜、芹菜、茼蒿、荷兰豆、爆米花、茶叶水、油和盐等材料。先把茶泡好，米花备好，再将青菜洗净切碎，分类炒熟备好。吃开丁茶时，根据客人人数摆上小碗，在碗中盛放各类材料，再把滚烫的茶水冲到碗里即可食用。

近年来，居民的生活水平提高了，开丁茶的制作也发生了变化。除传统的材料以外，又增加了鱿鱼、虾米、猪肉、腊肠、花生等。吃开丁茶时，冲加的不再是茶水，而是滚烫的鸡汤、猪骨汤。

随着时代的发展，开丁节的内涵也不断更新。过去是生男孩挂灯，后来生女孩也挂灯，现在则成了全村居民的共同节日，家家挂红灯。开丁节历史悠久，通过它，可以研究农业社会人们的生存状况。过开丁节，对于加强亲友邻里间的沟通与团结，广纳外来人员融入社区，也具有一定的社会价值。

大宗祠拜祖宗

明代开始，朝廷允许民间联宗立庙。清代深圳迁海复界后，东部的客家围和西部的广府祠堂建筑蓬勃兴起。客家大多祠、居合一，设祖公堂于围屋中轴线的上堂；而广府地区则多建砖、石、木结构的独立祠堂，肃穆壮观，大门下立抱鼓石，两侧筑塾台。宗祠建筑规制严谨，布局疏密有致，结构规整对称，空间层层深入、步步升高，有模式化的大门、广场和池塘。

位于沙井街道新桥社区的曾氏大宗祠，建于清乾隆年间，是深圳现存最大、保存最完整的广府祠堂。它占地面积 1050 平方米，五间三进，由门楼、牌坊、戏台、中堂、后堂组成。宗祠集石雕、木刻、壁画、灰塑、砖雕、瓷艺于一体，具有重要的历史、艺术和民俗价值。

作为乡土建筑中最重要的一种，宗祠里有许多值得承传的非物质文化遗产。宗祠有总祠、支祠和家祠等不同级别。宗祠是血缘宗族祭祀祖先的场所，旨在维系宗亲，慎终追远、维护礼教。同时，它又是执行宗法族规，聚众议事，举行重要典仪的地方，有的还用作族中子弟的私塾，是宗族的多功能活动中心。

一般来说，深圳广府祠堂举行的正式祭祖活动包括以下几项。

（1）冬至祭祖。《广东新语》作者屈大均曾提到广府宗祠，说到冬至祭祖："岁冬至、举宗行礼，主旨邑者必推宗子，或支子祭告，则其祝文必云，裔孙某，谨因宗子某，敢昭告于某某祖考，不敢专也。"

每年冬至日是统一举宗行礼祭祖的重大日子，这一天除各家各户在家具备酒肉三牲、果品、汤圆祭拜外，全村有身份的人还要参加祖祠的祭拜，往往是举行一些杀猪宰牛、演戏酬神等庆典活动。在宗祠内还要举行祭拜仪式，颂扬祖德宗功。广府人常说"冬至大过年"，这也是其中的一个原因。

（2）宗祠的春、秋二祭。春祭在农历二月初二日，与土地诞，俗称"伯公诞"同日，因此春祭祖祠是很热闹的，祭了祖又祭神，祭了神又祭祖。秋祭在农历十月初一日，这也是宗族较大的祭祀行礼的日子，但目前行祭的不多。

此外宗祠还有不少的祭祖和庆典活动。

（3）春节祭祖。即每年初二日是人拜人，人们早早起来，杀鸡拜祖宗。

（4）元宵节祭祖。元宵节俗称正月十五，亦称灯节、上元诞。旧俗家中添了男丁，于正月十三日始，要先把灯挂到祠堂，家中神堂中央也挂上灯，叫"试灯"、"开灯"，鼓乐高奏，醒狮起舞，十四日张灯结彩，正月十五灯节正日，饮灯酒，放花炮、猜灯谜，村中有游灯、唱大戏等活动，热闹非常，至十六日散灯。

今天的福田区沙头街道下沙村黄思铭公世祠元宵节祭祖，是一年中最热闹的祭祖活动，且连续数天，内容包括长子嫡孙、族长主持的祭祖仪式、舞狮、舞龙、聚会、唱戏（粤剧）、搭彩排、吃大盆菜等。

（5）土地诞祭祖。二月初二日是土地诞，俗称"伯公诞"、"谷神诞"，又叫"社日"。社神源于古代之社稷崇拜。"社"是土神，"稷"是谷神。土神就是土地公，又称福德正神，成为掌管各方区域的本土神。社日除打醮演戏之外，还有分社肉、社粥等，多在祠堂进行。三牲祭神后，按人头分肉，有"祖先赐食"的意思。社肉多为烧猪肉，社粥多为猪红粥，由各家各户派人到祠堂领取。凡已"开灯（丁）"的，可多分一份。土地神祭完后，则在宗祠举行春祭祖先。

（6）清明节祭祖，农历在三月上旬，是扫墓的日子，又称拜山。宗祠也主持祭祖拜山。拜山回来，在祠堂分猪肉，有个亦庄亦谐的名字叫"太公分猪肉"后来演化为一句熟语，意思是人人有份。于神龛前扦一枝杨柳枝，也有在门口挂柳枝的。

（7）端午节祭祖。端午节又称"五月节"，主要节目有划龙船，食粽子，挂菖蒲、饮雄黄酒、佩香包、洗龙舟身等。端午节前活动便开始，初一祭祖，初二送礼，初五日是节日的高潮。

（8）重阳节祭祖，深圳郑氏、黄氏于重阳节拜祖墓山。祭祖回来后，在祠堂分烧猪肉。这种分食是按人头来分，特指男丁。男丁是以元宵节在祖祠点过灯（丁）的才算。在祠堂里"太公分猪肉"，古来有之，广府民系非常崇尚。其他节日或吉庆，也有实行"太公分猪肉"。

（9）除夕祭祖。古人"慎终追远"在辞旧迎新之际感恩追始，孝敬和怀念祖宗，并祈求祖先的保佑。

沙井蚝与打蚝歌

在南海出产的蚝中，深圳出产的沙井蚝个大、肉嫩、肥美，最负盛名。

沙井地处入海的河道处，掘井时沙很多，就取地名为沙井。古深圳地区的盐业已经非常发达，归德盐场的附近有一个叫云林的地方，就是今天沙井地区。

从宋代开始，沙井的先民就在宝安沙井海边的滩涂插竿养蚝，距今已有1000多年历史。炭烧沙井蚝、生蚝火锅、沙井蚝豉等一系列特色菜，也成为深圳本土乃至周边居民世代喜爱的传统美食。宋代文学家梅尧臣《食蚝》诗中，曾经这样描述食用沙井蚝的感受："薄宦游海乡，雅闻归靖蚝。"这也是有关深圳名产最早的文献记载。

据当地人介绍，沙井的蚝民主要是南宋理学家陈朝举的后代。当时陈朝举举家南迁，辗转来到宝安县沙井一带。

明、清时期，是沙井蚝业的迅速发展时期。清乾隆年间，朝廷取消盐场，沙井蚝民发明了以罐瓦陶片作附着器养蚝的新方法，寄生养蚝，方便采养，蚝业产量比宋代的"插竹养蚝"翻一番。蚝田最初在龙穴洲的附近，后来又一度发展到沙井及其周边的福永、黄田、前海、后海和香港流浮山一带。

在长期的发展过程中，沙井蚝业逐步形成了打山口、流水定作息、集体协作等生产习俗和蚝壳砌墙、上香拜天后的生活习俗，有一整套成熟的养殖和加工技术，形成了种蚝、列蚝、搬蚝、散蚝、开蚝等传统工序。由于蚝壳大量增多，很多蚝民都将蚝壳作为垒墙材料。步涌江氏大宗祠就是明清时期用蚝壳作砖建起来的，至今保存尚好。

由于代代养蚝、制蚝、品蚝，沙井人也形成了具有浓郁岭南特色的"蚝文化"。

沙井蚝民除了崇尚妈祖，供奉观音外，对洪圣也同样尊崇拜祭，并奉为生产保护神。平时蚝民出海都要带上香烛，朝大海拜祭，尤其是每逢初一、十五，都要进庙给天后和洪圣上香礼拜。到了天后诞和洪圣诞之日，更要带上香烛、钱宝、红枣、冬瓜等等供品专门进庙拜祭。

此外，每家每户均设有神台，并摆有观音。蚝民们为图吉利，保平安，在打蚝船的船头、船尾均漆有好兆头的对联。船头的对联为"船头生金角，虎口吐银耳"，船尾的对联为"顺风顺水顺人意，得财得利得天时"。

每年到了蚝的收获季节，当蚝民们丰收后，都会用大花轿将天后宫、观音庙、华光庙等"神仙"请到祠堂里，敲锣打鼓，吹唢呐，鸣鞭炮，并请来和尚念经拜神，杀猪祭祖，并且还按每家每户人丁，分派猪肉，以示庆贺。如果正遇上"每三年一大醮、每十年一届景"的习俗时，更是热闹非凡，要庆贺三天三夜，以祈求来年风调雨顺，国泰民安。"贴红榜"也是蚝民们的一大习俗，每逢元宵节前，全村老少将姓名贴上红榜以示人丁兴旺，老少平安。

尤其值得一提的是，与蚝相关的渔歌、盲歌、打蚝歌、蚝歌小调等等。当地妇女都能打蚝，有《打蚝歌》，并被明末大诗人屈大均记载在《广东新语》一书中，歌词是——

冬月真珠蚝更多，渔姑争唱打蚝歌；

纷纷龙穴洲边去，半湿去鬉在白波。

新中国成立后，沙井蚝业先后派人到海南、湛江、新会等地传授放蚝技术，苏联、日本、越南等国水产专家也多次到沙井考察蚝业生产。1965年7月，沙井蚝民以"在前进中的沙井蚝业大队"为典型事例走进北京农展馆，1966年又以"科学养蚝、稳产高产"的事例走进广东省水产展览馆，沙井蚝业大队成为了全国养蚝业的一面旗帜。

由于种种原因，从20世纪90年代开始，随着珠江口沿海经济的不断发展，沿海的水质日趋下降，沙井蚝的生存空间已日渐萎缩，蚝苗的养殖点也转移到了台山、阳江一带；原产的沙井蚝已成为深圳食客的回忆。

不过，随着绿色环保产业概念的发展，让"沙井蚝重回深圳"已不再是梦想，福永、南澳、内伶仃岛等深圳海域，已悄然建起了多个蚝类人工养殖基地。当地政府十分重视沙井蚝的发展，自2004年起，每年都要举办"金蚝节"。邀请国内外嘉宾前来参加盛会。2007年1月，沙井蚝民生产习俗，已被深圳市政府列入第一批市级非物质文化遗产代表作名录。

陈仙姑的故事

陈仙姑的故事，是近代以真人真事被民间传为"神仙"的故事，在宝安、东莞一带流传了100多年。

咸丰十年正月初二，陈端和出生在一个贫穷的农家里。因她在年初二出生，按照当地风俗，正月也称端月、孟春，春风春日，暖融祥和，故取名为"端和"。陈端和在很小的时候，父亲陈名公和母亲梁氏相继去世，靠哥嫂抚养长大。8 岁那年，家里将她许配给了沙井新桥人为妻（童养媳）。

陈端和自小聪明伶俐，勤奋好学，遇到疑难问题总爱刨根问底。当地少医缺药，乡亲们有疾病而苦于无处求医。陈端和为了寻找治病良方，她不辞劳苦走访了百里以外的东莞、增城、新安等地，求教有经验的郎中，搜集、整理了许多药方，其中男科、妇科、儿科各 100 方，还有外科 32 方，眼科 53 方，为村民医治了不少流行的痢疾肚痛、感冒发烧等疾病。如今，遗留下来的 300 多条处方仍有一定医学参考价值，医学界人士曾给予了一定的肯定。

当时的水贝村（现公明街道上村社区）北部，有一条大沚河（现名茅洲河）。传说有一个河神叫做二河神，每年春夏季节便兴风作浪，使河水汹涌泛滥。同治十年（1871 年）九月的一天，天空突然乌云密布，顷刻大雨倾盆，连续数日，河水急剧上涨淹没农田，到处是白茫茫一片。这一年，农作物几乎颗粒无收，百姓流离失所。原有 50 多户的人家，被迫背井离乡四处流浪乞讨的就有 30 多户。

这时候，陈端和去世，身体 100 日都没有腐烂，还发出馨香，周围百里的百姓闻讯后纷纷前来瞻仰。据传说，陈端和升天后，向天官诉说了大沚河二河神作恶多端，致使百姓多灾多难的情况，请求天帝给予惩治。于是，天官把二河神打入地狱，并封陈端和为大沚河"河神"，列入仙班，从此陈端和被称为"陈仙姑"，成为宝安、东莞、增城、香港等地的女性保护神。

人们为祭拜和纪念陈仙姑，捐资建了仙姑祠，祠里一直供奉着陈仙姑真身，真身是用香膏涂脂，用棉纱布裹身，再穿上仙衣，形象逼真仿佛仙姑再世。虽然没有经过防腐处理，但陈仙姑的真身近百年都没有腐烂。

但到了"文革"时期，陈仙姑的故事被视为"封建迷信"而被禁止，陈仙姑祠也于 20 世纪 70 年代被毁。陈仙姑的真身被红卫兵抄走，放在村里一个无人看管的房子里，其后就不知所踪。尽管如此，很多人还是偷偷地前来拜祭，许多香港同胞来拜祭时都还记得准确的遗址。

改革开放后，"陈仙姑"的故事又重新流传起来，2004年，公明当地村民为继承和弘扬陈端和救死扶伤的精神，在原祠的基础上扩建了一座拥有2000多平方米的大祠，以纪念她的恩德。该祠现位于深圳市光明新区公明街道上村社区。

罗湖的由来

罗湖之名最早见于明初，而其名始于何时就难以考证了，但源于罗溪则是无疑的。

罗溪发源于梧桐山，溪水涓流不息，不但水质清净，且溪岸景色迷人，这是有历史记载的。罗溪之名最早始见于明代初期袁渔隐的《游罗溪》等诗，至清康熙年间袁居易撰写的《袁氏家谱序》中仍见有罗溪之名。

袁渔隐（1416～1497），讳子清，又字汝澄，岁贡生，喜游山水，不求名利。他认为最快乐的事，就莫过于在罗溪之滨垂钓了，并自号"渔隐"。他是开辟罗湖的第三代、袁氏十四世。他曾作有《携客游罗溪作脍》诗：

罗溪水长鳜鱼肥，同客观潮坐石矶。

作脍欲归谋斗酒，白衣人到已斜晖。

他还写过一首《游罗溪》诗：

罗溪峻岭水还深，上有乔松百尺阴。

何必更寻幽曲处，一竿明月可长吟。

袁渔隐对罗溪的感情特别深，对罗溪的景致也赞不绝口。后来，袁渔隐的长子袁皓，也作有《晚兴》诗：

梧峰吐月映罗溪，缟带飘飘赤勘西。

欸乃几声渔棹过，高歌解使白云低。

这里所说的"赤勘"，即现在的蔡屋围。从高处望去，罗溪百折千回，就像一条白色的带子，在赤勘西向的入海地方飘然飞舞，使人流连忘返。

罗湖袁氏后人袁居易，在清初康熙年间作文回忆说："家大人又尝语予曰：'罗溪之树茂而高者，予先人之所植也，罗溪之岭峻而峭、罗溪之水曲而深者，予先人之所钓游也'，予小子聆而志之。"

罗溪成了罗湖袁氏的生命之源，祖祖辈辈志而不忘。然而，这条"缟带飘飘"的罗溪，究竟在今什么地方，为什么销声匿迹了？罗溪昔日的"树茂而高"、"岭峻而峭"、"水曲而深"及"钓游"之所的魅力还在吗？

这条罗溪，其实就是深圳与香港间著名的界河——深圳河。

清代康熙年间，深圳河仅指深圳墟旁的一条河沟，即今天的清水河；而今天作为界河的上段称钊口河，下段称蠔水。"蠔水，在城东四十里，发源于梧桐、莆隔、龙跃头诸山，西流曰钊口河，北出曰大沙河，二支分流至蠔山流而西曰蠔水。经黄岗，逶迤四十余里入后海。""莆隔"即今天的布吉，"黄岗"即今天的皇岗，"蠔水"即是罗溪，其更名是在清代康熙迁海之后。

深圳河的名称，从目前的资料来看，最早见于清代康熙二十六年（1687年）靳文漠撰的《新安县志》。而把深港界河名为"深圳河"的时间就更晚了，见于清光绪二十五年（1899年）的《香港英新租界合同》中，是探勘中英边界时把界河命名为深圳河写进去的："由梧桐山流出水路之水，两地农人均可享用，复立木桩于引道尽作为界线。沿深圳河北岸下至深圳湾界线之南河地，均归英界……"

罗溪更名为深圳河，与深圳墟地位的提高及其影响之大不无关系。

侯王诞祭典

每年农历的四月二十三，是深圳向南村"侯王诞祭典"举行的日子。到了这一天，吃大盆菜、烧香拜神、舞狮，热闹非凡。

向南村是深圳原居民郑姓的一个聚集区，在这里已经传承了300多年。向南村郑氏族人是400多年前从中原荣阳迁徙而来的，因向南村紧靠前海湾，村民的生产方式为半农半蠔，有时还要出海。为求平安，村民便求神保佑。

据村中老人回忆，向南村侯王古庙供奉的侯王，为明代12诸侯之一的陈忠勇。他出身庶民，为民请命，官至大将军，并被封侯，死后被奉为民间庇佑之神。

向南村附近的桂庙村、北头村、墩头村，也都建庙奉侯王，向南郑氏族人入乡随俗，也建起了侯王庙，并从桂庙村侯王庙借来真身供奉。向南村侯王庙香火鼎盛，祭拜活动连绵不断。

据村民介绍，每年农历四月二十三日，从午夜十二点开始到当天晚上，祭典活动连续不断：先是向南村醒狮队在专用鼓伴奏下在村内巡游，后拜祭侯王和郑氏祠堂；当天上午举行放生雀鸟仪式，象征积德行善，祝愿世界和平，社会和谐发展；下午 2 时开始，村中族老等在侯王庙前上香拜祭侯王，随后举行舞狮、武术表演等。

下午 4 时开始盘菜聚餐，宴请参加祭典活动的嘉宾、村民、旅居香港的原村民等，从郑氏宗祠一直延伸到侯王古庙，共 300 席。村民们聚集在幽幽的古榕树下，一起品尝大盆菜。大盆菜流水席从郑氏祠堂一直延伸到大板桥巷尽头。

2009 年 1 月，"侯王诞祭典"被正式列入第二批深圳市级非物质文化遗产名录。

▶ 客家系民俗文化 ◀

客家源流

客家人，是一个具有明显族群特征的汉族民系，也是汉族在世界上分布范围最广阔、影响最深远的民系之一。他们的祖先源自中原，是从中原迁徙到南方，其文化最能反映岭南文化与中原文化交融。

现在居住在岭南的客家人，大多是两晋时期中原的衣冠望族和朝廷命官，也有部分黄河流域和长江流域的群落，先后经过三次大搬迁，才到粤、闽、赣山区地带落籍的。

第一次的大迁徙，是在 317 ～ 879 年间，东晋怀帝时，由于西北方少数民族入侵中原，形成对汉民族影响深远的"五胡乱华"之局。晋怀帝永嘉五年（311年），匈奴族攻陷洛阳，中原地区的官员和平民，纷纷渡过黄河南下。稍后，由于南北对峙，又有大约96万中原人民南迁至长江中游两岸。其中一部分人口流入赣南，一部分经宁都、石城进入闽粤地区。

自东晋至隋唐，可说是客家先民自北南徙的第一时期。为了避免和原户籍者发生混淆，便把这些新来的户籍称为"客"。这是客家族群第一次在中华民族历史上出现。

第二次大迁徙，是在880年至1126年间。唐朝末年，先是唐朝安史之乱，造成大量中原汉人南逃。接着黄巢起事，兵乱所及达十余省，而第一次逃难后客家先民的居住地恰为黄巢之乱的主战场之一，于是他们只好从皖赣等地，再向南迁往江南南部、福建西北及广东北边。这次迁移，近者到达福建宁化、汀州、上杭、永定等地，远者已到达循、惠、韶等地。

第三次大迁徙是在1127年至1644年间，金元相继入侵，宋高宗南渡。元朝灭宋，闽粤赣三省交界处恰好是两军交战的战场，有一部分因避战乱而搬迁，有一部分随南宋的勤王之师，转战崖门一带。许多客家人加入保卫宋室、抵抗元兵的勤王战争。宋亡后，又有大量江浙及江西宋民，从蒲田逃亡广东沿海潮汕至海南岛。其结果，则成为客家第三次的迁移运动。

第四次大迁徙在1645年至1843年间。康熙皇帝为了争取南方民心，赐给每个男子8两银子、妇女儿童4两银子，鼓励客家人迁入四川、两广及台湾。

第五次大迁徙是在1866年以后，发生于太平天国起义末期。由于太平天国的首领洪秀全等是客家人，最早一批骨干也以客家人为主，太平天国失败后，许多客家人为避祸，纷纷向偏远的南方，甚至向东南亚等海外地区迁徙。

客家人在多次迁移过程中，属守"宁卖祖宗田，莫忘祖宗言"的信条，始终操持着别成一系的客家方言。该方言是从中原古汉语衍化而来的，至今仍保留有较多的古汉语单音节词。

这些"衣冠望族"的后裔，虽然被迫辗转逃入岭南，但仍念念不忘祖宗盛德，常以族谱、家谱、堂联等方式，向子孙宣扬本家族的荣耀。他们多以族团围屋而居，形如堡垒，时刻防避外人的袭击。围屋大门楣上都有本族堂号，大门两侧贴有堂联，标榜自家是某某望族后裔，决心光宗耀祖，重振家声等等。

客家人尊师重教，崇尚诗书，秉承了中原文化"书香门第"的特质，具有较高的文化素质。客家人一向以读书为荣，以读书识字为"一技之长"。不少家族设有公学田，以农产收入作为族中子弟读书之用。客籍华侨捐资办学，蔚然成风。客家人最密集的梅县素有"文化之乡"的美誉。这个诗书礼仪之乡，确是出了不少人才，在岭南文化史上有着光辉的一页。

这一文化氛围促成了客家民间的歌唱风俗，客家山歌成了客家民俗的典型风习。客家人爱唱山歌，确是到了"一日三餐歌送饭"的地步。上山打柴，下地犁田，谈情说爱，开会发言，甚至骂架，都用山歌。人们出口成章，才华洋溢。客家地区到处歌声嘹亮，此起彼伏。每逢元宵或中秋佳节，各县市都有盛大的山歌打擂台活动，五华县还有五年一度的"山歌醮"。

199

客家山歌风格迥然于广东其他民歌，以其淳朴自然，想象丰富，比喻贴切，双关巧妙著称，从中不难看出它在手法上对《诗经》赋、比、兴的继承和发挥，体味到它对中原诗风的光大。特别是它那形象生动的比喻和联想，具有强烈的艺术感染力，使人久久难忘。近年，人们还在此基础上创造了山歌剧、山歌舞等形式，使客家山歌更能展示客家的人文风情。

深圳客家是清初形成的新客家地区的代表，是客家"第四次大迁徙运动"中的一个典型。

清初顺治十八年（1661年）开始的"迁海"浩劫中，深圳沿海地区为直接受害区，其北部山区是间接受害区。"迁海"的20余年间，这两种地区都遭到空前严重破坏。直接受害区人口全部内迁，其地面建筑荡然无存；"迁海"造成社会不靖而引致间接受害区人口大量逃亡，村落荒废，发展停滞。

康熙二十三年（1684年）开始全面"复界"，原居民迁回的极少，初时响应"招垦"的也不多。从方志和族谱资料看，到康熙三十年（1691年）后，在政府的鼓励措施之下，迁来者才慢慢多起来，西部主要是增城、东莞方向来的广府人，东部则多是从闽粤赣山区出来的客家人。这样，就形成了深圳民系人口和地域文化独特的分布格局：西部广府人，东部客家人。

跟闽粤赣客家中心地区的传统客家相比，深圳客家文化独具特色，这就是：坚持耕读，重视商业，移风易俗，积极进取。耕读文化是客家文化传统的支柱。来到深圳的客家人，保持并发扬了这一优秀传统。但他们在大力发展本地农业的同时，亦大力发展商业经济。

主持建造"长隆世居"的梅峰公，有一定的文化素养。他的祠堂大门，有一副颇富哲理的对联，用以劝勉后人："创业难守业难知难不难，耕也好读也好学好更好。"他又自撰过一副对联作为遗训，其下联是"士农工商各事一业方为济世完人"，跟"万般皆下品，唯有读书高"的意识已有了质的不同。

客家凉帽

在深圳客家地区，流传有这样一首山歌：

新买凉帽精心穿，蓝布把边花带安。

凉帽送给阿妹戴，阿哥问妹宽唔宽？

这首山歌用"宽"谐"欢"，借物起兴，短短两句，便把一位头戴蓝布花带凉帽的深圳客家姑娘形象勾勒出来。而歌中阿哥对阿妹的爱情载体，就是颇具深圳服饰特色的客家凉帽。

客家凉帽是用薄薄的篾片和麦秆编成的。除正面外，四周还垂挂着16厘米左右长的折叠均匀的布，有黑色的，有蓝色的，有白色的，还有花色的，远远望去，像是一朵朵美丽的鲜花。

客家人戴凉帽的习俗，从北宋年间苏东坡的"苏公笠"记载算起，至今已有近1000年。深圳客家凉帽的制作，从清朝嘉庆年开始也有200年历史。深圳客家凉帽非常有地方特色，是当地客家移民的创造发明，对研究客家女子摒弃"女人不抛头露面"的古中原遗风，具有一定的参考价值。

传统社会中，男耕女织，女子要守"妇德"、"妇容"，很少抛头露面。但是在西晋末年，中原地区百姓纷纷往南迁徙，这些移民来到南方的江西、福建以及广东一带荒无人烟的山区，客家女子为环境所迫，南迁之后要跟男人一样上山打柴，下田耕作，赴墟贸易，传统的生活方式已经没法继续下去了。于是，这些中原妇女就想出了个变通的办法：在男人们戴的斗笠上罩上一块黑布，以遮住自己的面孔，只留两个洞，以通视线。

后来，大家感到这样不太方便，便把罩着的布揭下，改成缝在斗笠边沿四周垂挂。再到了后来，干脆剪短了面前垂挂的部分。这种竹帽既可以防晒，夏天活动时，帽帘上下摆动还可带来习习凉风，使人倍感凉爽，因此客家人又习惯称它为"凉笠哩"。它不仅实用，而且美观。戴上凉帽的女子，帽帘轻摆，摇曳生姿，脸庞半遮半现，平添了几分朦胧的美感和风韵。因此，一些深圳的客家女子，不论冬夏都有戴凉帽的习惯。

凉帽系带还是区分客家女子身份的标志之一，姑娘尚白，少妇尚红，中老年尚青或黑。年轻未婚的姑娘们，还在垂布的两端纺织着两条五颜六色的彩带。因此，是否挂有彩带，便成了判断客家姑娘是否嫁人的标志。

201

凉帽用竹篾和布料制作，将竹篾编织成圆形，中间开一个圆形的口，帽檐用黑布条缝成帽帘，长度齐眉。纯手工制作的客家凉帽，其制作之精细令人叹为观止。从开始的原材料竹节的采集，到制作工具竹刀、磨具的成形，到竹签的削平、晒干、上桐油，再到帽帘的剪裁、褶皱，最后到整个凉帽的完成，每一道工序都用手工制作，充分体现了客家人精工细作的精神。

在制作凉帽的过程中，男性的阳刚与女性的阴柔都糅入其中。第一道工序中就是男工破竹，客家男子将本地盛产的单竹裁成一米长，用破竹刀将它纵向破开，随着"嚯嚯"几声后，完整的竹节便一分为二。可是竹签如何变成厚度不到 0.1 毫米的竹篾呢？

这也是一项绝活：将竹签削平滑后，用牙齿咬着竹签的一端往外撕，锋利的牙齿有着手指所无法比拟的敏感度，几个来回之后，一片平若熨板、薄若蝉翼的竹篾就此产生。

当一片片均匀的竹篾到了客家女的手中，就开始了"裁心仔"——编制竹帽的中心部分，竹篾在她们灵巧的手中翻飞，不一会儿，光滑如洗的帽舌诞生了，花纹之精巧与构图之精细，比电脑设计出的有过之而无不及。

最负盛名的深圳客家凉帽，是大鹏凉帽和龙岗区布吉镇甘坑村凉帽。

大鹏女子的凉帽别具特色，帽帘用士林蓝布条，象征蔚蓝大海，并将凉帽顶部漆成和清兵军帽一样的红色，戴起来更感秀气妩媚。不过，最有代表性的，还要算甘坑凉帽村所产的凉帽。

甘坑凉帽村始祖张锦超，当年见自己耕种的土地贫瘠，便想多学门手艺，拜师邻村张太婆夫妇。张太婆从福建长汀府祖传下来一门织凉帽手艺，农闲时织点凉帽自用，但她的绝技不轻易教人。

张太婆一次急病时，唤人叫锦超过来，谁知锦超公去了趟 20 多里地远的观澜墟，偏偏传话人又忙忘了，当他回到家里时，夜已很晚。但锦超公知道后马上赶去探望，深夜去抓药。经过几天悉心照料，感动了张太婆，后来她就教会了锦超公织凉帽。

张太婆逝世后，锦超公利用这满山遍野的单竹林，以织凉帽为生，传下了六代（张氏第 163 世），发展为全村家家户户织凉帽的凉帽村。深圳建市后，甘坑村被正式命名为"凉帽村"。

甘坑凉帽的图案花纹编织、师徒传承口诀，以及凉帽"穗带"佩戴的识别等风俗，都具有文化价值。不过，随着各种价廉物美的旅游帽出现，老艺人相继辞世和年轻人没有继承，甘坑村 50 岁以上会织凉帽的人，已不多。

20 世纪 90 年代后期，全村只剩张正保一户人织凉帽卖，每顶 25 元，一家人每月做 30 顶左右，零星售卖，帮补家计。2002 年张正保逝世，全村再没有人织凉帽了。石岩"郑义和凉帽店"也随着主人郑义和在 20 世纪 60 年代逝世，除长子郑佛全外，其他子孙都没有承传祖辈的传统手艺。可以说客家凉帽处于濒危状态。

龙岗舞龙

深圳龙岗的客家人，逢年过节或喜庆日有舞龙的传统风俗。

舞龙的习俗，与龙岗民间流传的一个美丽的神话故事息息相关：远古时候，龙王领着十条小龙出巡，在龙岗墟（龙岗村落名）上空，最小的那条龙被这里的旖旎风光所吸引，便降落在八仙岭（山名）下的社坪岗（村落名）。当地民众皆大欢喜，奔走相告，认为这是丰年盛世、国泰民安的预兆,"龙岗"便因此得名;其余九条小龙也在不远的海边降落,等待十弟,这便是香港九龙。

贪玩得久了,老龙王等待不及,独自归天,众小龙便留在了凡间,化为山脉,常葆青山绿水。龙,因此成了龙岗人杰地灵、风光秀美、如意吉祥的象征,龙岗人也格外爱龙敬龙,舞龙也成为龙岗客家地区一种别具特色的民间活动。

在中国民间,舞龙分为舞长龙、草龙、火龙等,龙岗舞龙舞的是布龙,以竹木制成骨架,用布料做龙身、龙面,制成鳞光闪闪、雄健婀娜的巨龙,故称"布龙"或"长龙"。龙头由嘴部、前额、后脑、角、手柄等部分组成,体积较大,造型复杂,颜色鲜艳,头角峥嵘,十分威风。龙的眼睛用灯泡装饰,龙须用约 1 尺长的细钢丝弯曲而成,龙身和龙尾的布料上绘有鳞片图案,鳞片末端贴有金纸,上端贴有银纸。

舞龙正式开始前,要请村里的老者给龙点睛,谓之"画龙点睛"。龙头摆动,龙目闪闪发光、龙鳞熠熠生辉,整条布龙显得龙马精神,栩栩如生。

龙岗舞龙一般由 12 人组成龙阵,龙珠 1 人,龙头和龙尾各 1 人,龙身 9 人。执龙珠的人是龙阵的灵魂,龙头和龙身随形似影跟着龙珠的指挥而腾挪翻跃,龙珠怎么走,龙身和龙尾随形似影跟着走。龙舞得是否生动活泼、紧凑顺畅、引人入胜,全靠龙珠的指挥。

舞龙以鼓、钹、锣作伴奏,在喧闹的锣鼓声中,龙珠前引,舞龙队员各就各位,右手执龙把中央,左手执龙把下端。随着锣鼓的节奏,龙珠反复转动,龙头随珠晃动,左脚收腿,举珠亮相,绕场一周回到原位,然后随着锣鼓的轻重缓急舞动起来。

舞龙的动作和套路多种多样,主要有"祥龙献瑞"、"半边月"、"游龙戏水"、"钻龙身"、"跃龙门"、"蛟龙闹海"等。巨龙舞动起来,时而快速穿越,时而悠闲慢游,时而倾身下蹲,时而猛然跳跃,热烈而豪迈。

作为一种民俗文化,舞龙以娱乐、庆典、锻炼身体为目的,融武术、舞蹈、鼓乐于一体,表演仪式、形式、套路和技艺丰富多彩,有着丰富的客家文化内涵,寄托了客家人的精神,具有较高的艺术价值、民俗价值和社会价值。

与所有的民间文化活动一样，"文革"开始后，舞龙被当做"四旧"批判；那或许是龙岗舞龙的历史上唯一也是最久的一次中断。改革开放后，龙岗的舞龙活动得到了恢复，并又迅速活跃起来，多年来，舞龙队腾跃在龙岗各个社区，并多次出国表演参赛。

1995 年 7 月，龙岗舞龙队代表中国文联出访美国，受到了美国人民的热烈欢迎和高度评价；1997 年 6 月，龙岗舞龙队代表深圳参加第二届全国舞龙比赛，2000 年 10 月又参加全国农民运动会开幕式表演，均表现不凡。

1999 年，原龙岗镇被广东省命名为"民族民间艺术（舞龙艺术）之乡"。

舞麒麟

麒麟是传说中的一种祥瑞神兽，也是深圳不少客家地区的图腾和吉祥物。舞麒麟在民间流传了好几百年，相传可以镇邪辟邪，每逢节假日和重大活动，都要耍上一段舞麒麟，以示吉庆。清代新安县的观澜、黎围、龙岗等客家人聚居区，历来崇尚武术，风行舞麒麟。

新麒麟在舞之前要举行开光仪式，包括点睛、采青、拜祖等步骤。舞麒麟一般分麒麟舞和武术表演两个部分。

第一部分是以舞麒麟表演为主，分为头套和尾套。头套包括：拜四方、转圈、舔脚、舔尾、打瞌睡；尾套包括：拜四方、滚翻、舔脚、采青、引青、探青、吃青、转圈、拜四方。黎围村麒麟全套有十节，分出洞、挠头、舔脚、耍尾、寻青、采青、醉青、铲脚、拜脚和"聊花园"等。

伴着锣、鼓、钗、唢呐等音乐和阵阵鞭炮声，两个小伙子钻进"麒麟"里，一头一尾。麒麟时而腾空跃起，时而弯步前行，前跃后闪，上蹿下跳，将麒麟的喜、怒、哀、乐、惊、疑、醉、睡等表现得活灵活现。两麒麟轮番上演，或嬉戏争斗，或亲密无间，或齐头并进，或掉头分道，精彩的表演引来观众阵阵掌声与欢笑。

二是武术表演，第二部分是以武术表演为主，包括拳术、刀剑、棍术、双人斗拳、矛盾搏斗等。武师们表演拳、腿、棍、刀、叉、剑、戟、耙、三节棍、擂锤等十八般武艺，并有精彩的互相搏击，往往赢得观众雷鸣般的喝彩。

武术表演收场后，麒麟再起舞，向着观众三拜，教头扶着麒麟，配着响亮的锣鼓声，威风凛凛地离场。舞麒麟便在欢闹声中结束。

麒麟队舞的时候很有讲究，麒麟队所到之处，家家户户都燃放爆竹，摆出供品迎接。如果碰到没有人燃放爆竹，就表示不迎接麒麟，麒麟队就得绕道继续往前行，直到有人燃放爆竹才能舞麒麟进行参拜。

若麒麟队在前进的过程中迎面遇到其他舞狮子队或麒麟队，双方师父必须把自己队的狮头或麒麟头尽可能向下摁。倘若一方故意高过另一方，另一方便认为对方看不起自己，处理不善很可能会引起冲突，严重的甚至会发生武斗。

今天，深圳不少村落依然秉承着昔日的传统，在新居、起灶时请来麒麟以求平安。每年春节是舞麒麟的高潮，各村各户都会请麒麟队来拜年，平时嫁娶、入伙及其他重大庆典，都邀请麒麟队庆贺助兴。

205

大万祭祖

传统客家既敬祖又奉神，其多神信仰，闹得多数客地"神佛满天飞"。深圳客家也有敬祖奉神的一面，然较之传统客家则显得淡泊多了；奉神较之敬祖，又淡泊多了，而且，许多祭拜活动主角是妇女，男人不拜。

居住在大万村的曾氏后人，每年的正月初二都要举行例行的祭祖仪式，这个仪式现已成了深圳极具特色的客家民俗文化。

每年的初二上午，大万村曾氏各家各户的祭品，都已经满满地摆放在大万世居祠堂上厅里。有肥美的鸡、长条的鱼、大块的猪肉、红彤彤的苹果和橘子、细细的粉丝……荤菜和素菜一应俱全，每家每户还要准备三个茶杯、三个酒杯。

祭祀仪式之前，曾氏后辈们要依次到祠堂上厅的香炉点燃香，然后在牌位旁边的楼梯前排队，等着上到祖宗神位前，向祖先磕头，磕头上香完毕。尽管几米之外的祭品桌前人声鼎沸，但牌位前却是异常安静，每个人都轻脚踏楼梯，以显示对祖先的尊敬。磕完头后，口念着祈求祖先保佑的话，从牌位上面下来。

轮流上香完毕，男人们按照惯例在旁边立着，女人们则齐整地站在安放着祭品的长桌后面。本村一位德高望重的老先生开始宣读祭文。在祭文中，老先生祈求祖先保佑大万村曾氏子孙在新的一年里一帆风顺、身体健康、一年更比一年好。随后，在老先生的指引下，上厅里的所有曾氏子孙面对祖宗神位三鞠躬。

在宣读完祭文，引导众人完成祈福后，老先生上前，将祭文在神位面前的香炉里点燃，然后放到祖宗神位下边。这时候，上厅里所有的人开始双手合一，微闭双眼，进行祝福祈祷。

仪式进行完毕，女人们开始打开酒瓶，端起茶壶，分别倒满三杯，在祖宗神像前洒过，孝敬祖先。

上厅里的祭祖仪式正在举行的时候，祠堂大门两边竖立的旗杆上挂上了各家各户带来的鞭炮。牌楼广场上也分两边摆放着长长的鞭炮，一直延伸到外面的牌楼。大万世居牌楼大门前的旗杆上也挂满了鞭炮。

上厅里的祭祖仪式结束的一刹那，从牌楼广场前边两侧开始，鞭炮被点燃。

在外面鞭炮声响起的时候，留在祠堂上厅的女人们开始收拾祭品，将鸡、鱼、猪肉等一件件放回到带来的竹筐里。待众人收拾停当后，女人们开始在上厅里等着外面牌楼广场上的鞭炮声。等到鞭炮声停止后，各家各户将祭品往外挑。这时候，女人们纷纷起身挑起装着祭品的竹筐，依次走出祠堂大门。此时的牌楼广场上，铺满了一片片红红的鞭炮纸。

这时候，大万世居外边的牌楼前，新一轮鞭炮声开始响起。女人们则挑着装着祭品的竹筐，在广场等着。脚下是红红的鞭炮纸，伴着外面的鞭炮声，女人们则说说笑笑。

等大万世居牌楼前所有的鞭炮燃放完毕。大门前烟雾弥漫，挑着祭品的女人们开始依序而出。走出大门，等候在外的家人则上前帮忙，一起往家走，开始新的一年。

据祖居大万世居的老人回忆，小时候其过年最隆重的仪式是祭祖。大万世居的曾氏与东江纵队司令员曾生同属一脉。曾生家族所在的龙岗区坪山石灰陂，距大万世居两三公里。石灰陂曾氏的一世祖和大万村的一世祖是亲兄弟，而石灰陂的一世祖为大，于是每逢大年初一，大万世居全体村民就集体去石灰陂祭祖，人们抬着猪羊，捧着香烛，浩浩荡荡前进，队伍里少不了的是几只活蹦乱跳的麒麟。大年初二，才是大万村人在自己的祠堂里祭祖。

上个世纪 50 年代以前，大万村的祭祖仪式一直十分盛行，但 50 年代"破四旧"运动一来，祭祖被当成了"封建迷信"而取缔。十年"文革"浩劫过后，大万世居的祭祖活动逐渐恢复。

1983 年，大万的宗祠经过了修复。第二年春节，一些曾氏后代在过年的时候开始以个人的名义去石灰陂和大万的宗祠祭祖。2005 年春节，大万村的曾氏后代准备了相当丰盛的祭品祭祖，还有长者宣读了祭文。大万村的祭祖仪式就这样得到恢复，并且具有了新的意义。

大鹏太平清醮

在深圳地区，打醮习俗历史比较悠久，分布也比较广泛。

太平清醮属醮的一类，是道教一个传统仪式，也是一民间习俗，为答谢神明的庇护之恩，并祈求风调雨顺、五业兴旺和地方平安。在四川、福建、台湾、广东及香港一带特别盛行。在深圳地区，太平清醮是村民酬谢神恩、祈求国泰民安的盛大仪式，又以依赖渔业和农业为生的村民最为看重。

打醮以村或家族为单位，以酬神驱鬼、消灾辟疫、辟邪祈福等为主要活动内容。祭祀之神有立功德于民者，有被各行业奉为保护神者，也有为慎终追远而崇拜的祖先。醮分平安醮、瘟醮、庆成醮、火醮等多种。旧新安地区流行的太平清醮就是平安醮（祈安醮）的一种，还有抬神像游行、演戏酬神、抢花炮、抢包山等活动。

今天，深圳不少乡村至今仍保留定期打醮的习俗，东部的大鹏、坪山、南澳等地，打醮地点多设在天后庙、关帝庙或谭公庙前，祭祀的神灵有天后、关帝、谭公、观音、北帝、城隍等。

大鹏所城的打醮习俗有几百年历史，5 年一届，以头 5 年计（实际即 4 年一届），主祀天后。史料载，刘起龙将军和赖恩爵将军，每年农历三月廿三率部拜祭天后和每隔 5 年参加"打醮"活动。

由于大鹏所城地处广东沿海，为抵抗倭寇，明洪武年间建成大鹏城。

相传当时建好开光（使用）前，整个镇子突然被很大的雾霭所笼罩，为镇上带来很大的困扰。随后，北城门附近几位农民忽然无疾亡故，牲畜发生瘟疫，引起百姓恐慌。建城的头领马上请来堪舆大师，认为北门是白虎门，开不得。除了堵上北门外，还请来道士"打醮"做法事。

大鹏所城的军士来自全国各地，语言、风俗、习惯各有不同，宗族信仰也百家百样。佛家、道家、儒家有人崇拜，天后妈祖、城隍、关帝有人信仰。几百年来尽管朝代不断变更，社会制度屡屡更换，但大鹏所城人通过清醮这个盛大仪式，传承道家"和"（和谐）、佛家"善"（施予）、儒家"忠和孝"、天后"同舟共济、救死扶伤"等中华民族优秀传统。

在历史上，大鹏"打醮"大致两种模式，一为解除瘟疫的"瘟醮"或"傩"。二为感谢神明庇佑、祈求平安的"太平清醮"。大鹏所城历来为军事要塞，战事频发，因此在相当一段时期，大鹏清醮是为纪念阵亡将士和超度海上罹难孤魂的"瘟醮"；后来太平盛世就做"太平清醮"。

打醮前由四乡八邻的乡绅抽签产生醮主，负责筹集资金。在正式"打醮"前，首先要净街净庙——由村里的女人们把"打醮"场所的前前后后、里里外外先用清水冲洗干净，再用塑料和竹竿把祠堂围起来做棚。

开醮之日，参醮村民聚集在庙前，由醮主主持祭奠仪式。祭桌上摆满精美的果脯酒馔。醮主"揽榜"，即将一张写着祈求神灵庇佑合家平安、生子祈福之类的言词和参醮户主名单的黄表，在主祀的神灵前念毕，将表焚化，乡民随之伏地叩拜。也有搭棚设坛，请道士或僧人作法诵经，祈福祭幽的。

祭仪结束后一般会举行游神活动。点燃爆竹，敲锣打鼓，精壮青年抬着神像巡游，并有"飘色"队列跟随，浩荡壮观。游神后，人们连续嬉戏数昼夜，请戏班演出，尽情吃喝赌闹，通宵达旦。

醮会结束前将各路神像送回庙观，焚化纸扎物件，大鹏还有高达两三米的"山大佬"。最后一日宰肥猪，架起大锅煮大块肉，分给醮民带回家中，醮主分得猪腿或猪头。随后，还要大摆"将军宴"。

大鹏清醮有深厚的群众基础，几百年来当地社会稳定，人际和谐，从未发生姓氏宗族冲突和械斗。据记载，大鹏"太平清醮"已举办近百次，直到新中国成立后至 1989 年停止了 40 多年。1986 年民间集资重建天后宫，大鹏清醮又开始举办，至 2006 年 2 月已举办了五届，参加群众每次数千人，影响及至周边的市、县、镇、街道。

1989 年 5 月，香港邮政署于曾以清醮为主题发行了一套 4 枚邮票，图案包括高高堆起的包山，化装巡游中穿着传统服装的女孩，纸扎的神像和祭祀时搭建的门楼。

天后宝诞祭典

中华民族是个多神民族，各个地方与海有关的神灵，在历史长河当中，不少已经云消烟灭。但是，妈祖经过宋、元、明、清朝代的不断演绎发展，成为以护海为基础的多功能、高规格的神祇，成为统领四海的海神。

在深圳市盐田区沙头角镇内沙栏吓村，有一座已有 200 多年历史的天后宫。沙栏吓天后宫位于中英街内的三和堂，虽然夹在民居里面积不大，无法和赤湾天后宫相比，但却是中英街至今保留的唯一仍保持历史原貌的古建筑，它目睹了中英街的百年沧桑，也见证了中英街两边居民的悲欢离合。

1898 年，英殖民主义者强租新界，把沙头角分割为两半，但两边村民祭祀天后的活动照常进行。这座饱含传统历史文化内涵的天后宫，更因深港沙头角两地"三乡七村"居民对它有着特殊的情结，成为维系沙头角深港居民的重要纽带，而以其为核心的"天后宝诞祭典"更是当地居民最重要的节庆。

天后宝诞祭典，是自清朝开始承传至今的民俗活动。数百年来，沙头角边界两边来自不同地方、不同姓氏的村民汇集一起，和谐相处，与他们共同信仰妈祖，每年定期举行天后宝诞大型祭典活动不无关系。

天后宝诞，也称呼为天后诞、妈祖诞、天妃诞、妈祖生、天妃祭，是庆祝天后诞辰的东亚传统文化节日，在每年农历三月廿三日举行。

沙栏吓村与香港新界沙头角的 6 个村的先民，是清代康熙年间分别从粤、赣、闽边区或嘉、潮地区及东江流域其他地区迁徙而来的客家人，他们来到大鹏湾海边生活以后，均信奉福建、广东沿海船民的女性保护神妈祖（天后），并于乾隆至嘉庆年间，联合建起沙栏吓天后宫，自始香火不

209

断。祭祀的盛事，除了"太平清醮"，还有"天后宝诞祭典"。

每年的这一传统节日，沙栏吓村都会以传统的方式祭拜妈祖。一大早，天后宫内已呈现出浓烈的喜庆气氛，烟火兴旺，一大批本地和邻近居民都携家带口地带上贡品、香油来拜祭妈祖，来祈福的居民将整个天后宫挤得满满当当。

上午，为全村祈福迎祥的麒麟、鱼灯舞绕村一周，在锣鼓声和鞭炮声中来到祭祀妈祖的天后宫，准备进行采青仪式。只见麒麟将倒挂在门楣上的青菜"咬"下，大口大口地"咀嚼"，响亮的爆竹声同时响起，舞麒麟将青菜散落在地上，象征吉祥如意的采青仪式顺利完成。

在天后宫门前，一位被称为"天后宫执事"的妇女，穿戴着传统服装和翡翠项链，手中拿着香火，双目紧闭，口中念念有词。她唱着客家山歌、带领村民朝东南西北四个方向各跪拜一次，寓意四面八方的神保佑他们。

"天后宫执事"是受村民委托负责管理天后宫祭拜事务的人，不但要懂得传统祭拜的做法，而且还要推算她的生辰八字，只有命理好的女人才可以担当这个角色。上完香后，执事开始诵读全村居民写给天后圣母以及玉皇大帝的信件，并将祝文、信封连同写着全体村民名字的纸，以及事先准备好的纸扎供品一齐烧掉，以示传达给妈祖。

祭祀活动结束后大开宴席，以客家传统食品"九簋菜"大宴宾客。

抗日战争和解放战争时期，社会动荡，天后宝诞祭祀活动中断。新中国成立后开始恢复，但文化大革命大破"四旧"，两边村民不得不把天后像运至港方存放。天后宫也日久失修。1988年，沙头角天后宫被列为市级文物保护单位。2001年原7村村民自动捐款重建，市文管部门拨款支持。此后，天后宝诞祭典活动恢复。

石岩山歌

客家山歌，是客家人聚居的地区流传着用客家方言演唱的民间歌谣。在深圳地区，由于客家人较广府人迁徙晚，多数"客居"山区地带，"开门见山"，衣食住行无不与山有关，山歌的形成也就是顺理成章的事情了。

明末清初（1644年左右），客家人迁来石岩居住。据世代居住在石岩官田已有 10 代的叶姓居民推算，早在 260 年前，石岩就应有客家人居住了。今天的羊台山当时名为阳台山，人们在山间的劳动和生活岁月中，无论是上山砍柴、摘木梓、伐木放排、铲松油、挑担及田间劳动时，还是寻觅同伴以驱野兽强盗；或为消除疲劳对歌打趣；或诉幽怨；或泄愤懑；或表男女爱慕之情等等，都用高声歌唱的形式来表达。

他们从胸臆中呼出音韵，在山与海的舞台上流出情感丰富的乐曲，长年累月创造出璀璨的口头文学，形成富有地域特色的石岩客家山歌，也称为羊台山山歌。

由于深圳少崇山峻岭，羊台山的山高 587 米，加上面向海洋，客家山歌也形成了与其他地区不同的特色，具体表现为山歌表现的内容、题材也较生活化，少有"入山看见藤缠树，出山看见树缠藤"之类的描写，山歌音域多一、两度，唱腔平实婉转，没有梅州山歌高昂激越。曲调形式除了掌牛歌、情歌、仪式歌、劳动歌、生活歌外，还有哭嫁歌、哭丧（叫哀）歌和叙事性"仙歌"。

在唱法上，石岩客家山歌有假嗓、本嗓和细嗓三种。从形式上，石岩客家山歌语言朴素生动，歌词善用比兴，韵脚齐整，基本是七言四句和七言五句两种，第一、二、四句押韵。

石岩山歌词曲不固定，可以一曲多词，反复演唱。演唱的形式多种多样，可以个人独唱也可以两人一唱一和。词曲一般都是即兴编唱，第一句起子喜欢用"阿妹——"拖腔，趁拖腔这几秒钟想好下面的唱词，接驳或反驳对方山歌。这种唱法，多数由男人唱，带撩人、挑逗式的，比如"阿妹——要涯唱歌涯就唱，唱出日头对月光，唱出麒麟对狮子，唱出公鸡对凤凰。""阿妹——涯歌多呀涯歌多，床头放便三四箩，唱得涯赢系我嫂，唱涯唔赢做我老婆。"

从分类来看，石岩客家山歌以"情歌"最多，此外还有劳动歌、劝世歌、行业歌、耍歌、逗歌、虚玄歌、拉翻歌、谜语歌和猜调、小调、竹板歌等。它的演唱形式也是多种多样的，主要有独唱、对唱、尾驳尾对唱、猜调对答、山歌小组唱等形式。

独唱为一个人清唱，抒发内心感情，排遣寂寞。对唱又叫"驳山歌"，多在山上男女隔山对驳，可以尾驳尾对唱，也可各唱各的，但歌词内容要相关。

尾驳尾对唱常用于"打擂台斗歌"。山歌打擂台是最能吸引观众的。尾驳尾，就是甲先唱，乙接过甲的末句作首句，然后增加三句，如此循环往复。

猜调对答是猜谜式的对唱，出题往往有几种答法，回答讲求巧妙。山歌小组唱是经过作者专门创作的具有故事性的说唱兼表演的形式，由一人领唱，分组合唱，带表演动作，后来又发展为山歌剧和"小戏"、"小品"式演唱。

据"石岩客家山歌王"池官华等回忆，抗日战争和解放战争年代，羊台山游击区游击队员，用石岩客家山歌号召民众鼓舞斗志，打击日本侵略者。新中国成立后，石岩客家人以山歌的形式歌颂新生活，在劳动中，客家人尽情欢唱，摆擂比赛。而擂台斗歌，可以说是客家山歌最精彩、最激烈也最吸引人的一种演唱形式。

1953 年至 1958 年间，每逢八月中秋，石岩客家人村与村之间经常摆起歌台唱山歌，难分胜负。每逢中秋有大规模山歌会，石岩镇罗租村对歌对到晚上十一二点，第二天不过瘾还对到河对面的官田村。1964 年他们新编山歌《嫁错郎》参加宝安县文艺汇演。歌手登台献歌，民间杂志、社会报刊也时有山歌登载，使山歌艺术长盛不衰。

改革开放后，石岩客家人以山歌的形式歌颂改革开放带给山乡的巨变，山歌内容主要以抒情为主，歌颂美好爱情的内容也占了很大比重。同时，内容针砭时弊，嬉怒笑骂尽在其中。

近年来，石岩客家山歌主要代表歌手池官华多次外出参加演出，得到过"羊台之光"文化节客家山歌比赛三连冠，由此，《南方日报》、《深圳特区报》、深圳电视台等多家新闻媒体给予过报道。

寿诞与婚嫁礼

在大部分的客家围里面，两侧有书斋和偏厅，举行寿诞仪式的地方是大厅中间。

寿诞，俗称大生日。过去在龙岗地区，客家长者自虚龄 60 或 61 岁起做寿大庆，以后每年小庆，每隔十年做一次大寿。祝寿仪式由儿孙操办。大户人家要在大厅设置寿堂，挂寿幛，张灯结彩，红烛照耀，摆满亲友们敬送的礼物。

祝寿者可送新衣、布料、毡毯、绣屏、镜屏、寿联、寿面、水果等，水果名字要寓意吉祥，如苹果（平安）、红桔（大吉）、大梨（大利）、红桃（蟠桃祝寿）等。最贵重耀眼的礼物莫过于寿幛。寿幛用大幅红绸缎为料，绣花边，在中央绣上一个大大的金色"寿"字，富贵人家也有直接用金银缀成"寿"字的。民国时期，用银元缀于寿幛比较常见，后来也有用大额钞票贴成"寿"字的寿幛。

祝寿仪式开始，宾客云集，鼓乐齐鸣，寿老端坐寿堂，接受儿孙和亲友们的祝贺。男丁在左，女眷在右，宾客齐集堂前，按次序上前为老寿星祝寿献词。子孙要跪拜叩首，亲友则行礼鞠躬。礼毕，大摆宴席，必吃长寿面。

一般老百姓生活比较贫苦，寿庆简朴得多，只限家中子孙为老人筹措寿辰大庆，或邀请少数至亲。杀鸡买肉，先拜祭祖先，然后由子孙向老人跪拜祝寿，最后全家欢聚共享寿宴。

客家传统的婚嫁礼仪繁多，古代有"三书六礼"之说。"三书"是指婚聘过程中双方交换的文书，即聘书（订亲）、礼书（礼单）和迎亲书。所谓"六礼"，据《周礼》记载为纳彩、问名、纳吉、纳征、请期、迎亲。

深圳客家人缔结婚姻的仪式虽经长期演变，但从媒人提亲、卜问生辰八字、下聘、订亲到迎亲的一套礼仪仍基本沿袭古制。过去青年男女缔结婚姻受双方家庭的社会地位、经济条件等影响，讲求门当户对，多遵从"父母之命，媒妁之言"的传统观念。一对青年男女的婚姻过程，大体经历求婚、传庚、下定、过礼、拣日、迎亲等六个程序。

在新娘进门，新婚夫妇拜堂，入洞房这些过程中均有种种习俗：如请多子多福的妇女在洞房中挂帐，往床上撒红枣、花生、桂圆、瓜子——寓意为早生贵子，新郎揭罗帕（盖头），新婚夫妇喝交杯酒（合卺酒），客人闹洞房直至午夜后尽欢而散……

据说，过去在深圳地区，客家姑娘有嫁前唱哭嫁歌的习俗，以及迎亲当晚只行合卺礼、闹洞房，第二天新人到祠堂祭祖、行过拜堂礼后，方可圆房的特殊风俗。哭嫁歌具有鲜明的客家山歌特色，在深圳盐田等地可谓屡见不鲜。

如《盐田哭嫁歌·骂媒人》唱道：

新打茶壶背弯弯，保佑媒人生背乌。

生到背乌锣咁大，生到背乌斗咁圆。

日辰流哝还遇得，夜扑晡流血满间红。

媒人生成钓勺嘴，阳间讲开阴间来。

哭别亲人的如《葵涌哭嫁歌·哭姐妹》：

半壁钉钉挽手中，姐妹分开唔断情；

蜡烛拿回房内点，两人讲话共条心。

有学者发现，在客家人居住最集中、客家歌谣最丰富的梅县，"哭嫁歌"这一形式却甚为罕见。同是客语地区，为何有此现象？据深圳民间文艺家协会的赖德术发现，深圳的仪式歌与族谱有密切联系。许多善唱哭嫁歌的老阿婆都说，这些歌是她们出嫁前几个月由本族老人教的，有的哭嫁歌还编辑成书，连同族谱一起保存。由此推测，凡深圳地区大的客家宗族，都独立地拥有一套完整的仪式歌。

▶ 海洋民俗文化 ◀

水上居民

深圳本地居民除了广府和客家两大民系之外，还有一些少数的族群，例如大鹏军户后裔、水上居民等。农耕文化与海洋文化的碰撞与融合，演绎出种种新的习俗。其中，水上居民是深圳本地的一个特殊的族群，以前也叫疍家人或疍民。疍民是过去两广及福建一带，对在沿海港湾和内河从事渔业及水运，并以船为家的水上居民的称呼。

关于疍民，历史上很早就有文字记载。最早记载"蜑民"的是晋代的《华阳国志》。有人由此书推测，他们最早居住在巴东涪陵一带，后转辗迁至粤、闽，尚居陆上，宋以后才有迁移到水上的。《太平寰宇记》云，他们"生在江海，居于舟船，随潮往来，捕鱼为业"。宋代范成大《桂海虞衡志》又及："海上水居蛮也，以舟楫为家，采海物为生。"后来周去非的《岭外代答》，屈大均的《广东新语》，对他们的生活起居都有较详细的记载。

但是对于他们的来历，历代都有不同的观点。唐朝时，学者刘询在他的著作《岭表录异》中，称他们为"卢亭"，认为是卢循及其部下的后代。

卢循是东晋时农民起义军领袖，他率众在今浙江一带暴动起义，从温州转战至福建，又从福建的福州乘船至广东，占领广州为根据地。经过数年的准备，在今韶关市誓师北伐。史书记其有"战士十余万，舟车百里不绝"。

当时正是东晋大将刘裕北伐南燕时期，义军乘虚而入，前锋曾抵达南京附近的淮口（秦淮河入江之口）。后因犯了战略上的错误，被东晋军打败，东晋军还袭击和占领了义军根据地——广州。这支义军后来有一部分流落在岭南一带，也可能有人避居水上，成了水上居民，故刘询误解为凡水上居民都是"卢亭"。

南宋时成书的《岭外代答》的作者周去非认为，有一种生活在广州一带的水上居民，他们善于水战，是卢循的子孙。但他又说，水上居民还有三种：第一种叫"鱼疍"，专以打鱼为生；第二种叫"蚝疍"，擅长在海边捕蚝，第三种叫"木疍"，以伐木为业。他很明确地把水上居民当做一种广泛的称谓，不以"卢亭"一词来代表他们的全部。

清代编纂的《南海县志》，比较客观地解释了疍民形成的情况，该书曰："疍户其来不可考。有谓秦使尉屠唯统五军，监禄杀西欧王，越人皆入丛薄中，莫肯为秦。意即其遗民以舟楫为宅，捕鱼为业。"

如此说来，这些水上居民就是原来岭南土著居民越人的一部分，他们因不肯归顺秦朝，所以匿居水上，世代相传，便成为水上的"游牧"部落。一叶扁舟，既是他们的居室，又是运输和生产工具。少数居于陆地者，也多于江河沿岸搭个简易的"茅寮"或"水棚"。

明清以来，广东沿海地区的疍民被视为贱民，属下九流之一（优、娼、皂、卒、批、捶、奴、疍、剃），生活在社会的最底层。他们无权上岸居住，无权参与科举考试和报捐功名。曾有许多欺压水上人的"禁例"，如不准他们穿新衣、鞋袜上街，不准和陆上人通婚，不准将棺材抬过陆上人村前，不准到陆上人的寺庙参神拜佛，婚嫁等筵席不准设在陆上人的祠堂、庙宇，不收水上子弟入学读书等等。

水上人实行土葬，墓地要向陆上人买，故有的老疍户戏称"死无葬身之地"。

尽管如此，疍家人中也出了很多杰出的人才，比如清嘉庆年间威震广东沿海的海盗首领张保仔。

在鸦片战争中，疍家人发挥过重要的作用。当时广东的水师实力薄弱，战术陈旧，对抵抗侵略，保卫海疆，无能为力。为此，钦差大臣林则徐乃转而依靠渔艇、疍户。他在水上居民中招募了许多水勇，利用他们熟悉水性这一特点，乘小船出击。采取分兵合围的战术，出其不意，攻其不备，连续烧毁停泊在洋面上的英舰多艘，打退了敌人的进攻，保卫了海疆。正如魏源在《道光洋艘征抚记》一书所说的："洋船至粤旬月，无隙可乘，遂乘风窜赴各省"。

疍民的境遇，直到清雍正七年（1729 年）才引起朝廷的关注，雍正帝向广东督抚及各级衙门颁布《恩恤广东蜑户》谕，凡疍民中"如有力能建造房屋及搭棚栖身者，准其在于近水村庄居住，与齐民一同，编列甲户，以便稽查。势豪土棍，不得借端欺凌驱逐"。在法理上容许疍民上岸居住，登记户籍。但由于长期的世习偏见，疍民的社会地位没有多少改变。

深港地区的南头至沙井沿海以及大鹏湾、青山湾、大埔海、西贡沿岸及离岛海湾"艇户"最多，他们都是咸水疍民。

"疍"或"蜑"本身就是一种带有歧视意味的称呼，广东人认为"疍"字寓意"无出头之日"，新中国成立后一律改称"水上居民"，在法律上承认其与陆上居民平等的公民权利和地位，并在政策上给予一定的保护和照顾。20 世纪 60 年代后，在政府的主导和帮助下，水上居民陆续上岸定居。

水上人长年累月在海上漂泊，与风浪为伴，与船相依为命。长期的水上生活，练就了他们一身好水性，《粤中见闻》记载："疍人俱善没人，旧时绣面文身，以像蛟龙。行水中廿四十里，不遭特害，称为龙户。"

他们的生产生活习俗，也多与他们盼望顺风顺水、平安吉祥、渔获丰收的愿望有关。其中最突出的就是注重禁忌和敬祀水神。他们日常说话，忌讳说"翻"、"沉"等词语，吃饭忌讳将鱼翻转，茶、饭之后忌把碗碟倒扣，坐船时忌背靠神位，船过险要河段时，要烧香烛、纸线、元宝等，还有祭渔网的习俗。

水上人家的小孩，不论男女，都喜欢戴个银镯子，刻上"长命富贵"、"出入平安"等字样，有的戴上小玉扣，以红绳绑在手上，能爬会走之后，背上都绑个葫芦之类的浮水物，上面贴着符咒，以防小孩没水。

水上人对水神天后和洪圣顶礼膜拜，出海前要到庙里烧香许愿，祈求平安及渔获丰收，归来要还愿答谢神恩。每一条渔船上均安有天后或洪圣神位。他们把"天后诞"叫"送大舅节"，意思是说这一天大舅来给天后娘娘贺诞，必有南风起，次日转为北风，送贺诞的大舅回归。

水上居民男人喜欢饮酒，女人喜欢吃姜，平常喜欢"打边炉"、"剥虾筒"、焗狗肉，都离不开姜酒。这与他们的水上生活有关，姜酒都可驱寒去湿。他们"拗鱼"很有办法，往往是先煮好饭才下网"拗鱼"，鲜美可口，现在广州一带的"艇仔粥"就由此而来，成为一种风味小食。

水上居民的名字，男的多带一个"金"字，女的多带一个"娣"字，希望她能带来个弟弟。孩子都有乳名，多用动物名称，如猫仔、狗仔、猪仔之类。水上居民的男青年喜欢结拜兄弟，女青年也喜结拜姐妹。两人叫"相知"，四人叫"会友"，六人叫"友堂"。

陆上人可以农耕自给自足，但是疍家人过着"浮家泛宅，以水为活"的生活，有了收获必须与人交换，才能得到生活所必需的柴米油盐，因此疍家人历来商贸文化比较发达。

每年的三月初一为水上居民"买力日"，妇女必向陆上行人呼喊：

"一二帮快，帮快，姑娘婆嫂的力都来哩！"据说这样可以"借力"，以应付终日舟楫之劳。

辞沙祭妈祖

深圳地处珠江口东侧，面向大海。汉唐以后，随着"海上丝绸之路"的发展，深圳成为广州海外交通的外港。明清时期，深圳有"粤海门户"之称。

随着海事活动的兴盛，天后和洪圣的信仰也随之兴盛起来。据不完全统计，明清时期深圳地区的天后庙就有30多座，现存11座。其中，始建于明代的赤湾天后庙影响最大，为环珠江口地区之最，享誉港澳和东南亚，居"新安八景"之首。远航者包括朝廷使臣在出海前都到此祭拜，归航后还愿，形成了富有海洋文化特色的辞沙祭妈祖的习俗。

"辞沙"的意思就是辞别沙滩，投入茫茫大海，去开辟生产或国事的新领域。渔民和使臣为祈求天后娘娘的庇佑，将"太牢"，也就是牛、羊、猪三牲去肉留皮，用草填充，摆祭于海边的沙滩上，祭祀完毕，将三牲沉入海中。

"辞沙"祭妈祖，主要是在农历三月二十三"天后诞"和出海前举行。"辞沙"前，做生意的人，事先在天后宫周围搭起商铺，销售香烛和食品。主持人将各绅士的捐赠登记、造册、入库。主祭人将"太牢"先抬于大殿祭妈祖，然后移至沙滩。

活动经常要进行三天，分别进行摆供品、点油灯、扎"鬼王"、竖"城隍"、集体拜祭妈祖、舞狮和武术表演、个体祭拜妈祖、烧"鬼王"、盛大祭拜仪式和烧"城隍"等程序，还有舞狮、唱戏、武术表演、杂耍……

在音乐声中，大批信众虔诚地祭拜妈祖，他们不断地给妈祖进香、叩拜，表达了对妈祖的崇敬之心，同时也祈求妈祖保佑平安，给家人带来吉祥幸福。近千艘在赤湾港停留的渔船爆竹齐鸣，彩旗招展，盛况空前。

明朝时，郑和下西洋经过伶仃洋，就曾在赤湾天后庙"辞沙"。经历明、清，"辞沙"祭妈祖大典这一习俗，持续500多年，每年大典有众多珠江三角洲、港澳地区，以及东南亚诸国华人参加。

1950 年赤湾天后宫开始少量拆除，到 1960 年建设深圳水库及展览馆时，因材料不足，于是拆卸天后宫的木材和琉璃瓦予以补充，致使古庙全部拆除，这一传承数百年的"辞沙"祭妈祖大典也就此终止。

1995 年赤湾天后宫重建，"辞沙"祭妈祖大典得以恢复。由于填海原因，这一习俗由沙滩转移到宫庙举行，每年都有数万人参加，除不再将"太牢"（猪牛羊三种畜牲）沉入海底以外，其他祭拜方式仍保存原汁原味的习俗。

"辞沙"祭妈祖大典这一独特的习俗，扩大了赤湾天后宫的社会影响，使赤湾天后宫在全世界 5000 多座天后宫中被选为 47 个常务理事之一，在传承天后文化方面具有重要的价值。

现在，每年东莞、深圳附近四面八方的妈祖信众组织队伍，抬着妈祖神像涌向南山天后宫，把历史上纯粹的"辞沙"祈安活动，演绎成一种祭拜妈祖的规模影响巨大的民俗活动。

虽然这些内容已经远远超出了"辞沙"原意，但它确是一个对历史传统文化的改良和发展。尤其是在南山天后宫祭拜妈祖之后，除了传统的"丢太牢"内容之外，还增添了一些具有代表性的表演。那些前来参加仪式的人就地坐席而寝，他们祈求能够与妈祖心灵感应与沟通，借此来希冀妈祖保佑。

219

舞草龙

在深圳市东部、大鹏半岛的最南端，有一片叫南澳的地方。它东瞰大亚湾，西临大鹏湾，三面环海，与香港隔海相望，距离香港坪洲岛只有两海里；南澳有长达 65 公里的海岸线，属亚热带海洋性季风气候，温暖湿润，雨量充足，四季宜人；南澳依山傍海，空气清新，环境优美，风光秀丽，是深圳的黄金海岸，2005 年被国家旅游局评为全国八大最优美海岸之一。

南澳历史悠久，文化底蕴深厚。早在 2000 多年前，南澳先民就在半岛上种植水稻，驯养家畜；临海渔民则在海湾建立渔村，围虾捕鱼，从而创造了水陆结合的南澳远古文明。

直到今天，南澳沿海的水上居民，流行农历正月初二舞草龙的古老习俗。

这种习俗源于一个传说。常年以大海为伴的渔民，一年四季最怕海上刮龙卷风。因此，每月初一、十五，他们便焚香燃烛，跪拜妈祖，祈求保佑。

一个月明之夜，妈祖显灵托梦给南澳人，说每年正月初二夜晚，只需舞起草扎的火龙，便能压制风魔，可保一年风调雨顺。南澳人民欢欣鼓舞，便于第二年正月初二上山割来野草，扎成长龙，夜晚到来时，在锣鼓喧天和鞭炮齐鸣中，数十名健壮男丁沿街舞动草龙，一路欢腾来到海边，然后点燃草龙。草龙化为灰烬，意指龙归大海，祈求来年风平浪静、出海平安、鱼虾满仓。

就这样，草龙变成了南澳人民美好吉祥愿望的寄托，成为南澳古老社祭文化的载体。它取"龙归大海，风平浪静"之意，其目的既为娱神，更是自娱，凝聚了历史、民俗、艺术等诸多内容，融武术、体育、鼓乐于一身，是南澳渔民独有的民间狂欢节。更具特色的是，它是当天上山割草，当天扎龙，当天舞龙，当天化龙，所有程序都是在一天之内完成的，可以说是区别于任何一个地方的舞龙活动。

舞草龙的起源时间，目前没有发现文献记载，但据当地老人讲述，南澳舞草龙活动其实在清朝时已经很盛行了，并且一直流传不衰，只是在"文革"时被当做"四旧"加以批判，停舞了十多年，改革开放后又重新兴起。如今每年年初二都要举行舞草龙活动。

舞草龙分为"扎龙"、"舞龙"、"送龙"三个环节。

南澳山上有一种野草，叶子如剑，直而坚硬，名叫剑草，草龙便是用它扎制而成。南澳的男性渔民们，大年初二上午上山割草，经过几小时晾晒，下午四五时便开始扎龙。

整条草龙由龙头、龙珠、龙身、龙尾组成。他们先用绳子把剑草扎成一节节龙身，每节为长一米、宽半米略带弧度的草垛，下面用带叉的木棍牢牢撑起，草垛上插满香柱。龙身可长可短，视舞龙人数多少分为若干节，节与节之间用红绳子相连，串成龙身；一般按习俗扎 23～33 或 28～38 节龙身，用绳连接起来。

　　龙头用大箩筐做底衬，用两只手电筒做眼睛（过去是用两捆香柱），龙头额前要挂一面五寸大小的圆镜子，用以照妖驱邪，同时还要配上一些红红绿绿的饰物，以使龙首更加生动鲜活。龙珠是圆的，龙尾则是三叉形的。一一扎好后，还要在龙头和龙身上插香柱，一条草龙才算完成。

　　晚上7时，大家把整条草龙搬到天后庙门前广场上，从头至尾理顺摆好；经过挑选的百余个渔民汉子个个身着黄衣衫，腰系红绸带，精神抖擞，一一就位后，锣鼓响起，草龙身上的香柱被尽数点燃，漆黑的夜间，草龙顿时变成了火龙。

　　这时，先要请村里德高望重的老者为草龙点睛，意味着给它注入生命活力；然后，一名强壮男子迅速擎起火龙头，左右摆动，龙目闪闪发光、龙须悠悠颤动，龙角翘起，龙鳞生辉，整条草龙立显精神，跃跃欲飞。

　　在喧闹的锣鼓声中，舞草龙开始了。高昂的龙头射出电光，龙身上香火闪闪发亮，一条长长的火龙曳着耀眼的光芒向村里进发；行进过程中，龙头摆动，龙珠便跟着颤动，龙头举向右，龙尾便摆向左，逶迤游动，曲折向前。

　　舞草龙的步伐须是八字马步，进三步，停一步，龙头自由引导，龙身默契配合，整个队伍步调一致，行动自如。火龙且舞且行，浩浩荡荡，所经之处，无论民家还是店铺，都要在门口点燃红烛，奉上生果、水酒，焚化纸宝，鸣放爆竹，意味龙临家门保平安。

　　约8时30分，草龙舞到月亮湾码头，舞草龙进入最后一个环节，即"送龙出海"。草龙在码头盘桓，先是举头向西北方向拜三拜，然后头上尾下堆叠在一起，这时纸宝蜡烛一齐点燃，人们在火光中再拜三拜，继而点燃草龙，鸣放烟花爆竹。海边火光冲天，整个渔村成了一片欢腾的海洋。

　　此刻火光冲天而起，锣鼓齐鸣不绝；岸堤上人山人海，全村男女老少纷纷引颈眺望，夜空中彩花绽放，五彩缤纷，异常璀璨，大家也随着高呼欢叫，群情激昂。这是舞草龙活动的高潮，场面壮阔，情景动人。渐渐地，草龙在人们对新年的祝福中化为灰烬，人们满怀着吉祥和美好的期待各自回家。

鱼灯舞

沙头角，位于深圳市东南面大鹏湾西北岸，与香港新界沙头角相毗邻。沙头角中英街内沙栏吓村富有特色的鱼灯舞，于 2003 年被文化部命名为"中国民间艺术之乡"和"中国特色民间艺术之乡"。

鱼灯舞是沿海渔民为祭祖拜神（天后／妈祖），祈求出海平安和渔业丰收，模仿鱼的习性编成的情节性民间广场舞蹈。鱼灯舞起源于清朝初期。沙头角沙栏吓村吴氏族人的祖先，于清康熙年间从广东博罗迁徙至新安县沙头角后，根据当地民间元宵"张灯作乐"的习俗和早期从事海上捕捞的体验，创造出一种以鱼灯为道具，表现鱼的习性，以锣、鼓、钹和唢呐、螺号等乐器伴奏，用以自娱自乐的广场男子群舞。

300 多年来，沙栏吓村吴氏的鱼灯舞表演一直广受在深港交界的沙头角地区民众欢迎。

客家话"鱼"、"吴"谐音，鱼灯舞对于沙头角沙栏吓村吴氏族人有着独特的含义。每逢元宵、中秋等传统佳节，夜幕降临后渔民以鱼灯为道具，在锣鼓、音乐和螺号伴奏下，表演群鱼游玩、团结反抗霸王鱼侵袭、欢庆胜利等内容，情节短小精悍，舞姿生动活泼，具有浓郁的乡土气息，为当地群众喜闻乐见，世代相传，久盛不衰。

传统的鱼灯舞表演一般有二十几条鱼出场，包括黄鳢角鱼、鲑鱼、各色鲤鱼、火点鱼、丁公鱼等群鱼。每一条鱼都有其角色含义：黄鳢角是海底霸王鱼，形象为龙头鱼尾，表现凶猛强悍；鲑鱼是最小的鱼，反应快、灵敏、表演中四处游走，是最后被黄鳢角吃掉的鱼；而众群鱼则代表勤劳善良者，它们渴望平等自由。舞蹈分为三个部分，第一部分为鱼群在海中嬉戏游玩，第二部分为黄鳢角侵袭、追赶鱼群，逐个吃掉众鱼，第三部分众鱼群团结一致，英勇地与黄鳢角鱼搏斗，最终取得胜利。

鱼灯舞饱含了深圳先民的智慧，其寓意也历经了从最初的祈求正义，到后来的联合反抗，再到今天欢庆物阜民丰的转变，体现了先民从被动承受到主动出击的转变，也体现了人类慢慢树立起自信的主人公心态。

数百年前的沙头角地区，渔民出海捕鱼常遭海盗劫掠，但朝廷无能，难平寇祸。人们以海洋中各种鱼类形象创造出鱼灯舞的故事，控诉海盗恶行，企盼妈祖"降福施恩"。后来逐渐发展为以舞鱼灯的形式，来表达"吉庆有余（鱼）"的祝愿和渔业丰收的喜悦。

1949 年以后，鱼灯舞又配合了时代背景，改编成海洋中弱小的鱼群遭受强悍的霸王鱼黄鳝角任意捕食的情节。霸王鱼比喻美帝霸权主义，教育国人只有团结一致才能形成强大的力量，战胜敌人。剧情最后是鱼群联合起来战胜了黄鳝角，建立了一个和平安宁的海洋世界。

2008 年，沙头角鱼灯舞被列入第二批国家级非物质文化遗产名录。

旱船舞

南澳的疍家娶亲舞，起源于水上居民独特的水上迎亲习俗。

据资料记载，盐田客家人的祖先是清初由内地迁徙到盐田区域来的，早期的疍家人，也是这个时期进入盐田大鹏湾水域的。以前，区域内有两种不同的婚礼形式。当地客家人都是以舞麒麟抬花轿迎娶新娘，而疍家人以划龙船的形式迎亲。

南澳疍家人岸上无居所，以船为家，不与岸上人通婚。他们长期在海上漂泊，子女婚嫁都在海上举行。

他们的婚娶相当富有诗意，男女恋爱自由，以歌为媒，"咸水歌"的衬词多以"兄哥""姑妹"填充。迎娶、婚宴都在船上进行。出家前要哭三天三夜，由姐妹陪同，唱"叹命歌"，出口成章，文词生动有趣。

疍家举行婚礼时，以船接船的方式迎娶新娘。新郎家用来接新娘的喜船泊在左边，新娘家的船泊在右边，船头对船头，新娘家的船头号要高过新郎家的船。喜船要挂三角旗、喜帐、长礼炮。船上锣鼓喧天、爆竹声声，热闹非凡。喜船一般要用两条并排的艇，由渔家女子划桨迎亲，标准模式为 16 人，最少为 8 人，排两个竖行。这就是渔民娶亲舞的最初原型。

婚娶饮宴时，他们是把十几只小艇并泊在一起，艇头相对，用红布在艇上搭起凉篷。经济条件好的请来楼船，紫洞艇，张灯结彩，非常热闹。"洞房"之夜，男方请来许多能歌善唱的朋友，一边"打糖梅"，一边唱歌取乐，直至深夜。

　　水上居民的民间歌唱主要是"咸水歌"，这是一种以广州方言演唱的渔歌。传统咸水歌是内容多以情歌为主，男女对唱，曲调较简单，男唱前两句，女唱后两句：一般为七字句，中间可任意拖腔加衬词"哎、呀、阿罗"等，男唱词结尾多用"姑妹"，女唱词多用"兄哥"别有一番韵味。

　　1843 年夏，沙头角沿海一带遭到一场特大龙卷风袭击，摧毁了沙头角蛋家渔民赖以生存的家园。渔船都被大风雨刮破，渔民只好把破船推上盐寮吓一带，用破船板修修补补，在岸边搭起了棚屋居住，就算上岸安了家。

　　盐寮吓天后宫建于清光绪年间，就是早期蛋家人上岸定居之后建的。盐寮吓蛋家渔民上岸定居以后，他们举行婚礼迎亲为图吉利和热闹，就将昔日水上的扒龙船迎亲的仪式搬到陆地，在陆地上模拟扒龙船迎亲。

　　人们把这种在陆地上模拟划龙船迎亲的仪式，依然称作"扒龙船"，也叫做"划旱船"。

　　划旱船时迎亲的队伍，一般由 16 位至数十位被认为是有福气的渔妇组成。随着生活改善，"划船队"越来越壮大，最少有 40 多人，多则上百人，排成四个竖行。渔妇们穿渔家服，戴花凉帽，由雄劲的麒麟或狮子开路，两位司旗上下左右飞舞彩旗，渔妇们有的舞动船桨，有的敲打锣鼓，如果没有锣鼓，就用脸盆、水桶来代替，由媒婆指挥，在色彩鲜艳的"龙舟"中列队划船，踏着鼓点且进且舞。

　　伴郎、伴娘各擎花雨伞，新娘被众多渔家姐妹簇拥前行，走向春风满脸的新郎，还有两位"福女"洒酒祝福。最后由四位渔家闺秀手执长桨面对面跳摇橹舞。整个队伍成船形，摇摆起伏，热烈欢腾。路上鼓乐齐鸣，鞭炮震天，观者如潮。娶亲到家，然后行礼如仪，大摆婚宴，亲友尽欢而散。

　　1963 年，农村开展社会主义思想教育，政治运动一个接一个，接着又是十年"文革"，男女婚嫁一切从简，陆上扒龙舟迎亲仪式不再使用。改革开放以后，旱船舞的仪式才慢慢恢复，但与以前相比已经有了很大的改变。

　　今天，渔民村的男子结婚也用花饰豪华轿车迎亲，但并没有舍弃扒龙船迎亲这种婚俗。迎亲车队回到村口就把车停下，让新郎下车，然后再用扒龙船迎亲的仪式，把新娘子接回新郎家里。